KB116772

무의식적 편견

무의식적 편견

뇌를 속이는
편견의 함정과 탈출법

◆◆◆

패멀라 풀러 × 마크 머피 × 앤 차우

이윤정 옮김 | 한국리더십센터그룹 감수

U N C O N S C I O U S

B I A S

김영사

무의식적 편견

1판 1쇄 인쇄 2023. 11. 23.
1판 1쇄 발행 2023. 11. 30.

저자 패멀라 풀러·마크 머피·앤 차우
역자 이윤정
감수 한국리더십센터그룹

발행인 고세규
편집 박완희 디자인 지은혜 마케팅 백선미 홍보 이한솔·강원모
발행처 김영사

등록 1979년 5월 17일 (제406-2003-036호)
주소 경기도 파주시 문발로 197(문발동) 우편번호 10881
전화 마케팅부 031)955-3100, 편집부 031)955-3200 팩스 031)955-3111

값은 뒤표지에 있습니다.
ISBN 978-89-349-6577-0 03320

홈페이지 www.gimmyoung.com   블로그 blog.naver.com/gybook
인스타그램 instagram.com/gimmyoung   이메일 bestbook@gimmyoung.com

좋은 독자가 좋은 책을 만듭니다.
김영사는 독자 여러분의 의견에 항상 귀 기울이고 있습니다.

왜 지금 '무의식적 편견'인가?

누군가를 포용하지 않고 소외시키는 리더십은 훌륭한 리더십이 될 수 없다는 것을 프랭클린코비사는 잘 알고 있다. 성과를 달성하기 위해서는 팀원 개개인이 "나는 신뢰받는 환경에서 의미 있는 업무를 수행하는 우승팀의 소중한 일원"이라고 자신 있게 말할 수 있게 팀을 강화해야 한다고 믿는다. 의도치 않게 누군가를 배제하고 성과를 제한하는 편견을 진지하게 탐구하려는 의지와 포용이 없다면, 이 말은 진실이 될 수 없다.

나는 프랭클린코비사의 최고인사책임자로서 직원들이 '편견 없는' 의견이나 조언을 원할 때 찾는 사람이다. 포용적이고 성과가 높은 조직을 지원하는 것이 내 역할이다. 하지만 나는 우리 모두 인간이고 과거에 영향을 받기 때문에 진정으로 '편견 없는' 사람이 되는 것은 불가능하다는 것을 안다. 우리가 할 수 있는 것은 우리 모두에게 편견이 있다는 것을 인식하고, 자신의 편견이 무엇인지 주의 깊게 성찰하며, 그런 편견이 가능성을 높이는지 아니면 성과에 방해가 되는지 판단하는 것이다. 그런 다음에야 비로소 이런 편견이 우리의 행동에 어떤 영향을 미치게 할지 선택할 수 있고, 가능한 한 객관적이고 정확하게 행동할 수 있다. 물론 완벽하게 그렇게 할 수는 없지만, 나는 삶의 모든 영역에서 그렇게 하려고 노력한다.

몇 년 전, 우리 회사 채용팀은 주요 직책을 맡을 고위 관리자를 뽑고 싶었다. 여러 후보자를 면접한 후에 사내에서 채용할 직무와 다른 일을 하고 있던 한 여성을 선발했다. 시장 데이터를 근거로 보수를 결정했지만, 채용팀 관리자는 나에게 보수를 재고해달라고 요청했다. 이유를 묻자, "그녀의 현재 보수를 고려할 때 이번 보상이 그녀에게 상당히 큰 도약이 될 것"이라고 했다. 선발된 후보자에 대한 생각이 바뀌었거나 급여 수준에 이의가 있느냐고 물었더니, 그건 아니라고 했다. 나는 우려하는 바가 무엇인지 말해달라고 요청했다. 그는 "인상 폭이 너무 큰 것 같아요. 이런 경우를 본 적이 없어요"라고 말했다.

이 관리자에게는 편견이 있었다. 오랜 논의 끝에 그는 자신의 편견이 자신의 경험, 그리고 자신이 받은 것보다 더 큰 폭의 급여 인상을 그녀가 받아서는 안 된다는 생각에서 비롯되었음을 깨달았다. 우리가 알고 있는 미국 기업 전반에 존재하는 실제적인 성별 임금 격차를 고려했을 때, 그의 결정은 우리 회사의 임금 불평등에 기여했을 수도 있다. 프랭클린코비사는 이런 일이 발생하지 않도록 분기마다 임금 형평성 감사를 실시하고 있지만, 이와 같은 경영진의 결정은 그런 감사의 긍정적인 결과를 무효화할 수도 있다. 이 사례는 무의식적 편견이 우리의 판단, 의사결정, 가능성, 성과에 매우 결정적인 역할을 한 수많은 사례 중 하나일 뿐이다.

프랭클린코비사는 의식적으로 다양성과 포용성에 중점을 두고, 개선의 기회를 놓치지 않기 위해 열정적으로 노력해왔다. 이런 노력을 통해 우리의 무의식적인 편견이 얼마나 중요한 역할을 하는지 인식할 수 있었다. 우리는 상당한 진전을 이루었지만, 많은 조직이 그렇듯, 이런 노력이 지속적이고 끝없는 작업이며 아직 갈 길이 멀다는 것을 잘 알고 있다.

나는 커리어를 쌓으면서, 보이지는 않지만 포용에 대해 열정적인 리더가 있는 반면 포용에 우선순위를 두지 않는 리더도 있다는 것을 알게 되었다. 이들은 선의는 있지만 포용과 결과 사이의 연관성을 인식하지 못하거나, 자신에게 포용을 적극적으로 강화해야 할 개인적인 책임이 있다고 보지 않는다. 부정적인 무의식적 편견에 맞서고 포용을 리더십의 우선순위로 삼지 않는다면 훌륭한 리더가 될 수 없다. 단기적으로는 당신의 인격만으로 목표를 달성하고, 사람들에게 당신이 원하는 일을 하도록 유도할 수 있다. 회사에서 승진을 할 수도 있다. 그러나 장기적으로 진정한 위대함은 내면을 분별력 있고 비판적인 눈으로 들여다보는 데서 비롯된다. 위대한 리더는 다른 사람에게 도전할 뿐만 아니라 자기 자신을 시험한다.

이 책의 저자 패멀라 풀러, 마크 머피, 앤 차우는 편견의 정의, 편견이 성과에 미치는 영향, 편견이 리더와 팀, 조직에 중요한 이유를 설명하는 탁월한 작업을 해냈다. 또한 무의식적 편견에 어떻게 대처해야 하는지, 무의식적 편견을 목격하거나 느낄 때 어떻게 바로잡을 수 있는지에 대해서도 세심하고 지혜롭게 설명했다.

저자들의 통찰력 있는 글을 읽고 또 읽으면서 내 업무와 기여를 방해하는 무의식적인 편견에 대해 그 어느 때보다 더 잘 알게 되었다. 그리고 제한적 편견으로 인해 어려움을 겪는 주변 사람들에게 효과적으로 영향을 미치는 것에 더욱 집중하게 되었다.

이 통찰력 있는 책을 읽으면서 다른 사람을 이끄는 새롭고 더 나은 방법을 발견할 수 있을 것이다. 그리고 편견이 삶의 모든 영역에 초래하는 도전과 기회를 효과적으로 해결하는 방법을 배울 수 있을 것이다. 즐거운 독서가 되기를 바란다.

토드 데이비스
프랭클린코비사 수석 부사장 겸 최고인사책임자

더 포용적인 세상을 꿈꾸며

　이 원고가 사이먼앤드슈스터의 편집자에게 전달된 2020년 5월 15일부터 2주 후 검토를 위해 원고를 다시 받는 사이에 세상은 많이 변했다. 아니, 코로나19 팬데믹으로 인한 일상의 어려움이 비극적이고 용납할 수 없는 사건인 아흐모드 아베리, 브리오나 테일러, 조지 플로이드 사망 사건으로 촉발된 세계적인 시위에 가려졌다고 하는 편이 맞을 것 같다. 역사상 가장 비극적이고 비상식적인 이 사건은 흑인을 향한 수많은 부당한 사건과 함께 사회적 전환점을 가져왔다.

　우리가 흑인의 삶을 긍정한다고 해서, 이 책의 내용이 인종적 불의 또는 정부 정책에 관한 것이거나 인종 관련 편견에 국한된 것은 아니다. 이 책은 우리 자신의 편견에 이름을 붙이고 책임을 지며, 공감과 호기심을 통해 타인과 효과적으로 소통하고, 직장에서 긍정적인 변화를 이끌어내기 위해 용기를 선택하는 등 포용적인 세상을 만드는 데 기여하기 위한 노력의 일환이다. 직장은 물론 사회 전반에서 인종, 피부색, 성적 지향, 성 정체성, 출신 국가, 장애 유무, 나이, 군필 여부, 가족 또는 결혼 여부, 외모, 학력, 지역 등 모든 형태의 차별, 불공정은 발붙일 자리가 없다.

그렇다면 불공정과 편견은 서로 어떤 관련이 있을까? 편견은 인간의 자연스러운 본성이며, 우리 두뇌가 작동하는 방식이다. 인간은 편견을 가지고 있으며, 이 책에서 설명하겠지만 편견이나 선호도가 그 자체로 어떤 가치를 지니는 것은 아니다. 그러나 편견은 우리의 행동에 영향을 미쳐 무해하거나, 긍정적이거나, 부정적인 결과를 초래할 수 있다. 편견을 발견하고 이해하는 것은, 우리의 행동이 자기 자신이나 함께 일하는 사람들의 가능성을 제한하지 않도록 방지하는 첫 번째 단계다.

편견에 관한 책의 필요성은 오래전부터 존재해왔지만, 오늘날 편견은 개인과 공동체, 조직이 경청하고, 배우며, 극복하는 데 참여하고, 더 잘하고자 하는 열망을 가지고 의도적으로 직면해야 하는 가장 중요한 주제 중 하나가 되었다. 이 책은 모든 직급의 리더가 편견의 본질을 이해함으로써 자기 자신과 팀, 조직의 성과를 향상시킬 수 있는 틀을 제시한다. 각자가 취약성을 탐구하고 호기심을 키우며 공감을 형성해 부정적인 편견을 극복하고 용기를 선택할 수 있도록 장려하는 동시에, 인재관리에 모범 사례 및 전략과 전술을 적용할 것을 권장한다. 이런 지침은 모든 조직과 환경에서 높은 성과를 내는 개인과 팀 및 문화를 강화하는 데 도움이 될 것이다.

우리는 이 책에 자부심을 느끼며 이 작업에 당신을 초대한다. 직장 내 모든 사람이 편견과 포용에 대한 건설적인 대화에 참여하고 이를 발전시키며, 진전과 성과로 이어지는 행동을 하도록 하는 것이 우리가 의도하는 바다.

2011년 글로벌 프랭클린코비 컨퍼런스에서 프랭클린코비사의 회장이자 CEO 밥 휘트먼은 자신이 커리어를 쌓는 동안 배우고 지켜온 간단한 원칙을 소개하는 감동적인 연설을 했다. 그는 "목표를 달성하기 위해 필요한 일을 해야 한다"라고 말했다. 우리의 목표 중 하나는 우리 자신과 고객, 차세대 리더를 위해 더 포용적인 세상을 만드는 것이다. 우리는 그 목표를 달성하기 위해 노력하고 있으며, 여러분도 그 여정에 동참해주기를 바란다.

패멀라 풀러   마크 머피   앤 차우

2020년 6월 15일

차례

 PART **1**

공정한 판단이라는
착각

편견 확인하기

 PART **2**

서로의 다름에 대해
사과하지 말 것

연결 강화하기

PART 3

손에 손잡고
두려움을 넘어서

용기 선택하기

PART 4

인사 잘하는 조직이
살아남는다

인재관리 전반에 적용하기

편견과 일, 삶, 성공의 상관관계

⌄

사람은 누구나 편견을 가지고 있다. "나는 편견이 없다"고 말하는 것은 자신의 뇌가 제대로 작동하지 않는다고 말하는 것과 같다! 무의식적인 편견은 본질적으로 우리 뇌의 용량 문제에서 비롯된다. 놀랍게도 우리는 매초 1,100만 건의 정보를 받아들이지만, 그중 약 **40개만** 의식적으로 처리할 수 있다.[1]

이 격차를 해소하기 위해 우리의 뇌는 들어온 정보를 이해하는 지름길을 만들어낸다. 우리는 수백 명의 열광적인 팬이 아니라, 화난 고객 한 명에게 집중한다(부정 편향). 전략이 효과가 있음을 증명하는 데이터에는 각별히 주의를 기울이고, 의심을 불러일으키는 데이터는 간과한다(확증 편향). 무의식적으로 처음 본 후보자를 선호하고(최신성 편향), 나와 비슷한 사람을 좋아한다(친밀성 편향). 이런 지름길은 시간에 쫓기는 전문가에게 도움이 된다. 모든 정보를 숙고할 필요 없이 빠른 결정을 내릴 수 있도록 해주는 것이다. 하지만 사실을 왜곡하고 부정확한 판단을 내리게 하며, 업무 성과와 가능성을 저해할 수도 있다.

우리는 논리적이고 공정하게 행동하려고 노력하지만, 거의 항상 어느 정도의 편견을 가지고 일하고 있으며 이를 의식하지 못한다. 그러나 편견을 가진 사람들이 본질적으로 악의적이거나 도덕적으로 결함이 있다는 인식은 편견 문제에 대한 진전을 가로막는 패러다임 중 하나다. 무의식적인 편견을 갖고 있는 것은 부끄러운 일이 아니다. 이는 우리가 어떤 결정을 내리거나 반응할 때, 타인과 상호작용할 때 나타나는 자연스러운 인간의 본성이다. 인간관계, 팀, 조직에서도 마찬가지다. 우리 모두 편견을 가지고 있음을 인정하고 개선해보자.

자, 이제 시작이다! 나(이 책에서 '나'는 주로 패멀라 풀러다)는 조직에서 인간 행동의 변화를 통해 성과를 달성하는 것을 돕는 세계적인 기업 프랭클린코비사에서 여러 직책을 맡고 있다. 다양성과 포용에 중점을 두고 광범위한 리더십 솔루션에 대해 고객과 상담하고, 주요 고객사를 관리하며, 이런 고객사를 지원하는 팀을 이끈다. 나는 프랭클린코비사의 **무의식적 편견** 솔루션의 수석 설계자로서 편견을 리프레임reframe하고, 관계를 형성하며, 성과가 높은 팀을 만드는 기술을 리더들이 연마할 수 있도록 돕고 있다. 또한 도미니카공화국에 뿌리를 둔 1세대 미국인이고, 아프리카와 남미 혈통이며, 8남매 중 첫째이자 한 사람의 아내이기도 하다.[2] 철인삼종경기와 10킬로미터 마라톤을 즐기고, 와인을 마시며 책이나 영화 이야기를 나누는 것에 항상 관심이 많다. 그리고 미국에서 태어난 갈색머리 남자아이 두 명의 자랑스러운 엄마다. 이 책을 통해 나와 당신의 식별자identifier에 관해 더 자세히 이야기하겠다.

나는 개인적으로나 업무적으로나 편견에 대해 생각하는 시간이 많다. 하지만 그렇다고 해서 무의식적인 편견이 없는 것은 아니다.

몇 년 전 나는 회사에서 가장 큰 규모의 대형 고객으로부터 계약을 따냈다. 그런데 갑자기 6개월의 작업 기간을 절반으로 줄여야 하는 상황에 맞닥뜨렸다. 나는 격주로 전 세계를 돌아다니며, 집에서는 두 살배기와 초등학교 3학년 아이를 돌보면서 이 프로젝트를 성공시키기 위해 밤낮없이 일했다. 최대한 빨리 더 많은 인력이 필요했다!

우리는 새로운 프로젝트 매니저를 채용하는 절차를 시작했고, 여러 차례의 면접을 거쳐 고객 대면 경험이 풍부한 환상적인 지원자 조던에게 해당 직책을 제안했다. 그녀는 새로운 도전을 할 준비가 되어 있었고 나도 공감할 만한 에너지를 가지고 있었다. 조던은 즉시 입사 제안을 수락하고는 출산휴가 정책에 대해 문의했다. 그녀는 임신 중이었다.

그녀가 '임신 중'이었다는 문장을 읽고 당신도 신음 소리를 냈는가? 솔직히 나는 그 말을 듣고 신음했다!

나는 그녀에게 출산휴가 정책 관련 정보를 이메일로 보내겠다고 말하고 통화를 종료한 후 즉시 내 리더였던 프레스턴에게 가서 불만을 토로했다. 왜 면접 과정에서 이 이야기가 나오지 않았을까? 다른 후보자를 고려해야 했을까? 당연히 아니다. 그건 불법이고 조던은 최고의 후보자였⋯ 하지만 그녀가 앞으로 몇 달간 새로운 직장과 아기를 감당할 수 있을까? 출산휴가는? 그녀가 아직 일을 시작하지도 않았는데, 나는 벌써 그녀가 없는 상황을 어떻게 처리해야 할지 몹시 당황하고 있었다.

프레스턴은 내 불만을 듣고 얼마 전 우리가 한 팀원의 출산휴가를 순조롭게 보냈다는 사실을 부드럽게 상기시켜주었다… 바로 내 이야기였다! 기억하는가, 나에게 두 살배기 아이가 있다고 한 것을? 회사는 내 출장 일정과 근무 환경을 유연하게 조정해주었고, 아이가 화상 회의 통화 중 칭얼거리거나 옹알이를 하거나 울어도 인내심을 갖고 기다려주었다. (솔직히 지금도 마찬가지다. 아이들이 내는 소음은 동물 소리, 닌자의 전투 소리, 소파에서 뛰는 소리로 바뀌었고, 재택근무를 할 때면 아직도 아이들이 난입하고는 한다.) 그 보답으로 나는 출산휴가 중에 나의 부재를 메울 탄탄한 계획을 세웠고, 어떤 것도 놓치지 않았으며, 기대치를 뛰어넘는 에너지를 가지고 회사에 복귀했다.

프레스턴은 내게 "이 일을 성공적으로 해낼 수 있는 사람은 당신밖에 없다"라면서, 내 출산휴가를 준비할 때 자신이 사용했던 프로세스를 안내해주었다. 계획을 세우니 긴장감이 많이 해소되었다. 운 좋게도 나는 리더들로부터 공감과 신뢰, 지지를 받을 수 있었다. 나 역시 새로 들어온 조딘에게 그런 지원을 할 필요가 있었다. 그녀는 지원을 받을 자격이 충분했다.

이 경험으로 나는 놀라운 사실을 알게 되었다. 직장에서 직원들을 온전한 인격체로 존중할 때 최고의 성과를 거둘 수 있으며, 여기에는 출산과 같은 인생의 중대한 사건에 시간을 할애하는 것도 포함된다는 것이다. 많은 연구 결과가 육아휴직과 유연한 직장 정책이 부모와 자녀의 관계, 직장에서의 더 나은 성과와 관련이 있음을 보여준다. 나는 다양한 리더를 육성하고 이들을 지원하는 포용적인 직장을 만드는 것을 개인적인 사명으로 삼고 있다. 나는 **의식적으로** 직장 내 육아를 옹호하는 사람이다!

하지만 출산휴가를 다녀온 경험과 내가 옹호하는 가치에도 불구하고 나는 **무의식적으로** 출산휴가에 대한 부정적인 편견을 가지고 있었는데, 이런 감정이 떠오를 만한 상황에 처하지 않았다면 인식하지 못했을 것이다. 무의식을 의식의 수준으로 끌어올릴 때 무의식적인 편견이 자신이 내세우는 가치관과 직접적으로 모순되는 경우가 많다.

내가 이 글을 쓰고 있는 동안 우리 팀원의 아들이 막 돌을 맞았다. 그녀가 출산휴가를 사용하는 동안 그녀가 그립지 않았냐고? 당연히 그리웠다! 그녀의 출산휴가를 앞두고 그녀와 대화를 나누면서 그 공백을 어떻게 메울 수 있을지 불안한 마음이 들지 않았냐고? 당연히 그랬다! 하지만 나는 부정적인 편견의 영향을 받지 않으려 열심히 노력했고, 그녀의 부재에 대비해 탄탄한 계획을 세웠다. 그녀가 없는 동안 다른 팀원들은 자신의 안전지대Comfort Zone를 벗어나 한 단계 발전할 수 있는 기회를 가졌다. 옛 속담의 가르침대로 '부재는 마음을 더 애틋하게 만든다'. 그녀가 복귀했을 때, 나는 정말 감사했다!

리더라면 누구나 이와 같은 상황을 겪어보았을 것이다. 최근 육아휴직 신청을 한 직원이 두 명이나 있는 팀의 임원과 통화를 했는데, 그도 내가 처음에 느꼈던 기분과 비슷한 감정을 느꼈다고 한다. 하지만 그는 결국 두 직원을 모두 지지했고, 두 사람은 복귀한 뒤 완전히 업무에 몰입했다. 편견의 영향에서 자유로울 수 있는 리더는 없다. 편견은 한 번 배우고 영원히 정복할 수 있는 것이 아니라 지속적으로 점검하고 해결해야 하는 현실이다.

간단히 말해, 편견은 인간의 자연스러운 본성이며, 우리가 자기 자신과 타인의 가능성을 정의하는 방식에 실질적인 영향을 미칠 수 있다. 무의식적 편견은 의견, 정치, 가정, 어려운 상호작용으로 가득 찬, 논란의 여지가 있는 주제일 수 있다. 하지만 우리의 경험과 연구에 따르면, 편견은 우리가 상상하는 것보다 훨씬 더 널리 퍼져 있으며 문화, 직원 유지, 채용, 혁신, 수익성, 주주 환원 등 조직의 모든 결과에 영향을 미치고 있다.

무의식적 편견에 대해 리더가 알아야 할 사항

편견이란 특정한 사물이나 사람 또는 집단을 다른 사물이나 사람 또는 집단과 비교하여 선호하거나 반대하는 것이다. 개인이나 집단 또는 기관은 편견을 가질 수 있다. 우리는 편견을 의식하고 이를 직접적으로 표현할 수도 있다. 여기 일반적인 사례가 있다. "우리는 외향적인 영업 사원을 선호합니다." 하지만 흥미롭게도, 데이터에 따르면 외향성과 영업적 성공 사이의 연관성은 사실상 없다고 할 수 있다![3] 의식적인 편견은 우리가 증거와 상관없이 사실이라고 판단한 신념인 경우가 많다.

이 책은 암묵적 편견이나 인지적 편견이라고도 불리는 **무의식적 편견**에 초점을 맞춘다. 연구에 따르면 우리는 성별, 인종, 직무, 성격, 연령이나 세대, 사회경제적 지위, 성적 지향, 성 정체성, 가족 상태, 국적, 언어 능력, 군필 여부, 문화, 체중, 키, 신체 능력, 매력, 정치적 성향, 가상 또는 원격 근무, 머리 색깔, 심지어 책상의 정돈 상태나 자세에까지 무의식적인 편견을 갖고 있다고 한다.

이런 무의식적 편견은 긍정적 또는 부정적인 영향을 미칠 수 있다. 팀 리더가 협업에 대한 편견을 가지고 있을 수도 있다. 그녀는 기본적으로 새 프로젝트를 배정받으면 팀 외부에서 피드백을 구하고 가정을 시험한다. 그녀의 이런 편견 덕분에 더 나은 결과를 얻을 수 있고, 이는 일반적으로 그녀 자신과 동료, 조직에 긍정적인 영향을 미친다. 음악을 들으면서 일하는 것 또는 듣지 않고 일하는 것을 선호하는 등의 편견은 무해하다.

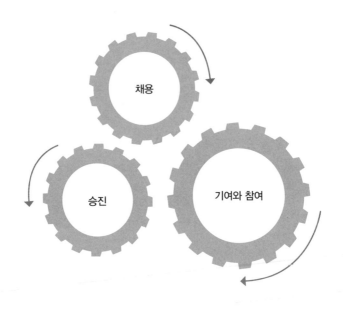

하지만 많은 편견은 상당히 부정적인 영향을 미친다. 결과적으로 이런 무의식적 편견은 인재관리 전반에서 자기 자신과 타인의 직업적 기회를 제한할 수 있다. 인재관리는 채용, 승진, 성장 기회 등 경력상의 모든 의사결정이 포함되는 과정이다. 여기에는 복리후생도 포함된다. 인재관리에 관해서는 4부에서 자세히 살펴볼 것이다.

다음 데이터를 살펴보자.

- 최근 설문조사에서 채용 전문가 500명에게 다양한 체중의 여성 후보자들을 보여주자 가장 무거워 보이는 여성이 리더가 될 잠재력이 있다고 답한 전문가는 18퍼센트에 불과했다.[4] 하지만 여성의 체중과 리더십 사이에 상관관계가 있을까? 당연히 없다.
- 시카고대학교와 뮌헨대학교가 실시한 연구에 따르면, 지방 억양이 강한 근로자는 주류 억양의 근로자보다 20퍼센트 적은 임금을 받는 것으로 나타났다. 이런 억양에 대한 편견은 미국 남부, 영국의 노동계급, 독일의 특정 지역, 아프리카계 미국인 등 상이한 억양의 직원에게 영향을 미친다.[5]
- 유색인종은 피부색이 밝을수록 취업하고, 승진하고, 멘토링을 받고, CEO가 되고, 더 많은 돈을 벌 가능성이 높아진다. 피부색이 밝은 직원은 퇴근 후 사교 행사에 초대받고 동료들과 친해질 가능성도 더 높다.[6]
- 포천 500대 기업 CEO의 58퍼센트는 키가 180센티미터 이상인 반면, 미국 성인 남성 중 키가 180센티미터 이상인 사람은 14.5퍼센트에 불과하다.[7] 키와 회사 운영 능력 사이에 상관관계

가 있는 것일까? 아니면 단지 인식에 불과할까? 우리는 무의식적으로 권력이 어떤 모습이어야 한다고 생각하고 있을까? 이는 여성과 키가 작은 사람들에게 어떤 의미일까?

채용 공고에 키가 큰 CEO, 날씬하고 잠재력이 높은 리더, 고급스러운 억양, 피부색이 밝은 유색인종을 자격 요건으로 명시하는 사람은 아무도 없지만, 데이터를 보면 이런 무의식적인 선호가 우리의 행동에서 드러나고 다른 사람들의 기회에 매우 실질적인 영향을 미치고 있음을 알 수 있다. 나는 출산휴가에 대해 무의식적인 편견을 가지고 있다가 조던을 채용하는 경험을 통해 의식하게 되었는데, 이를 의식하지 못했다면 조던의 적응을 돕고 관리하며 새로운 역할에 참여시킬 때 부정적인 영향을 미쳤을 것이다. 결과적으로 조던의 업무 성과는 저하되었을 것이 분명하다.

이 책은 직장에서 자기 자신과 타인의 기회에 부정적인 영향을 미치는 무의식적 편견에 초점을 맞추고, 프랭클린코비사의 성과 모델을 통해 그 영향을 평가한다. 성과 모델에는 각각 다른 경험을 하게 되는 세 개의 영역이 존재한다. 물론 우리의 목표는 사람들을 최고의 역량을 발휘하는 고성과 영역으로 인도하는 것이다.

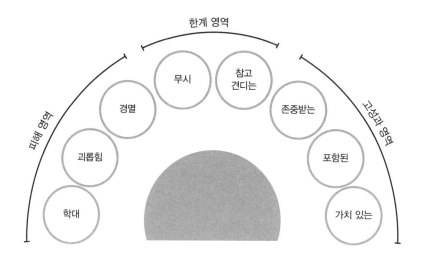

고성과 영역High Performance Zone에서 사람들은 존중받고, 소속감을 느끼고, 가치를 인정받는다고 느끼며 최선을 다해 기여할 수 있다. 역사적으로 직장 내 다양성에 대한 논의는 대표성이나 직장 내 인력 구성에 초점이 맞춰져 있었다. 대표성도 중요하지만, 그 대표성을 가지고 무엇을 하느냐도 중요하다. 구성원들이 소속감을 느끼고 있는가? 직원들이 자신의 관점이 존중받고, 의사결정을 하는 자리에 참여할 수 있고, 자신의 목소리를 낼 수 있다고 느끼고 있는가?

한계 영역Limiting Zone에서는 사람들이 자신을 참고 견딘다거나 무시한다는 느낌을 받는다. 다양성과 포용에 관한 많은 연구가 자기 자신과 타인에게 관용을 베풀어야 한다고 강조해왔다. 하지만 다른 사람이 자신을 그저 참고 견디기를 원하는 사람이 있을까? 그것은 좋은 감정이 아니다. 내 남편이 나를 그저 참고 견뎠다면, 우리의 결혼 생활은 꽤나 불행했을 것이다. 마찬가지로 직장에서의 관용 역시 최선은 아니다. 당신은 관용의 대상이 되거나 무시당할 때 좋은 아이디어를 제시할 수 있는가? 그리고 싶은 생각이 들겠는가?

사람들은 직장에서 누군가 자신을 무시하거나 참고 견딜 때 그것을 안다. 그것은 존중받고, 포용되고, 가치를 인정받는 것과는 매우 다른 느낌이다. 나는 백인이 주를 이루는 환경에서 일하는 유색인종 여성으로서 이런 한계 영역에 있을 때의 괴로움을 안다. 고객과의 회의에 백인 남성 동료 또는 상급자와 함께 가면, 고객은 곧바로 그에게만 말을 한다. 내게 제공할 수 있는 전문 지식이 있음에도 불구하고, 고객들은 내가 그 자리에 있지도 않은 것처럼 내 자리는 쳐다보지도 않을 때가 종종 있다. 이런 일이 한 번 발생했을 때는 대수롭지 않게 여겼다. 하지만 같은 일이 반복되자, '내가 왜 무시당하고 있는 거지? 회의를 준비하고, 회의 전에 미리 연락해서 회의 목표를 설정하고, 고객의 요구에도 응했는데… 뭔가 다른 문제가 있는 건 아닐까?' 하는 생각이 들기 시작했다. 당신도 아마 한계 영역에 놓이는 경험을 해본 적이 있을 것이다. 그것이 당신의 참여도와 결과에 어떤 영향을 미쳤는가?

피해 영역 Damaging Zone으로 이동해보자. 편견이 뇌가 정상적으로 작동하는 방식이라는 점은 이미 이야기한 바 있지만, 극단적인 편견은 막대한 해가 될 수 있다는 점을 인정해야 한다. 피해 영역에서는 편견의 정도가 불법적인 수준, 즉 괴롭힘이나 학대에까지 이를 수 있다.

직장 내 '다양성 및 포용성D&I' 교육은 대부분 가장 심각한 피해 영역에 초점을 맞춘다. 내 경험에 따르면, 사람들은 포용에 대한 대화가 괴롭힘과 차별로 옮겨가면 귀를 기울이기 시작한다. 우리 대부분은 자신이 그 정도까지 갈 수 있다고 생각하지 않는다. 결과적으로 많은 사람은 자신이 한계 영역에 놓이는 것 또한 상상하지 못하는데, 이는 착각이다. 누구나 무의식적으로 행동할 때가 있기 때문이다. 나는 임신한 직원을 채용하면서 지속적으로 자각하지 않으면 누구나 한계 영역에 빠질 수 있다는 사실을 깨달았다. 한계 영역에 있는 조직이나 팀의 역학 관계로 인해 부정적인 행동을 정상적인 행동으로 취급하다 보면 피해 영역에 빠질 수 있다. 의도는 좋았지만 무신경하거나 무지한 탓에 괴롭힘이나 차별 관련 소송에 휘말려 경력이 끝장난 관리자부터 명백하게 권한을 남용한 리더에 이르기까지, 많은 조직이 관련 소송에 직면해 있다.

누구나 각 영역에 속하는 경험을 해봤을 것이다. 존중받고 소속감을 느끼고 가치를 인정받는 기분을 느끼기도 하고, 누군가 나를 참고 견디거나 무시하는 듯한 기분이 들 때도 있고, 심지어 괴롭힘이나 학대를 당해본 사람도 있을 것이다. 자신의 행동으로 누군가를 특정 영역에 밀어 넣어본 경험도 있을 것이다.

각 영역에 있어본 경험이 있다는 것은 각 영역에 있는 것이 어떤 느낌인지 안다는 의미다. 각 영역에 있는 것이 어떤 느낌인지 확인할 수 있다면, 언제 특정 영역에 놓이게 되는지 알아차릴 수 있고, 긍정적인 진전을 이룰 수 있다.

무의식적 편견을 개선하기 위한 프레임

좋은 소식은 우리의 뇌가 편견과 선호뿐만 아니라 변화와 성장을 추구하도록 설계되어 있다는 것이다. 새로운 신경회로와 사고방식, 습관을 만들기 위해서는 시간이 필요하며, 더 중요한 것은 의식적인 노력이다. 쉽지는 않지만 할 수 있는 일이다.

우리는 이런 변화를 일으키기 위해 무의식적 편견을 인식하는 것을 넘어 구체적인 행동으로 나아가는 틀을 제공하는 '편견 진행 모델Bias Progress Model'을 만들었다. 이 틀은 편견 확인하기, 연결 강화하기, 용기 선택하기, 인재관리 전반에 적용하기 등 네 부분으로 구성된다.

프랭클린코비사가 만든 편견 진행 모델의 목표는 편견을 정의하고 개선하기 위한 구조를 제공하는 것이다. 이 틀에서 각 구성 요소는 다른 구성 요소에 상호보완적이다. 한 요소가 커질수록 다른 요소들도 상호작용하며 자기 인식, 개방성, 성장 잠재력을 키우고 목적에 부합하는 방향으로 나아간다.

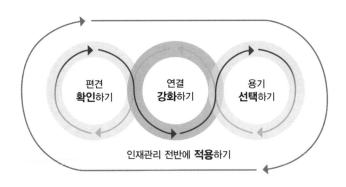

편견 확인하기

편견을 확인하려면 먼저 편견이 무엇인지, 편견과 정체성 사이의 관계를 파악하고, 편견이 발생하는 이유에 관한 기본적인 신경과학을 이해하고, 일반적인 용어들을 배우고, 언제 가장 편견의 함정에 취약한지 파악해야 한다. 주변 사람들의 경험까지 고려할 수 있도록 자기 성찰과 자기 인식을 추구하는 지적 탐구에 나서야 한다.

연결 강화하기

소속감 및 유대감에 대한 욕구와 이해받고자 하는 욕구는 인간의 가장 깊은 욕구다. 편견 진행 모델의 두 번째 구성 요소는 공감과 호기심을 통해 의미 있는 관계를 형성하는 데 중점을 둔다. 공감과 호기심은 동전의 양면과 같은 것으로, 관계를 강화하기 위한 대인관계적 접근 방식과 지적 접근 방식이다. 우리는 타인과 의미 있는 관계를 맺을 때 우리가 가진 편견과 선입견을 명확히 보고 이에 놀라게 된다. 타인과 연결 고리를 강화하면, 우리가 인식하는 타인의 모습을 넘어 그 사람의 진정한 모습을 알게 됨으로써 편견을 극복할 수 있는 길이 열린다.

용기 선택하기

우리는 흔히 용기를 뻔뻔하고 대담한 행동이라고 생각한다. 하지만 용기가 항상 크거나 과시적인 것은 아니다. 조용하고 신중한 용기도 있다. 신중하고 대담하게 용기를 내 편견을 극복할 수 있다. 편견 진행 모델의 세 번째 부분에서는 편견을 인식하는 용기, 편견에 대처하는 용기, 동맹하는 용기, 옹호하는 용기 등 용기 있게 행동하는 네 가지 방법을 소개한다.

인재관리 전반에 적용하기

리더는 편견 진행 모델을 개인의 인간관계와 팀에 적용해 높은 성과로의 전환을 촉진할 수 있다. 인재관리를 통해 경험한 편견을 파악하고, 관계를 발전시키고, 용기를 선택하는 능력은 조직의 성과를 더 나은 방향으로 이끌 수 있다.

조직이 인재와의 전쟁, 우수 인재 확보, 협업과 혁신에 관해 말할 때 목표를 달성하기 위해 지렛대로 삼을 수 있는 것이 바로 인재관리다. 인재관리는 흔히 법과 인사정책의 영역으로 여겨지지만, 강력한 인재관리를 위해서는 **모든** 리더가 회사 편람에 나와 있는 규정, 정책, 절차를 뛰어넘어야 한다. 편견 진행 모델의 마지막 구성 요소인 인재관리는 서류상의 정책에서 벗어나 조직의 실제 성과를 지원하는 법을 알려준다.

우리는 이 책을 통해 편견 진행 모델을 살펴보고 탐구할 것이다. 책은 네 부로 구성되어 있다.

1부: 편견 확인하기
2부: 연결 강화하기
3부: 용기 선택하기
4부: 인재관리 전반에 적용하기

편견 진행 모델은 의료, 은행, 기술, 석유, 가스, 법 집행 당국, 정부, 소매업 등 다양한 산업 분야에서 일하는 수천 명의 리더를 대상으로 현장 실험을 거친 프랭클린코비사의 '무의식적 편견: 잠재력 발휘를 위한 편견 이해' 강의에서 뽑아낸 것이다. 나는 이 강의의 수석 설계자로서 해당 프로그램을 구성하고 수많은 참가자에게 제공할 수 있는 특권을 누렸으며, 뛰어난 글로벌 컨설턴트 팀이 강의 콘텐츠를 구현해보고 제공해준 피드백을 바탕으로 강의 자료를 개선했다. 나는 여러 산업과 지역의 리더들과 조직들이 성과를 저해하는 편견에 직면하지만 어떻게 대처해야 할지 잘 모른다는 사실을 알게 되었다. 이런 문제를 해결하기 위해 이 책을 집필했다.

편견과 포용에 관한 책이 다양한 관점을 보여주지 못하는 것은 말이 되지 않는다. 그래서 마크 머피와 앤 차우가 공동 저자로 합류했다. 내 목소리가 본문을 쉽게 읽을 수 있도록 안내하는 동안, 우리는 진정한 동맹자로서 공동으로 작업했다. 또한 책 전체에 삽입된 마크와 앤의 목소리에서 통찰력과 경험을 얻을 수 있다.

프랭클린코비사에서 28년 동안 일한 선임 컨설턴트 마크 머피는 이 책의 내용이 프랭클린코비사의 컨설턴트가 전 세계의 고객들에게 전하는 내용임을 보증한다. 당신은 여러 산업 분야의 고객들과 함께 일한 그의 이야기와 관점에 대해 듣게 될 것이다. 마크는 자신의 인생 경험과 광범위한 세계를 여행한 경험을 통해 포용과 편견에 대해 열정을 갖게 되었으며, 고객이 포용적인 문화를 강화하도록 돕고 있다. 그는 성소수자 공동체의 일원으로서 이런 원칙들이 업무에 전념하는 능력에 미치는 영향을 직접 경험했다.

300억 달러 규모의 AT&T 사업부이자 자체적으로 포천 50대 기업의 자격을 갖춘 AT&T비즈니스의 CEO 앤 차우는 통신 및 기술 산업에서 30년 이상 글로벌 팀을 이끌고 비즈니스 혁신을 달성한 경험을 제공한다. AT&T에서 엔지니어로 시작한 앤은 이후 회사 전체에서 12개 이상의 업무를 맡았으며, AT&T비즈니스의 첫 여성 CEO이자 140년 AT&T 역사상 최초의 유색인종 여성 CEO로 임명되었다. 그녀는 다양한 수준의 직급에서 리더십을 발휘하고, 조직의 변화를 관리하고, 고객에게 서비스를 제공하고, 문화적 변화를 주도한 경험을 바탕으로 방대한 통찰을 제공한다. 앤은 부모님과 아메리칸드림을 좇아 타이완에서 이주한 자랑스러운 2세대 아시아계 미국인이며, 포용적이고 성과 높은 조직을 강화하는 데 필요한 진정성과 커뮤니케이션의 힘에 열정을 가지고 있다. 그녀는 줄리아드에서 교육받은 피아니스트이기도 하며, 이 책에 대한 공헌을 포함해 자신이 하는 모든 일에서 목적의식을 가지고 탁월한 결과를 달성한다.

기대할 것

우리는 당신이 이 책을 읽고 나서 취약성을 인식하고 공감과 호기심, 용기를 발휘하여 편견에 맞서 전진하고, 다양하고 공평하며 포용적인 조직을 만들 수 있는 힘을 얻게 되기를 바란다. 당신이 이런 노력에 전념하는 다양성·형평성·포용 전문가라면 이 책이 당신의 노력에 활력을 불어넣고, 협력관계와 이해관계를 강화할 수 있는 언어를 배울 기회를 제공하며, 앞으로 나아가기 위해 명확한 행동을 할 수 있도록 영감을 주기를 바란다. 당신이 중요한 리더십 역량으로서의 다양성과 포용에 대해 회의적이라면, 이 책이 조금이라도 당신의 마음을 열 수 있기를 바란다. 누구나 항상 포용을 고려할 수 있도록 리더십을 확장하는 데 사용 가능한 도구를 만들고자 노력했다. 다음은 이 책을 가장 효과적으로 활용하는 두 가지 방법이다.

- **연습문제를 직접 풀어보라.** 각 장 끝에 개인을 위한 성찰과 **리더를 위한 응용문제**로 구분된 연습문제 또는 도구가 실려 있다. 펜을 들고 책에 답을 쓰기를 권한다. 답을 직접 작성하는 데는 약간의 시간과 노력이 필요하지만, 그렇게 하면 단순히 콘텐츠를 배우는 것과 더 나은 결과를 얻기 위해 실천하는 것의 차이를 느끼게 될 것이다.
- **더 탐구하라.** 직관적이지 않은 아이디어를 만날 수 있다. 추가적인 탐색을 통해 당신의 질문을 탐구하라. 당신의 관계망에서 다른 관점이나 배경을 가진 누군가와 관계를 맺거나 책 또는 팟캐스트, 웹사이트 등의 미디어에서 다른 관점을 찾아볼 수도 있다.

이런 맥락을 염두에 두고 당신이 이 책에 대해 가질 수 있는 몇 가지 중요한 질문에 답변해보겠다.

리더가 해야 하는 모든 일 중에서 무의식적인 편견을 개선하는 것이 정말 그렇게 중요할까?

편견과 성과 사이의 연관성을 보여주는 데이터는 풍부하다. 편견을 줄이면 팀과 조직이 더 나은 성과를 달성하는 데 도움이 된다. 더 말할 필요도 없다.

편견은 직장 내 의사결정, 성과, 혁신, 결과를 저해할 수 있다. 편견이 어떻게 성과를 저해 또는 가속화할 수 있는지 생각해보는 것은 이 책을 통해 우리가 해야 할 일 중 큰 부분이다. 자기 자신이 편견의 대상이라고 인식하는 직원은 아이디어를 보류하고, 업무에 몰입하지 못하며, 1년 이내에 퇴사할 가능성이 세 배나 높다.[8] 편견의 대상이 되어본 적이 있다면 이 말을 충분히 이해할 것이다. 편견의 대상인 본인 또한 자신도 모르게 편견적 인식이나 결과에 기여했을 수 있다고 생각하면 충격적일 것이다.

성과를 내는 데 있어서 서로를 하나의 인격체로 보고 존중하는 것보다 중요한 것은 없다. 그렇기 때문에 편견을 이해하고 편견에 이의를 제기하는 것이 중요하다.

편견이라는 주제는 단지 트렌드에 불과할까?

인구통계를 보면 명확해진다. 우리는 다양한 정체성을 지닌 사람들과 협업하고 협력할 것이 요구되는 국제적인 사회에 살고 있다. 무의식적 편견을 해결하는 것은 혁신, 변화, 리더십 기술만큼이나 트렌드로 자리 잡았지만, 사실은 그렇지 않다! 편견의 수익성은 대차대조표상의 매출과 비용만큼 눈에 띄게 드러나지는 않지만, 전략적 역량으로서 조직의 성과 달성 능력에 큰 차이를 만들어낸다. 조직을 운영해야 하는 한 우리는 편견, 그리고 편견이 성과에 미치는 영향에 맞서

싸워야 한다.

편견은 대부분 정치나 정치적 올바름에 관한 것일까?

편견이 사회의식의 깊숙한 곳에 자리 잡으면서 현미경으로 감시받는 듯한 기분이 들 수도 있다. 우리는 모두 자기 자신의 관점에 강한 애착을 가지고 있으며, 때때로 이런 애착은 정치적 성향으로 드러나기도 한다. 다양성, 포용성, 편견에 대한 탐구가 자기 자신의 정치 성향과 일치하는 사람도 있을 것이다. 하지만 나는 편견이 정치적인 주제라고 생각하지 않는다. 이 책에서 편견에 대한 접근 방식은 편견과 업무 성과의 연관성에 초점이 맞춰져 있다.

이 책의 목표는 형식주의, 정치적 올바름 또는 기회의 제한을 다루는 것이 아니다. 이 책은 당신이 할 수 있는 말과 할 수 없는 말을 제시하지 않으며, 누군가의 언어나 생각을 검열하려는 의도도 없다. 편견을 탐구하고 리프레임하는 것의 목적은 검열이 아니라 타인과 소통할 때 이해하고 이해받을 수 있는 능력을 키우는 데 있다.

이렇게 하면 역편견이 생기지 않을까?

우리는 역편견이란 존재하지 않는다고 본다. 편견이란 어떤 사물이나 사람 또는 집단을 다른 것과 비교하여 선호하거나 반대하는 것을 말한다. 그것은 긍정적이든 부정적이든, 한 집단에 대한 것이든 다른 집단에 대한 것이든 편견이다.

이 책에서 당신은 다양한 정체성과 상황을 아우르는 사례를 접하게 될 것이다. 인종과 성별 관련 사례도 있냐고? 물론이다. 성격, 직무, 외모, 원격 근무자, 억양, 학력 등과 관련된 사례는? 당연히 있다. 그 외에도 더 많은 사례가 있다.

궁극적으로 우리는 모두 편견 때문에 부정적이거나 긍정적인 영향을 받은 경험이 있다. 편견은 당신이 대중적이지 않은 의견을 가지고 있거나, 왼손잡이이거나, 매력적이거나, 체계적이지 않거나, 내성적이거나, 위험을 감수하는 경우 영향을 미친다. 당신이 재향군인이거나 농촌 지역 거주자이거나 장애가 있는 경우에도 편견의 영향을 받는다. 인종, 성별, 성적 지향, 성 정체성, IQ에 기반한 편견이 영향을 끼치기도 한다.

편견을 탐구하는 목적은 한 집단을 악마화하거나 죄책감, 수치심, 두려움을 느끼게 하려는 것이 아니다. 편견에 대해 진전을 이루고 편견이 자신이나 타인의 가능성을 어떻게 제한하는지 이해하는 것이다. 이 책이 편견에 대한 인식을 높이고, 사람들을 연결하며, 의지를 불러일으키기를 바란다.

다문화 아동문학의 어머니로 불리는 루딘 심스 비숍 오하이오주립대 교육학 명예교수는 이렇게 말했다. "책은 현실이나 상상, 친숙하거나 낯선 세계를 바라볼 수 있는 창문이다. 이 창은 미닫이 유리문으로, 독자는 상상 속에서 그 문을 통과하기만 하면 작가가 창조하거나 재창조한 세계의 일부가 될 수 있다. 조명만 적절하다면 창문은 거울이 될 수도 있다. 문학은 인간의 경험을 변화시켜 우리에게 반사하는데, 우리는 반사된 상을 통해 더 큰 인간 경험의 일부로서 우리 자신의 삶과 경험을 볼 수 있게 된다. 따라서 독서는 자기 확인의 수단이

되며, 독자들은 종종 책에서 자신의 거울을 찾는다."⁹

당신이 이 책에서 창문, 미닫이문, 거울을 발견하기를 바란다. 이런 가능성을 수용하면 당신은 이 책을 통해 보다 고양된 경험을 할 수 있게 되고, 그런 경험으로 얻은 통찰을 삶의 모든 측면에 적용할 수 있을 것이다.

누구나 편견을 가지고 있다.
사실 우리는 모두 선한 의도를 방해하고
타인과 진정한 관계를 강화하지 못하게 하는
무의식적 가정을 품고 있다.
자기 인식 능력을 키우면 충동적인 반응을 제어하고,
미지의 세계에 대한 두려움을 정복하고,
편협함을 극복할 수 있게 된다.
결국 핵심 메시지는, 당신은 문제가 아니며
당신이 해결책이 될 수 있다는 것이다.

_티파니 자나(작가, 사회적 기업가)

공정한 판단이라는 착각

편견 확인하기

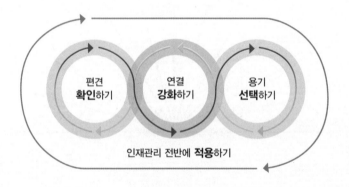

편견
확인하기

연결
강화하기

용기
선택하기

인재관리 전반에 **적용**하기

편견에 관한 데이터는 우리가 통제할 수 없는 거시적인 수치로 보이기 때문에 압도적으로 느껴질 수 있다. 그러나 우리는 이 거대한 수치가 개별 행동이 축적된 결과이며, 우리가 이 수치에 영향을 미칠 수 있다는 사실을 기억해야 한다. 탄소 배출량을 줄이기 위해 혼자 10억 그루의 나무를 심을 수는 없겠지만, 재활용을 실천하고 자전거를 더 자주 이용할 수는 있다. 마찬가지로 우리는 특히 우리 자신과 팀 구성원, 동료, 고객의 가능성을 향상하기 위하여 편견에 영향을 미치는 작은 행동을 실천할 수 있다. 우리의 행동 변화가 누적되면 그 영향은 엄청난 차이를 만들어낼 수 있다.

영화계에서 일하는 동료로부터 카메라 오퍼레이터가 렌즈를 5도만 틀어도 장면의 프레임frame이 완전히 바뀐다는 말을 들은 적이 있다. 마찬가지로 편견에 대한 우리의 탐구는 기념비적인 변화에 초점이 맞춰져 있지 않다. 대신 결과에 근본적으로 영향을 미칠 수 있는, 의미 있고 가능한 작은 변화의 힘에 초점을 맞출 것이다. '편견 진행 모델Bias Progress Model'의 각 부분은 우리의 사고방식을 5도 전환하기 위한 '프레임과 리프레임'으로 시작한다.

프레임과 리프레임

프레임	리프레임
나는 편견이 없다. 나는 객관적으로 판단한다.	편견은 나를 포함한 모든 사람에게 존재한다. 나의 편견이 내 결정에 어떻게 영향을 미치는지 의식적으로 생각한다.

우리는 자신에게 오류가 없다고 가정하는 프레임을 가지고 있지만, 우리 중 가장 똑똑하고 유능하며 결단력 있는 사람도 편견을 지니고 있다. 편견은 우리 내부에 프로그래밍되어 있다. 리프레임은 현실을 인정하는 것으로, 이를 통해 우리는 자신의 편견을 고려하여 행동과 반응, 결정을 확장하고 성과를 향상시킬 수 있다.

자기 인식의 원칙

네 부분으로 구성된 프레임워크의 각 구성 요소는 하나의 원칙과 연결되어 있다. 편견 확인의 원칙은 자기 인식, 즉 인간 고유의 자기 성찰 능력이다. 지나치다 싶을 정도로 많이 사용되는 '자기 인식selfawareness'이라는 단어에는 단순히 내향적인지 외향적인지 결정하거나 일반적인 성격 진단을 하는 것 이상의 의미가 담겨 있다.

이 책의 목적을 위해 우리는 '자기 인식'을 '자기 성찰의 지적인 추구'로 정의한다. 자기 인식 수준을 높이면 편견을 확인할 수 있게 된다. 이런 맥락에서 자기 인식을 위한 근육을 만드는 것은 정보를 받고 감정적으로 반응하기 전에 잠시 멈출 수 있음을 의미한다. 우리는 감정에서 한 발짝 떨어져 자신이 **왜** 그렇게 느끼는지 이해하고 그것이 생산적인 감정인지 관찰할 수 있다.

우리의 마음이 자기 인식과 반대로 움직이는 이유 중 하나는 자신에게 개선할 수 있는 영역이 있다는 사실을 인정하기가 어렵기 때문이다. 그러나 자기 인식을 실천할 때 우리는 자기 자신에 대해 더 잘 알게 된다. 자기 인식이 강화되면 무의식적으로 행동하는 것을 멈추고 더 나은 결정을 내리기 시작한다.

그렇다면 어떻게 프레임에서 리프레임으로 전환하고, 자기 인식 능력을 활용해 편견을 확인할 수 있을까? 1부의 네 장은 바로 그렇게 하는 방법을 알려주는 안내서다. 우리는 자기 자신의 정체성을 탐구하는 데서부터 시작한다. 그리고 관련 신경과학을 이해해보려 시도할 것이다. 그다음 세 가지 편견 함정을 어떻게 인식해야 하는지 알아본다. 마지막으로, 자기 인식의 원칙을 지속적으로 연마하기 위한 전략으로서 '마음챙김mindfulness'을 수용한다.

01

정체성 탐구하기

정체성은 첫째로 그것이 왜, 누구에게 적용되어야 하는지에 대한 설명과 함께 형성된다. 둘째, 정체성은 어떻게 행동해야 하는지에 대한 생각을 형성한다. 셋째, 정체성은 다른 사람들이 당신을 대하는 방식에 영향을 미친다. 마지막으로, 정체성의 모든 측면은 누가 누구이고 어떻게 행동하고 대우받아야 하는지를 나타내고, 논쟁의 여지가 있으며, 언제나 논쟁의 대상이 된다.[10]

_콰메 앤서니 아피아(뉴욕대학교 철학 및 법학 교수)

⌄
⌄

    편견을 확인하는 첫 번째 단계는 우리 자신에 대해 인지하고 개인의 정체성이 편견에 어떻게 영향을 미치는지 조사하는 것이다. 우리의 정체성은 평생 우리에게 쏟아진 정보들로 구성된다. 특정한 자아 감각sense of self을 개발하기 위해 우리의 뇌가 수집하는 다양한 정보, 우리가 나머지 세계와 어떻게 상호작용할지 결정하는 매트릭스 능 사방에서 접하는 것들이 우리의 정체성이 형성되는 데 영향을 미친다.

    프랭클린코비사의 '정체성 모델Identity Model'에 따르면, 우리의 정체성을 구성하는 것들은 다음과 같다.

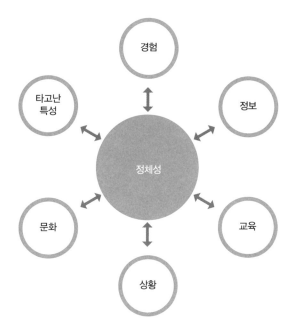

- **정보.** 우리가 경청하는 것, 읽는 것, 듣는 것, 보는 것 등 모든 정보가 우리의 세계관, 관점, 편견을 형성한다. 소셜미디어에 사용되는 인공지능과 알고리즘에 우리 뇌에 내재한 확증 편향이 더해지면서 우리는 광범위한 정보가 아닌 기존 신념을 강화하는 정보를 점점 더 많이 받아들이고 있다.

- **교육.** 변호사는 학교에서 형사사법학을 공부한 사람과는 다르게 사고한다. 과학자는 과학적 방법이라는 렌즈를 통해 모든 것을 보며, MBA 졸업생은 문제를 전략적으로 해결하도록 훈련된다. 우리의 교육 수준(고등학교 졸업장이든 무역학 학위이든 박사 학위나 자격증이든)과 연구 분야, 우리가 다닌 특정 교육기관은 우리

의 자아 감각, 선호와 편견의 형성에 기여한다.

- **상황.** 사는 곳, 종교적 관습, 직장에서의 상황적 맥락(새로운 조직이나 팀으로 이동하는 등) 등 우리의 상황이 변하면 정체성도 변할 수 있다. 오늘날 전문가이자 부모로서의 내 정체성은 대학교 2학년일 때 나 자신을 바라보던 것과는 분명히 다르다. 재향군인과 제복을 입고 복무하는 사람들은 자신의 정체성이 급격히 변하는 상황을 종종 경험한다. 제복은 그들의 정체성의 핵심을 형성하고, 국가를 위해 수행하는 임무와 군인으로서의 역할을 나타낸다. 예를 들어, 이들이 민간인으로 돌아가면 정체성이 흔들릴 수 있다.

- **문화.** 문화는 인종일 수도 있고, 종교 또는 지리일 수도 있다. 문화적 요소는 당신이 텍사스처럼 큰 주에서 태어나 자란 대담한 성격의 사람이든 몽족계 미국인Hmong American처럼 상대적으로 적은 소수민족 출신이든 상관없이 중요한 의미를 지닐 수 있다.

- **타고난 특성.** 위험을 감수하는 사람이 있는가 하면 신중한 사람도 있다. 양육자인 사람도 있고 그렇지 않은 사람도 있다. 내향적인 성격인 나는 고객과 소통하고 자문을 제공하면서 긴 하루를 보낸 날이면 보통 룸서비스를 주문하고 잠자리에 드는데, 이는 결과적으로 내 출장 경험에 영향을 미친다. 우리의 타고난 선호 경향은 우리의 편견과 우리가 형편과 상황을 바라보는 방식에 영향을 미칠 수 있다.

- **경험.** "~때 기억나?"라는 말로 이야기를 시작한 적이 몇 번이나 있는가? 우리의 경험은 우리와 함께 머물러 지속적인 인상을 남

긴다. 먼 곳으로 이주하거나 새로운 곳으로 여행한 경험, 울트라 마라톤을 완주하거나 놀라운 영감을 주는 지도자 밑에서 일한 경험 등 다양한 경험은 우리가 미래의 경험을 바라보는 방식과 우리의 선택에 영향을 미친다.

이런 요소들이 우리의 정체성을 구성한다. 프랭클린코비사의 '정체성 모델'을 보면 화살표가 양방향인 것을 알 수 있다. 이 요소들이 우리의 정체성에 영향을 미치고, 우리의 정체성이 다시 이 요소들에 영향을 미치면서 편견이 생긴다.

정보는 이런 역학의 완벽한 예다. 우리 부모님은 도미니카공화국의 파시스트 독재자 치하에서 자랐다. 아버지는 1950년대에 파시스트 독재자 풀헨시오 바티스타의 정권을 전복시킨 쿠바를 모범으로 삼았다. 이후 아버지의 정치 성향은 내 정치 성향에도 영향을 미쳤다. 내 정체성의 정치 부분은 내가 찾아보는 정보와 미디어에 영향을 미쳤다. 이런 미디어의 소비는 내 정체성을 더욱 강화했고, 확신을 갖게 했으며, 내 정체성에 영향을 미쳤고 내 선호도와 편견을 형성했다. 물론 내가 이 좁은 렌즈를 인식했다는 것은 정치 스펙트럼 전반에 걸친 미디어를 찾고 정치적 의견이 다른 사람들을 인맥에 포함시킴으로써 적극적으로 렌즈를 넓혀야 함을 의미한다. 말처럼 쉽지는 않지만, 그렇게 하는 것이 내 정체성에 기반한 편견을 인식하고 능동적으로 균형을 맞추는 자기 인식이다.

정체성 모델은 양방향 도로이며, 역동적이고, 새로운 구성 요소에 지속적으로 영향을 받는다. 내가 초기에 비영리 부문에서 경력을 쌓을 때 사용했던 정보는 모금 및 보조금 전략에 초점이 맞춰져 있었다. 오늘날 내가 전문적으로 소비하는 정보는 대부분 학습과 개발, 다양성, 포용에 초점이 맞춰져 있다. 경력에 따라 내 선호와 편견도 바뀌었다.

전인적 패러다임

'아이티'라는 단어를 들으면 많은 사람이 2010년 대지진으로 악화된 만연한 빈곤이라는 공통된 이미지를 떠올린다. 그러나 맥아더 지니어스 그랜트MacArthur Genius Grant 상을 받은 작가 치마만다 응고지 아디치에는 TED 강연에서 단편적인 이야기에 위험이 존재한다고 지적했다. 우리는 대개 아이티를 서반구에서 가장 가난한 나라로 정의한다. 서반구 최초의 흑인 독립 국가로 정의하는 경우는 거의 없다.[11] 이런 이야기, 즉 제한적인 서사는 시간이 지날수록 해롭다.

정체성을 고려할 때 보다 취약하게 또는 자랑스럽게 느껴지는 구성 요소가 있을 수 있다. 어떤 구성 요소는 명확히 보이지만 그렇지 않은 것도 있다.

앤
일차원적인 사람은 아무도 없다. 당신은 분명히 나를 여성이자 아시아인이라고 생각할 것이다. 내 키나 옷차림이 눈에 들어올 수도 있다. 나와 함께 일한 적이 있다면, 고객에 대해 열정을 가지고 있고 비즈니스 리더이며 사람과 관계에 깊은 관심이 있는 사람이라고 말할 것이다.

나는 엄마이자 아내, 전직 피아니스트이면서 자랑스러운 X세대이기도 하다. 나는 내가 평생 겪은 모든 독특한 경험이 교차하는 지점에 살고 있다. 정체성의 다면적 특성은 우리 모두에게 적용된다. 내 정체성의 일부 구성 요소와 관련해 나는 고정관념을 가지고 있다. 나 자신에 대한 고정관념에 빠지지 않고 타인에 대해 내가 가지고 있는 고정관념을 고려하는 것이 중요하다. 고정관념은 한계를 짓고, 해로운 경우가 많으며, 타인의 다양한 기술과 경험, 잠재력의 진정한 가치를 알아보지 못하게 방해한다.

다음과 같은 주장을 들어본 적이 있는가?

- 여자들은 수학을 잘하지 못한다.
- 남자들은 매우 둔감하다.
- 아시아인/흑인은 대부분 의사소통을 잘하지 못한다.
- 그/그녀/그들은 젊었을 때만큼 예리하지 않다.
- 키가 작은 사람들은 배구/농구/무대 지휘를 할 수 없다.

이런 주장의 기저에는 고정관념이 숨어 있다. 고정관념은 그 대상 개인뿐만 아니라 공동체에 명백한 해를 끼친다. 직장에서도 사람들 간에 잘못된 역학관계를 전제해 기여와 성과에 부정적인 영향을 미칠 수 있으므로, 개인과 팀 모두에 해롭다. 이 주제와 관련해서 나는 역대 최고의 여성 테니스 선수 중 한 명인 마르티나 나브라틸로바의 말을 가장 좋아한다. 그녀는 이렇게 말했다.

"꼬리표Label는 정리용이다. 옷에 붙이는 것이지, 사람을 위한 것이 아니다."

　우리는 단편적인 이야기 이상의 존재지만 일상적인 상호작용에서는 정체성 중 어느 한 면으로 제한될 수 있는데, 이는 우리 각자가 온전한 사람으로서 가지고 있는 복잡성을 무시하는 것이다. 누군가는 세심한 부모이면서 동시에 전 세계로 출장을 다니는 우수한 직원일 수 있다. 누군가는 상냥한 사람이면서 선견지명과 영향력을 가진 리더일 수 있다. 누군가는 완벽하게 침착해 보이지만 불안이나 우울증 같은 심각한 정서적 장애로 어려움을 겪고 있을 수 있다.

　이 복잡성을 설명하는 데 사용되는 일반적인 이미지는 빙산이다. 평균적으로 빙산의 약 10퍼센트는 수면 위로 드러나 있지만, 나머지 90퍼센트는 수면 아래에 있어 우리 눈에 보이지 않는다. 정체성도 비슷하다. 두 사람이 만나거나 한 무리의 사람들이 함께 만날 때 우리는

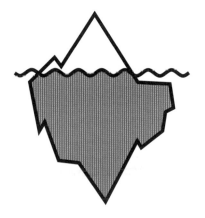

수면 위
나이, 인종, 성별, 문화, 신체 능력

수면 아래
교육, 종교, 기술, 가족, 성격, 경험, 부

그들의 나이, 인종, 성별, 문화, 외모, 잠재적인 신체 능력, 소속된 종교 등 정체성의 작은 부분만을 볼 수 있을 뿐이다.

우리가 볼 수 없는 것은 교육, 종교, 기술, 가족 상태, 눈에 덜 띄는 성격적 측면, 경험, 부 등 매우 실질적인 부분이며, 우리의 정체성을 형성하는 것들이다. 서문에서 본 통계를 떠올려보라. 우리를 제한하는 편견의 많은 부분이 나이, 인종, 성별, 문화, 신체 능력과 같이 눈에 보이는, 정체성의 10퍼센트에서 비롯된다. 나에 대한 타인의 인식과 스스로 내린 정의 사이에 종종 괴리가 발생한다. 당신은 이런 괴리를 경험한 적이 있는가?

우리 각자는 복잡한 정체성을 가진 온전한 사람이며, 비슷하게 다층적으로 구성된 정체성을 지닌 온전한 타인과 관계를 맺는다. 단편적인 이야기의 위험은 스스로 가능성을 제한할 뿐 아니라 그 단일 렌즈를 다른 사람에게까지 적용할 수 있다는 데 있다.

편견을 확인하려면 수면 위와 아래의 식별자identifier들을 심층적으로 연구하고 자기 성찰이라는 고된 작업을 수행해야 한다. 그렇게 하면 이런 식별자가 편견과 관련된 우리의 경험에 어떤 영향을 미치는지 이해할 수 있다.

마크

나는 고객들에게 우리의 무의식적 편견 강의를 안내하며 많은 시간을 보낸다. 한번은 여느 때와 마찬가지로 고객을 응대했는데, 그 자리에는 고객사의 인사 담당자도 함께 있었다. 그녀는 인사팀에 근무하면서 느끼게 되는 조직 내 고립감에 대해 이야기했다. 그녀가 사무실에 들어가면 사람들은 대화 주제를 바꾸거나 목소리를 낮추거나 아예 대화를 중단하기도 한다. 그녀의 이름은 배제되고 역할과 먼저 동일시되곤 한다. 사람들은 "인사팀 옵니다"라거나, "조심하세요, 인사팀이 사무실에 있어요!"라고 말한다.

당신도 비슷한 행동을 한 적이 있는가? 직무에 관한 고정관념에 갇히는 것은 아주 자연스러운 일처럼 보인다. 몇 년 전 나는 오클라호마에서 100여 명의 회계사들에게 강연을 해달라는 요청을 받은 적이 있다. 흥미진진하게 들리는가? 만약 당신이 '아니요'라고 답했다면, 당신도 내가 강연장으로 들어갈 당시 가지고 있던 편견을 지니고 있을 개연성이 높다. 나는 회계사(와 오클라호마)에 대해 몇 가지 편견을 가지고 있었다. 솔직히 두려운 날이었다. 나는 무표정한 사람들 앞에서 애를 쓰다가 기진맥진해 낙담할 것이라고 예상했다.

하지만 나는 완전히 틀렸다. 에너지 넘치는 회계사들은 매우 적극적이었고 열정적으로 참여했으며, 하루가 빨리 지나갔다. 그 후로 나는 강의에 들어가기 전 내가 지닌 선입견에 대해 훨씬 신중히 확인하게 되었다.

편견의 기원 찾기

편견을 탐구하는 주된 목표는 우리의 결정과 관계의 질을 향상시킬 수 있도록 무의식을 의식화하려는 것이다. 일단 우리가 무의식을 표면화해 '무의식'이라고 이름 붙일 수 있다면, 무의식을 분석하는 것도 가능해진다. 이 편견은 나에게 도움이 되는가? 이 편견이 내 가능성이나 주변 사람들의 잠재력을 제한하는가? 이 편견이 앞으로 내려야 할 결정에 영향을 미칠까? 영향을 미친다면, 미래에 그 편견에 대한 반응으로 결정을 내리거나 부정적인 행동을 하지 않기 위해서 어떻게 해야 할까? 그 편견의 기원(우리 삶 어디에서 왔는지)을 밝힐 수 있다면, 다음에 그 편견을 맞닥뜨렸을 때 이를 고려할 가능성이 커진다.

예를 들어보자. 내가 자주 언급하는 편견 가운데 학력에 관한 것이 있다. 나는 오랫동안 이력서를 검토할 때 학력을 먼저 보고 명문 대학의 학위를 높게 평가했다. 그런데 남편이 이런 내 행동에 이의를 제기했다. 그는 일을 하면서 학교를 다녔거나, 2년제 대학을 나왔거나, 아르바이트를 하면서 대학에 다녔거나, 편입을 하는 등 상대적으로 덜 전통적인 경로로 4년제 학위를 취득한 사람들을 높게 평가했다. 일을 하면서 4년제 학위를 마치는 데 필요한 끈기와 투지가 명문대 학위보다 성실성을 보여주는 훨씬 좋은 지표라고 주장했다. 그래서 나는 학력에 관한 내 편견이 어디에서 왔는지 생각해보게 되었다.

도미니카공화국 출신 이민자의 자녀로서 나에게 교육, 특히 명문대 학위는 평생 내 안에 깊이 새겨진 가치였다. 나는 가능한 한 최고의 교육을 받는 것이 성실성을 입증하는 방법이라고 믿으며 자랐다. 남편과 나는 둘 다 성실성을 높이 평가하지만, 나는 편견 때문에 제한된 방식으로 이력서에서 성실성을 찾고 있었던 것이다. 문제를 인식한 후 나는 누가 어떤 학교를 나왔는지, 학위가 몇 개인지를 넘어 성취,

승진, 연구 등 다양한 형태의 성실성의 증거를 이력서에서 볼 수 있게 되었다.

앤

'영업 사원' 하면 무엇이 떠오르는가? 영업 사원이 되기 전에 나는 영업 사원이라고 하면 틀에 박힌 중고차 판매원을 떠올렸다. 전문 분야를 생각할 때 판매는 생각해본 적도 없었다. 경력을 쌓은 지 5년이 넘었을 때 영업직을 맡게 되었는데, 놀랍게도 나는 영업과 사랑에 빠졌다. 매일 비유적으로 혹은 말 그대로 '고객을 돕고 관계를 성장시킨다'는 명확한 사명을 가지고 일어나는 것이 어떤 힘과 명확성을 지녔는지 예상하지 못했다.

당신은 영업 사원, 변호사, 회계사, 교사, 엔지니어, 소프트웨어 개발자, 인턴 등 다양한 직업에 대해 편견을 가지고 있는가? 이 모든 직함 아래에는 복잡하고 특별한 인간이 존재한다. '기능적 편견functional bias'이란 우리가 이 사실을 무시하고 지위에 대한 고정관념으로 돌아가는 것을 의미한다. 사람들이 '우리'와 '그들'을 언급하기 시작하면(예를 들어 영업 대 마케팅 또는 인수 대 운용) 기능적 편견이 방해가 되고 있다는 명확한 신호다.

리더로서 자신의 언어를 숙고하라. 당신은 팀원이 아닌 사람들까지도 포용하는 언어를 사용하고 있는가? 타인의 입장에서 생각하며 자신의 관점을 구성하고 재구성하는가? 특히 장벽, 문제, 갈등, 우려의 맥락에서 '그들'이라는 말을 들으면 팀원들에게 '그들'이 누구이며 왜 그렇게 반응하고 행동하는지 생각해보라고 격려하는가? "우리는 모두 같은 배지를 달고 있습니다"라거나 "우리는 모두 같은 결과를 원합니다" 등 사소해 보이는 의견이 주변 사람들로 하여금 건설적인 방식으로 기능적 편견을 극복하도록 하는 데 도움이 될 수 있다.

스스로 한계를 짓는 편견의 기원을 각별히 주의하라. 몇 년 전 나는 한 임원과 함께 저녁 식사를 하며 멘토링을 받았다. 대화를 하면서 약 10분간 나 자신에 대해, 적어도 당시 내가 나를 어떻게 보고 있는지 설명했다. 나는 성실함과 전략적 사고를 중시했지만, 다른 사람들에게는 나 자신을 좋은 업무 관계를 형성할 능력이 없는 사람인 것처럼 말했다. "저는 까다로운 사람이에요. 강한 성격인데, 사람들이 이런 성격을 좋아하지 않는다는 것을 저도 알고 있습니다."

그러자 임원의 입이 떡 벌어졌다. 그녀는 주저 없이 내가 무슨 말을 하는지 모르겠다고 말했다. 그녀는 내가 유쾌한 사람이라면서, 회사에서도 성격 좋고 유능하다는 평가를 받고 있다고 했다. 우리는 내가 왜 스스로 호감 가지 않는 사람이라는 낙인을 찍고 있는지 긴 대화를 나눴다.

잘못된 생각에 많은 힘을 쏟았다고 생각하니 끔찍했다. 이는 '나는 호감 가지 않는 사람'이라는 자기 제한적 편견에서 비롯된 생각이었다. 이전 직장에서 나는 열심히 일하고 많이 성취했지만, 소속감이나 멋진 계파의 일원이라는 기분을 전혀 느끼지 못했다. 이제 나는 새로운 동료나 고객, 이해관계자와 대화할 때 이런 생각이 들면 자기 제한적 편견의 기원을 떠올린다. 그러고 나서 나는 더 이상 전 직장에서 일하지 않으며, 여전히 그곳에 있는 것처럼 행동해서는 안 된다는 사실을 상기한다. 제한적 편견은 스스로에게 한계를 지울 뿐이다.

마크

나는 인생의 전반부 동안 내가 모자란 사람이고, 아마 앞으로도 그럴 것이며, 마음속 깊이 성공이나 행복을 느낄 자격조차 없다고 믿었다. 나는 가치 있음에 관한 고정관념이 있는 환경에서 자랐고, 그곳에서 동성애는 확실히 이상에 들어맞지 않았다. 동성애는 외모에서 드러나지 않는 내 정체성의 일부였다. 빙산 모델을 고려할 때 동성애는 확실히 수면 아래에 있었고, 나는 그것이 수면 위로 드러나지 않게 하려 애썼다.

수년간의 내적 투쟁과 치료 끝에 나는 이 중요한 요소를 내 정체성의 일부로 완전히 받아들였다. 그러나 부적절함이라는 이 기원 이야기는 여전히 나에게 제한적 영향을 미치는 측면이 있다. 나는 완벽주의로 나의 모자람을 채우려 노력했다. 모든 것이 완벽해 보이기만 하면, 아무도 내 비밀을 알지 못할 거라고 생각했다. 내적으로 그렇게 느끼지 않더라도 다른 사람들은 나를 가치 있는 사람으로 여길 테니까.

소중한 친구이자 동료가 용기를 내 도와준 덕분에 나는 나의 훌륭함과 부족함에 대한 기원 이야기가 어떻게 나를 억누르고 있었는지 알게 되었다. 그녀는 상냥하게 말했다. "마크, 완벽하다고 인정받으려는 당신의 욕망이 당신의 배움과 성장을 방해하고 있어요. 완벽해 보이려고 하다 보니 새로운 시도는 두려워하고 있죠. 배우고 성장하는 것은 복잡한 과정이니, 궁극적으로 성공하려면 실수를 받아들일 수 있어야 해요." 나는 그녀의 말에 깨달음을 얻었다.

이것은 지금까지도 이어지고 있는 투쟁이다. 우리의 자기 제한적 편견은 매우 강력하며, 그대로 두면 엄청난 해를 끼칠 수도 있다. 이야기를 다시 쓰기 위해서는 때때로 우리를 아끼는 누군가의 도움이 필요하다.

정체성 탐구하기

개인을 위한 성찰

'나는' 문장을 통해 나 자신 발견하기

1. 나의 정체성을 탐구한다. '수면 위(나이, 인종, 성별, 문화, 신체 능력)'
   와 '수면 아래(교육, 종교/영성, 기술, 가족 관계, 성격, 결정적인 경험
   등)'에 있는 식별자로 당신이 누구인지, '나는'으로 시작하는 문장
   열 개를 완성한다. 지나치게 깊이 생각하지 말고 먼저 떠오르는 것
   부터 적는다.

나는 _____

나는 _____

나는 _____

나는 _____

나는 _____

나는 _____

나는 _____

나는 _____

나는 _____

나는 _____

2. 앞에 적은 문장 중, 타인에 대한 무의식적(또는 의식적) 편견을 부
   추길 수 있는 식별자가 무엇인지 곰곰이 생각한다. 해당 식별자 옆
   에 × 표시를 한다. 예를 들어, 열렬한 독서가인 경우 책을 보지 않
   거나 오디오북을 듣지 않는 사람에 대해 부정적인 편견이 있을 수
   있다. 당신의 식별자가 당신이 결정을 내리고, 인간관계를 생각하
   고, 타인을 보는 방식에 어떤 영향을 미치는지 솔직하게 말하라.

3. 당신에 대해 편견을 갖게 했거나 갖게 할 수 있다고 생각하는 식별자
   옆에 ○ 표시를 한다. ×와 ○가 모두 표시된 식별자가 있을 수 있다.

4. 당신의 정체성과 잠재적 편견 또는 밝혀지지 않은 편견 사이의 상
관관계를 생각해보라. 편견이 당신의 가능성을 제한하고 있는가,
아니면 확장하고 있는가? 편견은 당신에게 유익한가, 아니면 당신
의 성취를 방해하고 있는가? 편견 때문에 결정을 미루거나 후회하
는 행동을 하게 되는가?

_____

_____

_____

_____

_____

_____

5. 당신이 작성한 '나는' 문장이 당신이 가치 있게 여기는 것과 어떻
게 연결되어 있고, 궁극적으로는 어떤 기분(취약함, 자랑스러움, 무관
심 등)이 들게 하는지 분석하라.

_____

_____

_____

_____

_____

6. × 표시가 있는 '나는' 문장을 골라 그것이 어디(미디어, 부모, 동료, 사회, 교육, 배경, 문화, 타고난 특성 등)에서 비롯되었는지 작성하라.

_____

_____

_____

_____

_____

7. 당신의 숨겨진 편견이나 잠재적인 편견을 강화했을지도 모르는 정체성의 모든 측면(성격, 경험 등)을 찾아라.

_____

_____

_____

_____

　　식별자의 모든 구성 요소는 어떤 식으로든 타인에 대한 편견을 갖게 한다는 점을 기억하라. 우리는 타인이 자신의 가치를 우리보다 우선시하는 것과 마찬가지로 우리가 추구하는 가치를 타인보다 우선시하며, 이는 우리를 편견에 취약하게 한다.

정체성 탐구하기

리더를 위한 응용문제

우리의 편견은 우리가 개인으로서 타인이나 환경과 관계를 맺고 관여하는 방식, 결정을 내리고 가치를 부여하는 방식에 영향을 미친다. 우리가 리더 역할을 수행할 때 편견을 갖는 대상은 팀원이다.

1. 앞에서 작성한 기원 이야기를 보고 당신의 팀에 적용하라. 이는 우선순위, 진실성, 야망, 성실성, 삶에서 가족의 역할 등에 관한 기원 이야기일 수 있다.

2. 아래에 부하 직원들의 이름을 적는다. (부하 직원이 없는 경우 팀 동료들의 이름을 적는다.)

_____

_____

_____

_____

3. 각 이름을 떠올리며 당신의 기원 이야기가 당신이 이 사람을 보는 방식, 이 사람과 맺고 있는 관계, 이 사람과 함께 결정을 내리는 방식 또는 이 사람에 대한 결정을 내리는 방식에 어떤 영향을 미치는지 생각해본다. 당신의 기원 이야기가 부정적인 결과를 초래한다면, 편견을 인식하는 것이 당신의 생각과 행동을 어떻게 바꿀 수 있겠는가? (아래에 답변을 작성하라.)

_____

_____

_____

_____

_____

_____

_____

_____

4. 이 응용문제를 최대한 활용하려면 고객, 이해관계자, 동료와 함께 이 과정을 반복하라.

UNCONSCIOUS
BIAS

신경과학 이해하기

무의식적 편견을 의식하고 있다면 당신은 당신의 중요한 기술과 지능을
활용할 수 있다. 누구나 그것을 통제할 수 있는 능력이 있다.

_라사나 해리스(유니버시티칼리지런던 실험심리학 부교수)

˅

기차가 얼마나 빠른지를 묻는 중학교 단어 문제를 기억하는가? 미국 연구자들은 한 무리의 개인에게 이와 유사한 단어 문제를 제시했다.[12] 수학 실력을 측정하는 기본 문제를 낸 다음 피부 관리에 관한 문제와 총기 규제에 관한 문제를 냈다. 결과는 놀라웠다. 총기 규제 관련 문제에 대한 답이 자신의 정치적 신념과 모순되는 참가자의 경우 이 문제를 풀 수 없었다. 보수주의자나 진보주의자나 결과는 마찬가지였다. 그들의 신념에 따라 문제 해결 능력이 달라졌다. 문자 그대로 그들의 수학 문제 해결력과 사고력은 문제의 맥락에 따라 달라졌다.

기본 수학 문제를 기억하는가? 연구자들은 수학을 잘하는 참가자일수록 자신의 정치적 신념과 모순되는 문제를 해결하는 것을 더 어려워한다는 사실을 발견했다. 놀랍지 않은가?

많은 사람과 마찬가지로 나도 나 자신을 꽤 예리한 사람이라고 생각한다. 그래서 내 지능과 능력이 내가 진실이라고 믿고 싶어 하지 않는 사실을 거부하게 만든다는 것은 정말 충격적이었다. 하지만 가능한 결과일까 생각해보니 납득이 됐다. 이것이 습관이라고 가정해보자. 우파에 있는 것이 습관이 되었다면, 우리의 뇌는 이를 지지하고 확정할 것이다.

우리의 신념 중 일부는 우리의 가능성과 능력을 제한할 수 있을 뿐만 아니라 '영업 사원은 외향적이어야 한다'는 잘못된 믿음처럼, 우리가 다른 사람의 가능성과 능력을 보고 정의하는 방식을 제한할 수도 있다. 이런 믿음은 우리 뇌에 깊이 뿌리박혀 있어서 사실에 직면했을 때조차 그것이 틀렸다는 것을 믿을 수 없는 것이다. 편견을 극복하려면 종종 마음 깊이 간직하고 있는 생각과 신념이 초래하는 영향을 살펴볼 필요가 있다.

우리의 뇌가 편견을 만드는 방법

바로 그 편견 덕분에 우리의 뇌가 쏟아지는 정보의 공격에 마비되지 않고 매일 살아가고 있다는 사실을 기억하라. 편견을 갖게 될 때 우리 뇌에서는 실제로 어떤 일이 벌어지고 있는 것일까? 이 질문에 답하려면 뇌의 세 가지 주요 시스템인 원시 시스템, 감정 시스템, 사고 시스템을 이해해야 한다.

원시적 뇌는 '투쟁과 도피 또는 경직' 반응의 본거지다. 원시적인 충동을 담당하는 뇌의 부분으로 폭풍우가 몰아칠 때 피난처를 찾아야 하고, 불을 만지면 안 되고, 배가 고플 때 음식을 찾아야 한다고 알려준다. 현대에도 이런 본능은 여전히 생존에 초점을 맞추고 있다.

인간의 가장 기본적이고 원초적인 욕구 중 하나는 소속에 대한 욕구다. 집단의 일원일 때 우리는 더 안전하고, 우리의 생존 가능성은 훨씬 높아진다. 그래서 원시적인 뇌는 항상 자동으로 사람, 장소, 사물을 범주로 묶어 분류한다. 이 사람 혹은 물건이 내 생존에 도움이 되는가, 아니면 방해가 되는가? 종종 우리는 직감적으로 느낀다고 말하지만, 실제로는 우리의 원시적 뇌가 작동하고 있는 것이다.

원시적 뇌에 대해 이야기할 때 나는 종종 **본능을 따르는 것 아니냐**는 항의를 받는다. 하지만 '본능'을 실제 그것의 정체로 명명한다면 생각이 바뀔 것이다. 본능을 따를 때 우리는 우리가 죽게 될 것인지 아닌지에 초점이 맞춰져 있는, 우리 뇌에서 가장 덜 진화된 부분인 파충류의 뇌를 따르는 것이다. 본능은 논리적인 의사결정과 비판적 사고가 아니라 위협 회피와 자기 보호에 집중하도록 설계되어 있다.

감정의 뇌는 기억과 경험을 담고 있다. 백지상태로 세상에 나와 우리의 가치, 신념, 가정, 경험을 기반으로 프로그래밍된다. 우리는 종종 생각조차 하지 않고 그저 감정에 반응한다. 문제는 프로그래밍이 우리에게 유익하지 않거나 주변 세계를 올바르게 해석하고 관여하는 능력을 제한할 때 발생한다. 감정의 뇌는 우리가 타인에게 공감하고 타인과 연결되어 있다고 느끼도록 도와주지만, 격한 감정을 불러일으키는 자극에 반응할 때 우리를 비합리적으로 만들 수도 있다.

마지막으로 **사고하는 뇌**는 고도의 정보처리, 문제 해결, 창의성을 담당한다. 여러 면에서 이 부분은 인간을 나머지 동물과 구분되게 한다. 우리에게는 자신의 가치, 신념, 가정, 경험에서 한 발자국 물러날 수 있는 능력이 있다. 우리는 다른 사람의 눈으로 세상을 볼 수 있다. 흥미로운 점은 사고하는 뇌가 고도의 정보처리에 집중할 때에도 원시적인 뇌와 감정의 뇌 역시 계속 관여하면서 정보를 받아들이고 위협을 감지하면서 사고하는 뇌를 훼방하려 최선을 다한다는 것이다. 우리가 특정한 상황에 처했을 때, 원시적 뇌와 감정의 뇌가 가진 힘과 우리를 안전하게 지키려는 이들의 강력한 욕구가 사고하는 뇌와 의식적으로 처리하고 행동하는 능력을 압도할 수 있다.

편견은 우리의 원시적 뇌와 감정의 뇌를 활성화시킬 수 있다

다음 시나리오를 상상해보라. 당신은 상사로부터 피드백을 받고 있다. 상사는 당신에게 어떤 피드백을 줄지 신중히 고민하고, 민감한 대화에 관한 교육을 받고, 효과적인 피드백에 관한 기사를 읽는다. 상사의 사고하는 뇌가 작동하고 있다. 당신과 상사가 자리에 앉고 상사가 피드백을 하기 시작한다.

당신은 '피드백'이라는 단어를 듣자마자 심장 박동이 빨라지는 것을 느낀다. 당신에게는 편의를 봐줘야 할 만한 장애가 있는데, 최근에 동료들은 당신이 특별 대우를 받는다고 불평하고 있다. 당신은 이 피드백 대화가 사실은 당신의 편의를 빼앗기 위한 시도라고 확신한다. 상사가 입을 열자 당신은 성과보다는 당신의 장애가 부각되어 노력을 인정받지 못해 모멸감을 느꼈던 경험을 떠올린다. 위협을 감지하자 감정의 뇌 또는 원시적 뇌가 작동한다. 대화가 시작되기도 전에 당신과 상사의 뇌에서 서로 다른 부분이 작동한다.

마크

나는 아르헨티나에 살면서 스페인어를 꽤 유창하게 구사할 수 있게 되었고, 지금은 히스패닉 인구가 많은 텍사스에 살고 있다. 나는 기회가 있을 때마다 스페인어를 연습하려고 노력한다. 한 번은 샌안토니오의 유명한 멕시코 식당에서 몇몇 친구와 점심을 먹고 있었는데, 나는 그곳이 스페인어를 연습하기에 아주 좋은 장소라고 생각했다. 모든 직원이 히스패닉계였다. 주문을 하려고 계산대에 갔을 때, 나는 정중하게 스페인 문화를 체험하는 것으로 보여지기를 바라는 마음에 스페인어를 사용하기로 마음먹었다.

놀랍게도 점원은 매우 불쾌해하며 퉁명스럽게 답했다. "저도 영어 할 줄 알아요!" 나는 재빨리 내 의도를 밝히려고 했지만, 점원은 이미 마음의 상처를 받은 뒤였다. 문득 그녀가 비슷한 경험을 한 것이 이번이 처음은 아닐 것이고, 그것이 그녀에게 부정적인 경험이었음에 틀림없다는 생각이 들었다. 그녀의 정체성이 비슷한 방식으로 몇 번이나 의심을 받았는지 누가 알겠는가.

편견 또는 편견의 위협이 이런 방식으로 우리의 뇌를 자극할 때, 우리는 서로 딴소리를 하면서 종종 상황을 개선하기는커녕 악화시키고, 고성과 영역이 아닌 한계 영역 또는 피해 영역으로 스스로를 밀어 넣는다.

심리적 안전감

감정의 뇌나 원시적 뇌가 활성화되지 않게 막으려면 위협을 받고 있지 않다는 의미의 안전, 즉 심리적으로 안전하다고 느낄 필요가 있다. 연구원들은 직장에서의 심리적 안전감을 '실수를 해도 불이익을 받지 않을 것이라는 믿음'으로 정의한다.[13] 실수는 기술적 오류에서 환경에 대한 잘못된 말이나 행동에 이르기까지 무엇이든 될 수 있다.

> **마크**
> 일부 조직은 실수를 하고 '빠르게 실패하는' 데 열린 마음을 갖고 있다고 선언하지만, 그들의 관행과 직원들의 경험은 다른 이야기를 들려준다.
> 나는 혁신을 핵심 가치로 내세우는 병원과 일한 적이 있다. 병원 측은 우리에게 혁신 촉진을 위한 프로그램을 개발하고 시행해달라고 요청했다. 우리는 솔직한 대화를 나눴고, 병원 측에서는 혁신 역량을 강화하는 데 예견되는 문제들을 공유해주었다. 가장 큰 문제는 과도하게 신중하고 오류나 실수에 관용적이지 않은

조직문화가 혁신의 기회를 제한한다는 것이었다. 다시 말해, 심리적 안전을 거의 느낄 수 없는 문화였다.

이후 여러 직원과 대화를 나누며 사실을 확인했다. 한 직원은 "병원은 우리에게 창의적으로 문제의 해결법에 접근하라고 합니다. 그런데 새로운 시도를 하는 즉시 문제가 완벽하게 해결되지 않으면 질책을 받게 돼요. 공개적으로 질책을 받을 때도 있습니다!" 위험 회피 편견이 일상 업무에서 혁신의 필요성을 압도하고 있었다.

최선의 노력을 할 수 있기 위해서는 실수를 하더라도 계속 지지를 받으리라는 확신이 있어야 한다.

미국에서 직장 내 차별 방지를 담당하는 연방 기관 고용평등기회위원회Equal Employment Opportunity Commission, EEOC는 직장 환경을 괴롭힘과 차별에 더욱 취약하게 만드는 위험 요소들을 발견했다. 이런 위험 요소는 힘의 역학 관계를 중심으로 발생한다. 현장과 본사 사이에 '우리 대 그들' 관계가 형성될 때, '고객은 항상 옳다'고 생각하고 직원들의 목소리는 듣지 않을 때, 소수의 직원만 높은 평가를 받을 때가 바로 그런 경우다.

스타 경영진과 함께 일할 때 문제를 제기할 개연성은 동료와 일할 때와 비교하면 얼마나 될까? 힘의 균형이 깨진 상태가 지속되면, 성과 모델의 피해 영역에 들어갈 위험이 커진다. 대화에서 힘의 불균형이 발생할 때 우리는 심리적으로 안전하지 않다고 느낀다. 또한 힘의 역학 관계에서 어디에 위치하느냐에 따라 편견을 갖고 행동하거나 편견의 대상이 되기 쉬워진다. 이런 아이디어는 서로 중첩된다. 심리적 안전감은 우리를 고성과 영역에 있게 해주고, 사고하는 뇌가 작동할 개연성을 높인다.

그렇다면 심리적 안전감은 어떻게 강화할 수 있을까? 어떻게 하면 의사결정을 감정의 뇌와 원시적 뇌가 아닌 사고하는 뇌에 맡길 수 있을까? 답은 힘의 역학 관계를 균형 있게 만드는 데 있다. 우리는 모두 직장에서 대화할 때 공식적 권위와 비공식적 권위를 갖는다. 힘의 역학 관계에서 아래에 있든 위에 있든 우리는 심리적 안전감을 중심으로 환경을 조성하는 습관을 가지고 있다.

다른 사람, 특히 부하 직원이나 조직 내에서 지위가 낮은 사람과 대화하는 상황에서 심리적 안전감을 강화할 때 다음 사항을 고려하라.

- 당신과 상대방은 당신의 사무실에 있는가, 아니면 상대방의 사무실 또는 중립적인 제3의 공간에 있는가?
- 둘 다 앉아 있는가, 아니면 서 있는가?
- 감정적으로 접근하게 되는 문제의 경우, 대화 전 이메일을 통해 양측이 바라는 바를 명확히 하고 필요한 정보가 전달되도록 했는가?
- 이 문제가 당신에게 얼마나 중요하고, 왜 개인적으로 받아들이는지 상대방에게 말하였는가?
- 중립적인 출발점에서 시작하기 위해 있어야 할 다른 사람이 있는가?

신경가소성의 약속

〈하버드 비즈니스 리뷰〉는 전통적인 무의식적 편견과 다양성 교육의 효과에 대한 연구를 수행한 후 교육의 의무화가 효과가 없다는 사실을 발견했다. 연구를 자세히 살펴보면, 그 이유 중 하나가 대부분의 무의식적 편견 교육이 편견의 탈악마화에 집중되어 있기 때문임을 알 수 있다.[14]

편견은 뇌가 작동하는 자연스러운 방식이고, 뇌의 인지적 지름길인 편견은 바꿀 수 없는 것이라고 배우면 우리는 그 책임을 면할 수 있다. **"나는 편견을 가지고 있다. 나는 특정한 것들을 선호한다. 바로 다음으로 넘어가자."** 그러나 신경가소성 덕분에 이야기는 여기서 끝나지 않는다.

신경가소성은 연령에 상관없이 지속적인 변화를 만들어내는 뇌의 능력이다. 우리는 자기 인식을 통해 잠시 멈추어서 원시적 뇌 또는 감정의 뇌가 작동하는지 확인할 수 있다. 우리는 편견이 우리 자신과 타인에게 미치는 영향을 평가할 수 있다. 그런 다음 어떻게 진행할 것인지 선택할 수 있다. 이 과정은 우리의 뇌에 새로운 신경 회로를 강화하고 의사결정을 하는 습관을 만들어줄 것이다.

앤

자기 인식은 쉬운 일이 아니다. 시간적 압박, 디지털 통신매체에 대한 의존, 역동적인 주변 세계가 우리를 '괜찮아, 지금은 잠시 멈추거나 자기 인식에 대해 생각할 겨를이 없어. 일단 전진하자'

라고 생각하도록 유혹할 수도 있다.

나는 자기 인식을 위해서는 몇 가지 질문을 고려해야 한다는 사실을 알게 되었다.

- 자신을 돌아보고 '왜?'라는 질문에 대해 생각할 시간을 가져라. 나는 왜 그렇게 말하기로 선택했는가? 나는 왜 그런 생각을 했는가? 그 사람은 왜 그런 반응을 보였는가?
- 나는 어떤 가정을 하고 있는가? 내 가정은 사실이나 경험에 근거하는가, 아니면 비현실적인 것인가? 내 가정은 내 생각이 아닌 다른 사람의 믿음이나 경험에 근거한 것인가?

'왜?'라는 질문에 대한 답이 명확하지 않다면 신뢰할 수 있는 동료에게 물어보라. 당신의 사내 직책에 따라 솔직한 피드백을 받지 못할 수도 있다. 솔직한 피드백을 요청하라. 그렇게 함으로써 피드백을 주고받는 것이 안전한 환경을 조성할 수 있다.

우리는 신경가소성을 활용해 부정적인 편견을 완화하는 데 도움이 되는 새로운 경로를 강화할 수 있다. 편견은 뇌가 작동하는 자연스러운 방식이지만, 신경가소성 또한 그렇다. 이는 우리가 관점을 형성하고 상호작용하고 의사결정을 하는 과정에서 편견을 발견할 때 조치를 취할 수 있다는 것을 의미한다. 성과 모델을 이용해 편견의 결과를 따져볼 수 있다.

한계 영역 또는 피해 영역에서 부정적 영향이 발생하는 경우 우리는 새로운 습관을 형성하는 뇌의 능력에 의지해 고성과 영역으로 이동할 수 있다. 앞에서 언급한 나의 학력에 대한 편견이 좋은 예다. 학력에 큰 가치를 두는 나의 뇌는 이력서를 검토할 때 학력란으로 직행하곤 했다. 하지만 나는 최근 이력서를 볼 때 경력란을 먼저 보도록 의식적으로 훈련했다. 이제는 여기에 너무 익숙해져 종종 학력을 확인하기 위해 되돌아가야 할 때도 있다. 신경가소성은 우리가 편견에 대해 생각하는 방식과 긍정적인 영향을 위해 할 수 있는 일을 리프레임하면 희망은 있다고 말한다.

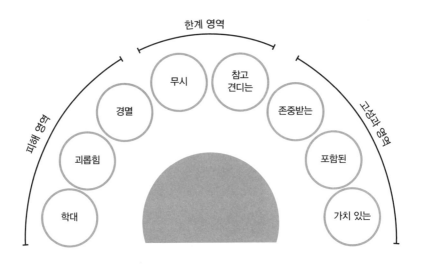

앤

에이브러햄 매슬로의 욕구 단계설에 따르면 안전은 인간의 기본 욕구 중 하나다. 많은 사람이 신체적 안전, 자산의 안전, 건강 등 분명한 욕구를 추구하지만, 소속감과 존중, 잠재력을 추구하는 데 가장 중요한 것은 심리적 안전감이다. 사람들이 자신의 생각을 말할 수 있고 있는 그대로 존중받는 안전한 환경에 있다고 느끼지 못하고, 시스템의 무결성과 주변 사람을 신뢰하지 못하면, 개인과 팀, 조직의 잠재력은 결코 충분히 발휘될 수 없다.

생각해보라. 목소리를 내는 것이 두려운 환경에 있었던 적이 있는가? 나는 경력을 쌓으면서 이런 느낌을 받은 적이 셀 수 없이 많다. 왜 그리고 어떻게 이런 일이 발생한 것일까? 돌이켜보면 나는 종종 내가 너무 어리고 경험이 부족하며 어리석고 경력이 짧고 다르다고 생각했다. 다른 관점을 제시한 대가를 감당하는 것이 두려웠으며, 내가 낄 자리가 아니라고 생각했다. 이 자기 제한적 편견을 어떻게 극복해야 할까? 가장 중요한 세 단계는 자신의 진정성을 포용하고, 타인에게 의지하며, 자신의 잠재력을 최대한 끌어낼 수 있는 환경을 조성하는 것이다.

팀과 개인이 번창할 수 있는 안전한 환경을 강화하기 위한 리더의 역할은 무엇인가? 위대한 리더는 실패가 용인되는 문화와 성실성, 신뢰, 투명성, 협업, 의사소통의 문화를 강화한다. 이런 문화에서 실패는 행동과 개선을 향한 편견과 함께 책임 있는 위험 감수의 필수적인 부분으로 간주된다. 리더는 실패를 배워야 성공으로 갈 수 있다는 사실을 안다. 위대한 리더는 지속적인 배움이 가장 중요하고 조직 안팎에서 언제든, 어디서든, 누구에게든 배울 수 있는 환경을 강화한다. 명확하고 설득력 있는 비전과 목적을 가진 팀은 다양한 최고의 인재를 유치해 가장 혁신적이면서 지속 가능한 성과를 올릴 수 있다.

개인을 위한 성찰

다양한 상황이나 사람 또는 주제는 종종 우리 뇌의 세 부분(원시적
뇌, 감정의 뇌, 사고하는 뇌) 중 한 곳을 자극한다. 이 때문에 대화는 빠
르게 좌절과 갈등으로 치달을 수 있다. 우리의 반응을 일으키는 신경
과학을 인식하면 무슨 일이 벌어지고 있는지 파악하고 접근 방식을
조정할 수 있다.

1. 실용적이고 논리적이라고 믿었는데, 대화 상대가 감정적으로 변했
   던 경우를 떠올려보라. 말투, 표정, 몸짓, 자세, 사용된 언어 등 당
   신이 본 상대방의 모습을 묘사하라. 대화는 어떻게 끝났는가?

_____

_____

_____

_____

_____

2. 이제 당신이 무언가에 대해 강한 감정을 느꼈고, 대화 상대가 계산적이거나 냉정해 보였으며, 그것이 당신에게 왜 중요한지 이해하지 못했던 대화를 떠올려보라. 말투, 표정, 몸짓, 자세, 사용된 언어 등 당신이 본 상대방의 모습을 묘사하라. 대화는 어떻게 끝이 났는가?

신경과학 이해하기

리더를 위한 응용문제

심리적 안전감을 강화하는 것은 인간 상호작용에서 힘의 균형을 맞추는 것이다. 직장에서 리더와 관리자는 권한을 가지고 있지만, 대화를 지배하기 위해 그 권한을 사용하는 것은 해로울 수 있다.

1. 중요한 대화에 참여하기 전 힘의 구성 요소와 각 구성 요소에 관한 조언을 고려하라.

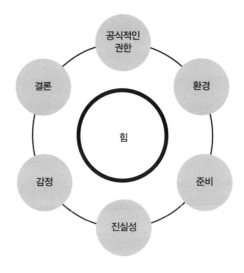

- **공식적인 권한.** 당신이 가지고 있는 공식적인 권한의 수준을 인정하고 대화에서 가능한 것을 명확히 하라. 예를 들어, "결정은 이미 내려졌고 우리는 이 방향으로 일을 진행할 것입니다. 여러분의 우려에 대해 듣고 함께 해결해보고자 합니다"라고 말할 수 있다. 대화를 시작할 때 의도를 선언하고 가능한 것의 경계를 설정하면 기대치를 맞출 수 있다.

- **환경.** 환경은 대화의 물리적 현실이다. 당신의 사무실이나 상대방의 사무실, 또는 중립적인 제3의 공간 중 어디에서 대화를 나누고 있는가? 당신은 책상에 앉아 있는가? 가상회의에 들어가 있는가? 사적인 장소에 있는가, 아니면 좀 더 공적인 장소에 있는가? 환경이 어떤 힘의 역학관계를 반영하고 있는지 고려하라.

- **준비.** 뜻밖의 상황은 즉시 원시적 뇌를 자극한다. 예상치 못한 질문을 받거나 예상치 못한 질문에 답해야 하는 상황에서 우리는 방어적인 자세를 취하게 된다. 사전 소통이나 후속 회의를 통해 상대방이 이 주제에 대해 대답할 수 있는 기회를 마련하라.

- **진실성.** 앞서 언급한 의도와 일치하는 방식으로 진실하게 행동하라. 상대방의 말을 끊지는 않았는가? 공감하며 듣고 있는가? 당신의 의도와 듣고 있는 내용을 다시 한번 말해 당신의 행동이 당신의 말과 일치하는지 확인하라.

- **감정.** 당신의 감정과 상대방의 감정을 확인하라. 목소리가 높아지거나 떨리거나, 눈이 눈물로 가득 차거나, 누군가가 자리에서 일어나거나 평소보다 과장된 몸짓을 한다면, 대화를 마무리하기 전에 잠시 멈춰야 할 때다. 자신(또는 다른 사람)에게 사고하는 두

뇌로 돌아갈 기회를 제공하라.

- **결론.** 책임은 심리적 안전감의 큰 부분이다. 두 사람은 대화의 결과로 무엇을 하기로 동의했는가? 둘 다 결과에 만족하는가? 앞으로 문제를 다시 논의해야 하는가?

2. 앞으로 며칠 또는 몇 주 내에 펼쳐질 중요한 대화 상황을 적어라. 그 대화가 상대방에게 어떤 영향을 미칠지 생각해보라. 상대방이 원시적 뇌와 감정의 뇌, 또는 사고하는 뇌 중 어떤 것을 사용할까? 사전에 대화를 계획할 시간을 갖고 신뢰할 수 있는 동료나 친구와 함께 연습하라. 심리적 안전감을 위해 무엇을 말하거나 할 수 있을까?

_____

_____

_____

_____

_____

_____

03

편견의 함정 인식하기

우리는 뻔히 보이는 것을 보지 못할 수도 있고, 우리가 보지 못한다는 사실을 알아차리지 못할 수도 있다.

_대니얼 카너먼(노벨 경제학상 수상자이자 심리학자)

˅
˅

'편견의 함정'이란 편향된 생각에 쉽게 빠질 수 있는 상황을 말한다. 편견의 함정을 이해하면 우리가 필요할 때 편견을 알아보고 피할 수 있다. 우리의 두뇌는 슈퍼컴퓨터이고 용량 문제를 가지고 있다. 서문에서 언급했듯이, 우리는 매초 약 1,100만 개의 정보 조각과 맞닥뜨리지만, 의식적으로 처리할 수 있는 정보는 약 40개뿐이다. 나머지는 인지적 지름길을 통해 처리된다.

아침에 바지를 입는 등 사소한 행동을 할 때도 생각을 해야 한다면 우리는 여전히 잠옷을 입고 있을지도 모른다. 우리가 가지고 있는 슈퍼컴퓨터의 일부 처리 방식은 우리가 1,100만 비트에 달하는 온갖 정보에 주의를 기울이지 않고 세상을 살아갈 수 있게 해준다는 면에서는 훌륭하다.

　편견의 유형에 대해 들어봤다면 확증 편향, 부정 편향, 후광 효과 등의 용어도 들어본 적이 있을 것이다. 이는 우리의 뇌가 결론을 내리기 위해 사용하는 특정 편견을 가리키는 말들이다. 실제로 연구자들은 180개가 넘는 다양한 종류의 편견 또는 인지적 지름길을 확인하고 정의했다. 180개 이상의 편견을 전부 검토하는 것은 무의미한 일이다. 다 기억할 수도 없을뿐더러, 우리 대부분은 신경과학자도 아니다.

　편견을 확인하기 위해 직장에서 우리의 두뇌가 편견에 가장 취약할 때와 편견에 빠지기 쉬운 일반적인 상황에 대해 이야기해보자. 편견에 빠지기 쉬운 세 가지 함정으로 정보 과부하information overload, 사실보다 감정feelings over facts, 속도의 필요need for speed가 있다. 우리가 이런 상황에 놓일 때 우리의 두뇌는 능동적으로 처리할 수 있는 40비트의 정보에 집중하기 위해 다른 많은 정보를 옆으로 밀어낸다. 그 과정에서 종종 중요한 정보까지 밀리게 된다. 중압감을 느끼거나, 매우 흥분한 상태이거나, 서두를 때(우리 중 일부에게는 꽤 자주 발생한다) 두뇌는 지름길을 선택할 개연성이 높다.

　편견의 함정을 좀 더 자세히 정의하고, 각 상황에서 발생할 수 있는 편견에 대해 알아보자. 각 예시를 읽은 뒤 경험하거나 목격했던 상황을 떠올려보기를 추천한다. 여기서 배운 모든 기술과 마찬가지로 자기 인식 능력을 활용해 당신의 가능성을 탐색하라.

정보 과부하

뇌에 엄청난 양의 데이터나 정보가 들어오면, 정보 과부하의 위험이 생긴다. 우리의 두뇌는 많은 정보를 자동으로 여과하는데, 그중에는 유용할 수 있는 정보도 포함되어 있다. 예를 들어, 검토해야 할 이력서가 수백 개 있는 경우 빠른 평가를 위해 편견에 의존할 가능성이 커진다. 정보 과부하 상황에서 발생하는 인지적 지름길의 두 가지 예는 확증 편향과 기준점 편향이다.

확증 편향 Confirmation Bias은 기존의 믿음을 뒷받침하는 정보를 찾는 경향으로, 정보를 여과하고 특정 정보에 집중하는 방법이다. 예를 들어, 뉴스를 볼 때 우리는 모든 매체의 뉴스를 보지 않으며, 자체적으로 조사를 하는 경우는 거의 없다. 1장에서 언급했듯이, 우리는 대개 자신의 견해와 일치하는 관점의 뉴스를 듣기 위해 우리의 정치적 성향을 지지하는 매체를 본다. 한 직장의 관리자가 새로운 IT 시스템이나 생산 장비를 평가하는 팀에 있다고 하자. 그녀는 시스템 B가 아닌 시스템 A를 강력하게 지지한다. 시스템 A를 설치하고 3개월 뒤 그녀는 그것이 더 나은 선택인 이유에 대해 15가지 사례를 제시하지만, 위원회는 시스템이 제대로 작동하지 않는다는 중대한 피드백을 받는다. 그녀는 자신이 우월하다고 믿는 시스템 A를 지지하는 정보만을 찾았던 것이다.

연구에 따르면, 흥미롭게도 사람들은 자신의 믿음을 뒷받침하는 정보를 처리할 때 진정한 즐거움, 즉 도파민이 솟구치는 것을 경험한다고 한다. 정신과 의사 잭 고먼은 이렇게 썼다. "설사 우리가 틀렸더라도 '우리의 신념을 고수하는 것'은 기분을 좋아지게 한다."[15]

기준점 편향 Anchoring Bias이란 결정을 하기 위해 찾은 첫 번째 정보에 의존하는 경향이다. 당신의 디자인팀이 새 로고에 대한 세 가지 선택지를 제시했다고 가정해보자. 기준점 편향은 실제 가치와 관계없이 우리가 보는 첫 번째 선택지를 자동으로 선호하게 되는 것을 의미한다.

기준점 편향은 첫인상에서 분명히 드러난다. 우리는 누군가를 만나고 첫 몇 분, 심지어는 몇 초 안에 그 사람의 성격, 지성, 능력 등에 대해 수많은 판단을 내린다. 빙산의 이미지를 다시 떠올려보자. 우리 각자에게는 첫인상으로 포착할 수 있는 것보다 더 많은 것이 존재한다는 사실을 알 수 있다. 그러나 기준점 편향은 일단 작동하기 시작하면 바꾸는 것이 매우 어렵다. 직장이나 자신의 리더십 스타일에서 기준점 편향이 작동한 적이 있는가? 업무 외적인 관계에서 작동한 적이 있는가?

사실보다 감정

많은 사람이 자신의 믿음은 사실에 입각한 것이라고 말할 것이다 (열띤 토론 자리에서 그런 상황을 많이 본다!). 그러나 당연하게도 우리의 인식이 항상 정확한 것은 아니다. 미국이 아프리카와 비교해서 지리적으로 얼마나 큰지 머릿속에 그려보라. 당신이 본 지도들을 떠올려보라. 미국은 아프리카보다 훨씬 큰가? 거의 같은 크기인가? 작은가? 이제 중국, 인도, 영국을 상상해보라. 얼마나 큰가? 중국과 인도는 세계에서 인구밀도가 가장 높은 국가다. 그런 다음 89쪽에서 정확한 지도를 확인하라. 지도는 이들 국가의 크기를 아프리카 대륙과 비교해놓은 것인데, 세 국가는 아프리카대륙 하나에 완전히 들어간다. 당신의 인식은 얼마나 정확했는가?

세계에서 한 대륙의 중요성에 대해 **느끼는 감정**이 사실을 압도하기 때문에 대부분의 사람이 아프리카의 지리적 크기를 상당히 과소평가한다. 이런 감정은 우리가 과거에 노출되었던 것에 좌우된다. 미국인은 미국의 렌즈를 통해 역사와 정치, 문화를 배운다. 그들은 강대국인 미국이 세상의 중심에 있다고 생각한다. 대부분의 국가와 대륙도 마찬가지다.

뇌가 정보를 흡수할 때, 감정의 뇌와 원시적 뇌가 사고하는 뇌보다 먼저 정보에 대한 우리의 믿음을 사실로 바꿔버린다. 우리는 2장에서 연구 참여자들이 자신들의 정치적 신념과 상충되는 수학 문제를 풀지 못하는 것을 보고 이에 대해 논의했다. 정보가 부재할 때 우리의 뇌는 종종 상황에 대한 자신의 감정에 의존해 정보의 공백을 메운다. 그런 다음 그것을 마치 사실인 것처럼 취급한다.

감정을 느끼는 것은 인간다운 것이다. 감정을 억누르는 것은 좋지 않다. 어쨌든 진보적이고 현대적인 리더는 공감하고 겸손하며 진정성 있고 배려하는 리더라고 알려져 있다.

그러나 우리는 감정이 편견의 원인이 될 수도 있음을 깨달아야 한다. 우리는 타인과 연결되기를 원하도록 설계된 존재다. 그렇기 때문에 공통의 모교, 민족, 성별, 종교, 회사 등 어느 정도 배경을 공유하는 사람들에게 끌리는 것은 당연하다. 잠재력이 높은 리더를 확인하거나, 성과 평가 또는 피드백을 제공하거나, 팀원들을 위해 재정적인 결정을 내릴 때, 우리는 자신의 감정과 편견이 상황을 전체적이고 균형 잡힌 시각으로 보지 못하게 막는 것을 경계해야 한다.

어떻게 하면 될까? 직장에서 신뢰할 수 있는 조언자가 필요하다. 동료 인사팀 직원이든, 법무팀 직원이든, 또래든, 당신과 관점이 다를 가능성이 큰 사람의 반응을 보는 것이 중요하다. 나는 경험을 통해 일상적으로 함께하는 시간이 적은 사람들에게 즉석에서 "잠시 이야기할 시간 있으세요?"라고 묻고 일대일로 검토해보는 것이 나에게 가장 적합한 방법임을 발견했다. 문자나 이메일, 수다 등이 아닌 대화를 해야 한다는 점에 주의하라. 누군가와 실시간으로 나누는 대화는 디지털 방식으로 대체할 수 없는 진정한 상호작용과 반응, 감정, 관점, 연결을 가능하게 한다.

그렇다면 우리에게 있을 수 있는 편견 중 사실보다 감정이라는 편견의 함정은 어떻게 발생할까? 두 가지 일반적인 함정은 내집단 편향과 부정 편향이다.

내집단 편향 In-group Bias이란 자신이 좋아하는 사람이나 비슷한 사람을 선호하고 자신과 다른 사람은 배제하는 경향이다. 내가 새 프로젝트에서 리더를 맡게 되었고, 동료 중에서 팀원을 선택하라는 지시를 받았다고 가정해보자. 내집단 편향은 무의식적으로 자신처럼 행동하거나, 자신의 의견에 동의하거나, 자신과 닮은 사람을 선택하는 경향을 의미한다. 나라면 팀에서 내성적인 사람을 선발할 것이다. 여자가 있으면 여자를 선발할 것이다. 라틴계 여성이 있으면 그녀를 선발할 것이다. 이렇게 팀원을 선발하면 편하지만, 최상의 결과가 보장되지는 않는다. 내집단 편향은 채용, 팀 배정, 고객과의 관계에서 특히 교활하게 작동할 수 있다.

최근 한 연구는 리더의 71퍼센트가 같은 인종과 성별의 후배를 선택한다는 내집단 편견의 사례를 보고했다.[16] 멘토링과 코칭의 기준으로 유사성을 추구하는 경향은 리더십 파이프라인과 조직 내 승계 계획에 상당한 영향을 미칠 수 있다.

마크

나는 내집단 편향이 중요한 프로젝트에 부정적인 영향을 미친다는 사실을 알고 있는 고객사와 함께 일한 적이 있다. 경험이 많은 사람이 가장 통찰력이 좋다는 편견 내문에 중요한 프로젝트는 전통적으로 종신 재직권이 있는 사람들에게 주어졌다. 이를 극복하기 위해 고객사는 특정 프로젝트가 진정으로 중요한 임계점에 도달하면 조직 내에서 경력이 6개월 미만인 사람을 프로젝트팀에 최소한 한 명 이상 포함시키도록 했다.

그 후 그들은 일이 어떻게 돌아가야 하는지 모르는 신입 사원에게서 가장 혁신적인 사고가 나온다는 것을 알게 되었다. 신선한 관점은 상당한 이점을 제공했다. 연구에 따르면, 사회적으로 구별되는 새로 온 사람의 존재가 무리에서 새로운 사고와 더 많은 발전을 자극할 수 있다.[17]

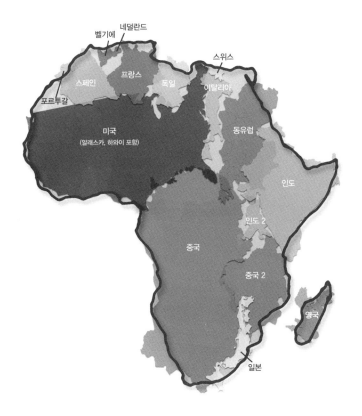

부정 편향 Negativity Bias은 긍정적인 경험보다 부정적인 경험에 더욱 강력하게 영향을 받는 경향이다. 어렸을 때를 생각해보라. 문제가 없었던 시간을 다 합친다고 해도 외출 금지를 당했을 때가 더 생생하게 기억날 것이다. 우리는 전체적인 그림보다 부정적인 경험에 집착한다. 당신은 여러 분기 연속 영업 목표를 달성했다. 그러다가 한 분기라도 목표 달성에 실패하면, 당신의 평판에 영향이 미친다. 우리는 이전의 많은 긍정적인 성과가 아닌 한 번의 부정적인 결과에 집착한다.

유사한 상황으로 자신과 상당히 다른 팀원과 함께 일하게 되는 경우가 있다. 억양이 다르거나, 직무가 다르거나, 우리가 갖춘 자격 요건을 갖추지 않은 사람일 수 있다. 이전까지는 이 팀원과 아무런 문제 없이 함께 일해왔다고 가정해보자. 그런데 어느 날 이 팀원이 실수를 했다. 이때 그가 성취한 성공을 전부 배제하고 실수에만 집착하는 것이 부정 편향이다. 우리는 부정 편향을 이 팀원의 정체성까지 확장할 수도 있다. "나이가 많은 사람이 책임자였다면 이런 일은 없었을 것"이라거나 "이것은 재무팀에서 했어야 할 일"이라고 말하면서 말이다.

앤

다양한 형태의 소셜미디어를 통해 디지털로 연결되어 있고 실시간으로 정보에 접근할 수 있는 세상에서 부정 편향의 위력은 엄청나다. 어떤 브랜드의 제품이나 서비스를 구매했는지 평가하든, 어떤 새로운 식당에 가기로 결정했든, 오늘 당신이 한 구매 행동에 대해 생각해보라. 이제 우리는 다른 이들(대부분 낯선 사람들이다)의 피드백과 견해, 평가를 구하도록 훈련되었다! 부정적인 평가는 어떤 식당, 제품, 브랜드에는 기회조차 주지 않는다는 의미일 수 있다.

직장에서의 부정 편향은 직접 경험한 경우 특히 강력해진다. 현장 경험만 있는 영업 직원에게 중요한 역할을 맡기는 위험한 결정을 내린 적이 있다. 그것은 폭탄이나 마찬가지였다. 비난의 화살이 나를 포함한 관계자 모두에게 돌아갈 수 있는 상황이었다. 이 경험은 이후 나의 판단력을 흩뜨렸다. 그 직원은 이전 직무는 유능하게 수행했지만, 새로운 일과는 잘 맞지 않았다. 이런 부정적인 측면 때문에 나는 이와 같은 위험을 다시 감수하기가 꺼려졌다.

그 후 한동안 나는 그 직원과 비슷한 배경을 가진 사람은 유사한 상황에서 성공하지 못한다고 가정하지 않도록 나 자신을 의식적으로 점검해야 했다. 부정 편향에 대응하려면 완전히 똑같은 두 상황은 존재하지 않는다는 사실을 인식하고, 언제나 숨어 있는 (종종 보이지 않는) 요인이 작용한다는 사실을 깨달아야 한다.

마크

선임 컨설턴트인 나의 강의를 들은 참가자들은 세션 말미에 강의의 초기 영향을 측정하기 위한 평가지를 작성한다. 25명이 듣는 강의에서 칭찬이 담긴 긍정적인 평가지 24개를 받을 수도 있지만, 부정적인 의견 하나에 강박감을 느끼게 되는 것은 불가피하다. 고객들 역시 다면평가와 연간 성과 평가를 받은 뒤에 이런 강박감을 갖게 된다. 부정 편향이 작용하는 것이다!

코칭과 피드백 문화를 강화하는 것이 직원 참여와 성과에 필수적이라는 말을 자주 들을 것이다. 그러나 데이터에 대해 사실보다 감정이 우선할 때 작동하는 본능인 부정 편향은 코칭과 피드백 문화를 강화하는 데 방해가 되는 요소 중 하나다.

속도의 필요

속도의 필요는 신속하게 행동하기 위해 원칙을 무시할 때 발생한다. 이런 시간 절약은 종종 편견에 기반하며, 지나치게 단순하고 자기중심적이며 비생산적일 수 있다. 속도의 필요는 생존 본능, 원시적 뇌, 또는 본능적인 '투쟁과 도피 또는 경직' 반응에서 비롯되는 경우가 많다. 그러나 조직적으로도 작용하며, 성급한 판단이나 편견, 오해를 초래하기도 한다. 예를 들면 급히 공석을 채워야 할 때 채용 과정을 거치지 않고 동료의 조카를 고용한다거나, 오늘 오후에 기사를 마감해야 하므로 여러 자료를 검토하고 사실에 근거한 인터뷰를 하기보다는 일부 중요한 사항에 대해 가정을 한다거나, 고객이 화를 내면 문제의 근원을 찬찬히 찾아보는 것이 아니라 까다로운 고객으로 치부하고 고객 센터로 넘겨버리는 것 등 말이다.

마크
속도의 필요라는 편견의 함정은 성과 향상을 지시하거나 권한을 위임하는 리더의 능력을 방해할 수도 있다. 개별적 기여자에서 타인을 통해 결과를 성취하는 리더로 전환하는 길에는 '지금 당장 혼자 빠르게 처리할 것이냐, 천천히 시간을 들여 나중에 같은 일이 발생해도 또 처리할 수 있도록 팀원들을 훈련할 것이냐' 하는 난제가 있다. 속도의 필요라는 함정에 빠지면 자동적으로 첫 번째 선택지를 택하는데, 이는 당장은 시간이 덜 걸리지만 장기적으로는 비효율적인 선택이다. 우리는 '리더의 네 가지 핵심 역할'이라는 시니어를 위한 프로그램에서 "지시는 의존성을 키우지만, 코칭은 능력을 키운다"라고 강의한다.

속도의 필요 때문에 발생하는 두 가지 일반적 편향은 귀인 편향과 매몰비용 편향이다. **귀인 편향**Attribution Bias이란 타인은 행동을 기준으로 판단하지만, 자신은 자기의 의도를 기준으로 판단하는 성향이다. 내가 실수를 하면 타당한 설명이 있고 좋은 의도에서 그런 것이지만, 동료가 실수하면 체계적이지 않거나 조심성이 없거나 헌신적이지 않은 등 근본적인 결함이 있어서라는 것이다. 다르게 말해, 자기 자신은 유리한 방향으로 믿어주고 기여할 수 있는 시간을 허용하지만, 타인에게는 그렇게 하지 않는다. 베스트셀러 《신뢰의 속도》의 저자 스티븐 M. R. 코비가 말했듯이 우리는 "자기 자신은 자신의 의도를 근거로, 타인은 관찰 가능한 행동을 근거로 판단하는 경향이 있다".

팀 내 역학 관계를 고려하라. 새 팀원이 당신이 이전에 수행하던 업무를 하게 되었다고 가정해보자. 그는 당신이 해당 업무를 수행할 때보다 보고서를 제출하는 데 훨씬 오래 걸린다. 당신은 자신이 훨씬 오랫동안 해당 업무를 수행해왔다는 사실을 무시하고, 그가 근본적으로 일 처리가 느린 직원이라고 믿기 시작한다. 이런 상황에서 당신은 그 원인을 그 팀원의 세대, 민족, 직무 같은 식별자로 확장할 수도 있다.

매몰비용 편향 Sunk-cost Bias은 시간, 돈, 에너지를 투자했다는 이유로 현재의 행동을 지속하려는 경향이다. 돌아올 수 없는 지점에 도달했다고 생각하는 것이다. 매몰비용 편향은 생활에서 값비싼 소유물이 쓸모가 없어졌는데도 버리지 못할 때 나타난다. 이는 '항상 그렇게 해왔기 때문에' 포기하지 못하는 업무 방식부터 자존심을 건 최고의 아이디어라는 이유로 시간과 돈을 계속 쏟아붓는 실패한 프로젝트까지, 업무상에도 여러 가지 형태로 나타난다.

앤

경력이 많은 조직, 팀, 개인의 경우 매몰비용 편향이 특히 해로울 수 있다. 경험은 귀하지만, 때로는 해가 된다. "이미 이렇게 하기로 했고 방향을 바꾸기에는 너무 늦었다" 같은 의견이 나오면 매몰비용 편향이 작동하고 있다는 신호다.

혁신, 변화, 변혁의 속도가 점점 빨라지고 있는 역동적인 시장에서 나는 "우리를 여기까지 데려온 것이 우리를 다음 단계에 데려다주지는 않을 것"이라는 오래된 속담을 언급하곤 한다. 고객, 경쟁업체, 경제 상황, 규제 환경 같은 거시적 요인 때문에 성공의 기준은 계속 높아지고 있고 성공의 형태는 계속 진화하고 있다. 우리는 편견 때문에 외부 신호를 놓치고 사전 대응에 실패할 수도 있다.

편견의 함정 인식하기

개인을 위한 성찰

편견의 함정에는 정보 과부하, 사실보다 감정, 속도의 필요가 있다. 우리는 이런 상황에 처했을 때 압박을 느끼고, 알려진 사실보다 감정에 의존하고, 신속하게 행동하기 위해 지름길로 가고 싶은 충동에 굴복한다. 편견의 함정에 빠지지 않기 위한 최선의 전략은 편견을 인식하고 이런 본능에 대응할 기회를 만든 다음 의사결정 과정을 통제하는 것이다. 우리는 각각의 함정에 빠질 수 있는 특정 편견을 두 가지씩 소개했다. 즉, 정보 과부하 상태에 있을 때는 확증 편향과 기준점 편향에 취약하다.

위 편견의 함정 중 하나를 선택하고, 그 함정에서 나타나는 두 가지 편견을 떠올리며 보다 자세히 탐구하라.

- 확증 편향(기존의 믿음을 뒷받침하는 정보만 보는 것).
- 기준점 편향(결정을 내릴 때 처음 본 정보에 의존하는 것).
- 내집단 편향(좋아하거나 자신과 비슷한 사람을 선호하는 것).
- 부정 편향(긍정적인 경험보다 부정적인 경험에 더 많은 영향을 받는 것).
- 귀인 편향(자신은 유리한 방향으로 믿지만 타인에게는 그렇게 하지 않는 것).
- 매몰비용 편향(이미 투자한 비용 때문에 방향을 바꿀 필요성을 받아들이지 않는 것).

함정 피하기

1. 당신이 빠지기 쉬운 편견의 함정을 선택하라. 무엇이 언제 어디서 어떻게 이 편견의 함정을 유발하는지 기술함으로써 자기 인식을 높인다.

_____

_____

_____

2. 편견의 함정이 보일 때 잠시 멈추고 이에 대응하기 위해 취할
   수 있는 조치는 무엇인가? (예를 들어, 소셜미디어의 '반향실 echo
   chamber'에서 벗어나 휴식을 취하면 확증 편향을 피하는 데 도움이 될 수
   있다.)

   _____

   _____

   _____

   _____

   _____

3. 편견이 초래하는 비용(과 잠재적 이득)을 평가해 의사결정 과정을
   통제하라. 편견을 완화, 방지, 통제하기 위해 할 수 있는 조치를 생
   각해보라. 중단하거나 수정하거나 더 할 수 있는 행동의 목록을 만
   든다.

   _____

   _____

   _____

   _____

   _____

   _____

편견의 함정 인식하기

리더를 위한 응용문제

리더들은 2단계 질문을 통해 세 가지 함정이 조직에 미치는 영향을 파악할 수 있다.

1. 당신은 리더로서 매일 상당한 규모의 결정을 내린다. 잠시 멈추고 당신이 내릴 결정의 영향을 평가하면 편견의 함정에 빠지는 것을 막을 수 있다. 다음 질문에 답하여 영향을 평가하라.

• 그 결정이 누군가의 직업적 기회나 미래의 성장에 영향을 미치는가?

_____

_____

• 그 결정이 당신이나 회사에 재정적으로 큰 영향을 미치는가?

_____

_____

- 그 결정이 다른 사람이나 비즈니스에 영향을 미칠 변화인가?

  _____

  _____

- 가치 있지만, 결과 달성에 중요하지는 않은 결정인가?

  _____

  _____

2. 질문에 대한 대답이 전부 '그렇다'라면 결정을 내리기 전에 잠시
   멈추고 여유를 가져라.

- 결정을 내리기 전에 신뢰할 수 있는 동료나 친구에게 의견을 구
  한다.

  _____

  _____

- 결정의 장단점을 적는다. 반대 의견을 주장해본다.

  _____

  _____

- 가능하면 하루 이틀 숙고하라. 다음 날까지 기다리면 감정과 결정
  사이에 여유가 생긴다.

  _____

UNCONSCIOUS
BIAS

마음챙김 실천하기

거의 모든 것은 플러그를 몇 분 동안만 뽑아놓으면 다시 작동한다. 당신도 마찬
가지다.[18]

_앤 라모트

마음챙김mindfulness은 리더십 기술이라기에는 그다지 세련되지 않으며, '현실에 입각한' 개념이 아니라고 하는 사람도 있다. 그들은 마음챙김이 멀리 떨어진 어느 아슈람(인도식 암자—옮긴이)에서 사용하거나 휴식을 취하는 시기에 사용하는 단어라고 생각한다. 그러나 마음챙김은 우리 자신과 타인의 편견을 확인하는 데 필요한 가장 중요한 기술 중 하니디.

우리의 마음은 현재 일어나고 있는 일에서 멀어지기 쉽다. 우리는 하루의 거의 절반 이상을 실제로 하고 있는 일보다 다른 일에 대해 생각하며 보낸다.[19] 마음챙김을 하지 않으면 의사결정은 반사적으로 이루어지게 된다. 우리는 종종 사람들을 좋음 또는 나쁨, 중요함 또는 중요하지 않음, 가치 있음 또는 시간 낭비, 옳음 또는 그름 등 이분법적인 틀로 분류한다.

그렇다면 마음챙김이란 무엇이며, 편견을 완화하기 위해 어떻게 마음챙김을 활용해야 할까? 마음챙김은 현재의 순간에 인식을 집중하고, 우리가 타인과 관계를 맺고 자극에 반응하는 방식을 이해하기 위해 자신의 감정과 생각, 감각에 집중할 때 도달하는 마음의 상태다.

연구원 크리스티나 콩글턴과 브리타 횔첼, 사라 라자르는 이렇게 말했다. "마음챙김은 더 이상 경영진에게 '하면 좋은 것'으로 간주되어서는 안 된다. 마음챙김은 우리의 두뇌를 건강하게 유지하고, 자기조절 능력과 효과적인 의사결정 능력을 키워주고, 유독한 스트레스로부터 우리 두뇌를 보호하기 위해 반드시 해야 하는 일이다. 이 모든 것은 무의식적 편견을 인식하고 이에 대응하는 우리의 능력에 영향을 미칠 수 있다."[20]

마음챙김이란 궁극적으로, 들어오는 정보와 그 정보에 대한 우리의 감정적 반응이 일어나기 전에 잠시 멈추려고 노력하는 것이다. 앞서 살펴본 바와 같이, 우리의 뇌는 슈퍼컴퓨터와 같고, 뇌의 자동 프로그래밍은 크고 작은 결정에 영향을 미친다. 마음챙김을 실천하는 습관은 편견의 부정적인 영향을 완화할 수 있다. 예를 들어, 왼손잡이인 나는 강의를 할 때 무의식적으로 왼쪽으로 향하게 되어, 의도치 않게 왼쪽에 있는 사람들에게 더 많은 관심을 기울인다. 발표할 때 마음챙김을 실천하면, 전체 프레젠테이션 공간을 의도적으로 사용하는 데 도움이 된다. 반대편으로 이동해 요점을 강조하거나 지침을 제공하거나 개념에 대한 의견을 물을 수도 있다. 작은 행동이지만 사람들을 대

화에 끌어들이거나 사람들이 내 몸짓 언어에 소외감을 느끼지 않도록
할 수 있다.

강력한 마음챙김은 자신의 생각과 감정을 더 잘 의식하도록 도와
준다. 내 경험상, 많은 사람이 자기 인식을 한다고 하지만, 사실은 그
렇지 않으며 나도 마찬가지다. 누구나 타인의 아이디어에 개방적이라
고 하면서 자신의 아이디어가 아니면 수용하지 않는 리더 한 명쯤은
알고 있다. 그런 자기 인식의 결여는 때때로 "저는 다양성을 추구하지
만, 자격 요건을 충족하는 후보자를 찾을 수가 없네요"라고 말하게 하
며 자신의 편견에 대한 책임을 시스템 탓으로 돌리게 하는 등 미묘하
게 작동한다. (분명히 하자면, 거의 모든 역할에는 자격을 갖춘 다양한 후보
들이 있지만, 이들을 찾아내려면 새로운 방식으로 채용 절차를 진행해야 할
수도 있다.)

자기 인식은 까다롭고 진지한 성찰이 필요한 일인데, 저널리스트
크리스 헤이스는 이를 지적인 추구, 자신의 내면을 들여다보고 찾은
것을 밝히는 힘든 일이라고 묘사했다. 어려운 일이지만, 모든 기술
이 그렇듯 연습을 통해 향상시킬 수 있다. 이것이 신경가소성의 본질
이다.

마음챙김 근육을 강화하기 위한 전략

내 아들은 '마음챙김은 중요하다: 마음챙김 기술로 일상생활에서의
대처 능력을 향상시키는 게임'이라는 카드 게임을 가지고 있다. 이 게

임은 마음챙김, 관찰력, 인식 능력을 키워준다. 카드를 나눠준 다음 번 갈아 '방에 있는 물건을 활용해 이야기 나누기' 등의 마음챙김 활동을 한다. 우리는 아들의 신경다양성 때문에 이 게임을 한다.

아들은 초등학교 때 ADHD와 자폐 스펙트럼 특성과 관련된 진단을 받았다. '신경다양성'이라는 용어는 "자폐증이나 ADHD 같은 신경학적 차이가 인간 게놈의 정상적이고 자연스러운 변이의 결과라는 이론"을[21] 정의하는 데 일반적으로 사용된다. 전 세계 의료계와 관련 단체 및 조직은 점점 더 이런 장애를 장애물이 아닌 색다른 렌즈를 통해 문제와 아이디어에 관여하는 것으로 인식한다. 신경다양성은 통합 프로그램의 핵심이 되어가고 있다.

아들의 신경다양성은 비판적 사고와 문제 해결 능력에 장점으로 작용하므로, 나와 남편은 부모로서 아들이 사회적 신호를 읽어내고 타인과 협력할 수 있도록 적극적으로 도와야 한다. 아들과 함께 이 게임을 할수록 내가 마음챙김을 하는 방법을 잘 모른다는 사실을 알게 되는데, 어른들 대부분이 마찬가지다!

견고하고 꾸준히 할 수 있는 효과적인 마음챙김 방식은 사람마다 다르다. 내가 마음챙김을 하는 방식은 당신과 같지 않을 것이고, 당신이 마음챙김을 하는 방식도 다른 사람과 같지 않을 것이다. 어디서부터 시작해야 할지 모를 수 있으니, 아래에 몇 가지 모범 사례를 간략하게 설명했다. 자기 방식대로 시도할 수 있는 일련의 출발점이라고 생각하라.

규칙적으로 명상하기

명상하는 사람은 명상하지 않는 사람에 비해 생각과 감정을 잘 조절하고, 주의를 산만하게 하는 요소에 잘 저항하며, 목표에 집중하는 데 능숙하다. 일반적으로 이들은 지속적인 주의가 필요한 작업을 잘 수행한다.[22] 명상 방석에 앉는 것이 내키지 않더라도 포기하지 말라.

《케임브리지 사전》은 명상을 '종교적 활동으로서 또는 차분하고 편안해지는 방법으로서 한 가지에만 주의를 기울이는 행위' 또는 '진지한 생각이나 연구, 또는 그런 활동의 산물'로 정의한다. 따라서 명상에는 휴식, 집중, 숙고, 생각 등이 포함될 수 있다. 명상은 단 몇 분만 할 수도 있고 훨씬 오래 할 수도 있다. 앱과 팟캐스트들이 초보자부터 숙련자까지 다양한 방식으로 명상을 도와준다. 마음에 드는 방식을 찾을 때까지 실험을 계속하라.

앤

나이가 들면서 건강을 중요하게 생각하고 우선시하게 되었다. 정신적·정서적 건강이 신체 건강과 직결된다는 사실도 깨달았다. 따라서 마음챙김은 육체적 안녕과 절대적으로 연결되는 것이다. 나는 중요한 생일을 보내고 나서 내 상태가 그리 좋지 않다는 것을 알아챘다. 외적인 면에서 경력은 훌륭했지만, 나 자신을 잃어버린 상태였다. 스트레스는 극에 달했고 기분은 우울했다. 마음과 몸, 영혼을 돌보지 않은 것이 근본 원인이었다. 나는 머릿속에서 들리는 목소리에 압도되어 있었고, 나 자신에 대한 부정적인 생각이 내 정체성을 형성했다. 생일은 나를 다시 정상

궤도에 오르게 하는 촉매제 역할을 했다.

그해 나는 새로운 열정을 발견했다. 피트니스 복싱이었다. 복싱은 내가 경험해본 최고의 유산소 운동이었는데, 나는 복싱에서 마음챙김과 순간을 사는 힘이라는 예상치 못한 이점을 발견했다. 복싱을 잘하기 위해서는 흔들리지 않고 하고 있는 일에 집중해야 한다. 감정적 해방과 신체적 노력이 정신적 집중과 결합하면서 리부팅과 같은 역할을 했고, 의문의 여지 없이 마음챙김을 더 의도적으로 할 수 있게 되었다. 마음챙김을 하려면 놓아줘야 할 때도 있다는 것을 깨달았다. 정신적, 감정적, 또는 육체적(내 경우에는 모두 해당) 배출구를 찾지 못하면 집중하지 못하고 긴장하게 되면서 온전히 순간에 존재하지 못하게 된다.

당신을 집중하게 하는 것을 찾아라.

잠시 멈추고 상황 설명하기

'회의가 끝난 뒤' 동료에게 회의에서 있었던 일을 설명하는데, 동료가 사건의 세부 내용을 하나하나 반박한 적이 있는가? 예를 들어, 회의를 마치고 내가 "회의에서 케이트의 말투가 어땠는지 들으셨어요? 제 프로젝트는 승인되고 자기 프로젝트는 승인되지 않아서 속이 상한 게 분명해요"라고 말한다. 그러자 동료가 "자기 프로젝트가 승인되지 않아 실망한 듯했지만, 당신의 프로젝트가 기대되고 빨리 다음 단계를 함께하고 싶다고도 했어요. 그 부분은 들으셨어요?"라고 대답한다. 우리는 마음속에서 이야기를 만들어내느라 바쁜 나머지 정작 실제로 무슨 일이 벌어지고 있는지 보지 못한다.

회의를 하거나 어떤 상황에 놓여 있을 때 잠시 생각에서 벗어나 주변에서 벌어지는 일에 주의를 기울여라. 사람들은 열중하고 있는가? 그들의 표정은 어떤가? 어떤 어조로 말하고 있는가? 집중하는 연습을 위해 사람들이 입고 있는 셔츠의 색상이나 글씨를 쓰는 데 사용하고 있는 물건 등 구체적인 세부 사항에 집중해보는 것도 좋다. (추가로 TV 프로그램 〈엘리멘트리 Elementary〉와 〈멘탈리스트 The Mentalist〉를 시청하면서 관찰의 힘을 확인해보라!)

기술 차단하기

스마트폰에는 대부분 휴대전화를 어떤 목적으로 얼마나 사용하는지 모니터링할 수 있는 기능이 있다. 내 스마트폰은 생산적인 활동, 소셜미디어, 독서 또는 운동에 얼마나 많은 시간을 소비하고 있는지 보여준다. 최신 버전의 마이크로소프트 아웃룩은 지난 30일 중 며칠 동안 통상적인 근무시간 외에 이메일을 열지 않았는지 보여주는 월별 건강 보고서를 보내준다. 이런 앱과 분석 정보는 기술에 대한 의존도, 우리의 집중력을 저해하는 시간을 줄이기 위한 목표를 설정하는 데 도움이 된다.

분석 정보를 살펴보고 매일 일정 시간 앱이나 장치의 사용을 줄이는 것을 고려해보라. 사람들은 기술을 의식적으로 사용할 때 인지할 수 있는 외부 세계의 것들에 종종 놀란다.

마크

나에게는 한 달에 한 번 이상 함께 저녁 식사를 하는 친구 모임이 있다. 우리는 애정을 담아 그 모임의 이름을 '댈러스 스택 Dallas Stack'이라고 정했다. 저녁 식사를 시작할 때 휴대전화를 테이블 중앙에 올려놓고 계산을 할 때까지 그대로 둔다. 계산서가 나오기 전에 어떤 이유로든 휴대전화를 가져간 사람이 식사 비용을 전부 지불한다. 우리는 휴대전화가 없을 때 대화에 훨씬 많이 참여한다. 회의 때도 같은 전략을 사용할 수 있다. 회의 때는 지불해야 할 계산서가 없지만 다른 방식의 우호적인 경쟁을 통해 긍정적인 행동을 장려할 수 있다.

모두가 알고 있듯이, 기술은 우리의 집중력과 관심사, 관계를 해칠 정도로 주의를 가로채는 놀라운 능력을 가지고 있다. 스마트폰은 마음챙김을 하는 데 가장 큰 장애물 중 하나가 될 수 있다. 내 동료이자 프랭클린코비사의 생산성 전문가인 코리 코곤은 "모든 신호음과 진동에 반응하려는 본능적 충동을 초월해, 집중한 상태에서 명확한 사고를 통해 형성한 관점을 근거로 의식적으로 행동하라"라고 말한다.

사전에 계획하기

우리는 정신없이 하루를 보내다가 시급한 문제가 생길 때만 반응하곤 한다. 속도에 대한 필요성이 생기면서 우리는 편견에 더욱 취약해진다.

우리의 동료이자 《누구나 훌륭한 관리자가 될 자격이 있다Everyone Deserves a Great Manager》의 작가 빅토리아 루스 올슨은 이렇게 썼다. "이미 너무 바빠서 가장 중요한 작업조차 완수하지 못하는 와중에 계획을 세우는 데 많은 시간을 할애하는 것은 직관에 반대되는 행동인 듯 보인다. 하지만 한 주 계획을 세우지 않으면 변화의 바람에 휘둘리며 무엇이 중요하고 무엇을 성취하고 싶은지 정하지 못한 채 그저 다가오는 일에 반응하게 된다. 편견의 함정에도 빠지게 될 것이다. 사전에 계획을 세우면, 하루 중 생각하고 처리할 시간을 확보할 수 있다. 30분 내로 이전 회의에서 생긴 감정을 처리하고 다음 회의를 준비하면, 다음 회의에 감정이 격한 상태로 들어가게 되지는 않는다."

하루가 시작되기 전에 우선순위 한두 가지를 적어두고 일정을 잡아라. 무리하지 않도록 준비와 휴식을 위한 시간을 일정에 포함하라. 우선순위에 집중할 수 있게 그날 하지 않아도 되는 일을 적어두는 것 역시 유용하다. 컬럼비아대학교의 하이디 그랜트 할버슨에 따르면 "계획을 잘하면 성공률은 평균 200~300퍼센트 증가한다."[23]

뒤로 물러서서 큰 그림 보기

마크

우리는 이따금 세부 사항에 지나치게 몰두해 핵심이나 큰 그림을 놓친다. 개별 단계에 집중하다가 최종 목적지를 놓쳐서는 안 된다. 다른 말로 하면, 하나의 사건보다 전체 패턴에 대해 생각하자는 것이다. 무의식적인 편견은 내면에 깊이 자리하고 있어 한 번의 행동(까다로운 대화, 수긍하기 힘든 부적절한 의견, 비난조의 탐색하는 질문 등)으로 발견할 수는 없지만, 뒤로 물러서서 직원의 경험을 관찰하면 행동의 패턴이 드러나 편견과 관련된 진상을 파악할 수 있게 된다. 우리는 모든 맥락에서 물러서기를 연습할 수 있다.

나는 콘텐츠를 가르치는 진행자에게 자격증을 교부할 때, 전체 진행자 가이드를 암기하는 것보다 슬라이드를 넘기면서 전달하는 이야기의 큰 그림을 아는 것이 더 중요하다고 강조한다. 먼저 목적이나 큰 그림을 이해한 뒤 이를 의식하면서 세부 사항을 채워라. 그렇게 하면 말하는 단어의 기술적 정확성보다는 그 순간에 일어나는 대화에 더 집중하고 주의할 수 있다.

의도적으로 하기

편견에 대처하는 것은 펌프에 마중물을 붓는 것만큼이나 간단할 수 있다. 의도적으로 편견을 완화해 편견을 무의식에서 의식의 세계로 편입시켜라. 대화나 의사결정을 하기 전에 말과 생각, 행동을 통해 자기 인식 능력을 높일 수 있다. 예를 들어, NBA는 심판이 자신과 다른 인종의 선수들에게 더 많은 판정을 내리고 있다는 사실을 발견했다. 놀랍게도 이 문제를 해결하는 데는 중대하거나 비용이 많이 드는 개입이 요구되지 않았다. 문제를 심판에게 알리는 것만으로도 무의식적인 편견의 영향은 사라지는 듯 보였다.

〈타임〉은 "그렇다. 과거에 암묵적 편견 문제가 있었다. 게다가 암묵적 편견은 꽤 흔해서 용인될 수 있었다. 그러나 문제가 공론화되자 편견은 사라진 듯하다. 이는 모든 사람에게 희소식이다. 언급한 바와 같이, 무의식적 편견인 암묵적 편견을 이런 편견을 가지고 있다는 것을 인식함으로써 극복할 수 있음을 시사하기 때문이다"라고 언급했다.[24]

전화 통화나 인터뷰 또는 협상을 하기 전에 자신의 감정에 대해 생각하고 사고하는 뇌를 사용하기로 결심하라. 예를 들어, 이력서를 검토하기 전에 "나는 사람들의 이름을 보고 어떤 가정을 하지 않을 것이다"라고 다짐할 수 있다. 어느 정도의 무의식적 간섭은 의도적으로 제거할 수 있다.

그렇게 하다 보면 제2의 천성인 습관으로 자리 잡는다. 뇌는 편향적이므로 자동적으로 작동하도록 운에 맡기면 문제가 생길 수 있다. 의도적으로 마음챙김을 하면 부정적인 자동 처리에 대응하는 긍정적인 자동 처리가 이루어지면서 자기 조절이 더 잘된다. 감정에 본능적으로 반응하지 않고 의사결정을 효과적으로 하게 될 것이다. 전체적인 그림을 더 잘 볼 수 있고, 편리하거나 편안하게 느껴지는 근시안적 관점에 갇히지 않게 될 것이다.

마음챙김 실천하기

개인을 위한 성찰

습관을 만드는 데는 시간이 걸린다. 마음챙김을 습관으로 만드는 가장 좋은 방법을 찾는 동안 매일 다음 두 가지를 번갈아 수행하라.

리셋 버튼 누르기

우리의 편견과 습관은 우리가 매일 내리는 수천 가지 결정에 영향을 미친다. 코넬대학교의 한 연구에서 과학자들은 우리가 매일 음식에 대해서만 약 221개의 결정을 내린다고 추정했다. 결정을 내리는 순간에는 이를 인식하기 어려울 수 있다. 그러나 우리의 일상적인 결정들을 돌아보면 우리의 편견과 습관을 명확하게 알 수 있다.

1. 매일 5분 동안 당신의 결정, 대화, 행동을 되새겨보라. 당신이 오늘 한 일 중 편견이나 습관 또는 잘못된 패러다임의 영향을 받은 일은 무엇인가? 내일은 어떻게 다르게 할 수 있을까? 작업 일정을 알림

설정해 매일 일과를 마칠 때 이를 반복하라.

나 자신 파악하기

메타인지는 우리 자신의 사고에 대해 생각하는 것이다. 메타인지는 편견과 습관을 바꾸는 데 필수적인 기술로, 연습과 노력을 기울이면 더 쉽게 얻을 수 있다.

2. 먼저 불쾌한 생각에 집중하라. 그런 생각이 떠올랐다면, 잠시 멈추고 자신의 생각을 숙고하라. 당신은 자기 자신이나 다른 사람에 대해 불쾌한 생각을 했는가? 사실에 근거한 생각이었나, 아니면 관련 없는 경험이나 습관에 근거한 것인가? 결정을 내리거나 조치를 취하기 전에 상황에 대해 더 알 수 있는 사실이 있는가?

마음챙김 실천하기

리더를 위한 응용문제

이런 전략을 사용해 팀원들이 마음챙김을 할 수 있는 공간을 조성하라. 다음의 작업을 어떻게 수행할지 작성하라.

- 팀 회의가 시작되면 15분 동안 어떻게 마음챙김을 했는지 공유하고, 팀원들이 일상생활에서 마음챙김을 실천할 수 있도록 격려하라. 주간 회의를 시작할 때 돌아가면서 마음챙김을 한 경험을 공유해달라고 요청하라(일명 '마음챙김의 시간').

- 팀원들에게 공식적인 교육을 제공하라. 마음챙김을 실천하기 위해 시간과 자원을 할애하는 것은 팀원들에게 마음챙김의 중요성을 인식시키고 이를 즉시 구현할 수 있는 기술을 제공하는 것이다. 팀원들이 자율적으로 하도록 하는 것은 효과적이지 않다.

- 작업을 위임하거나 새 프로젝트를 시작할 때 통지와 조치 사이에 여유를 둘 수 있는 방법을 생각하라. 예를 들어, 당신은 팀 회의에서 새 프로젝트를 시작한다고 발표하는 경우 그 일을 바로 시작하는가? 아니면 프로젝트를 진행하기 전에 사람들에게 아이디어를 처리할 시간을 주는가?

평화는 지도자들의 계획뿐만 아니라
사람들의 마음속에서,
신중하게 설계된 프로세스뿐만
아니라 일상적인 연결에서 시작된다.[25]

_버락 오바마(전 미국 대통령)

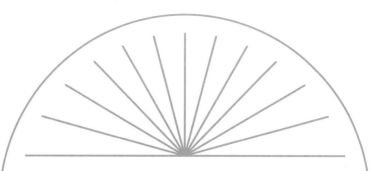

PART
2

Cultivate Connection

서로의 다름에 대해 사과하지 말 것
연결 강화하기

의도적으로 다른 사람들과 관계를 강화함으로써 본질적으로 슈퍼컴퓨터인 두뇌의 공백을 메우면 가정의 여지는 줄어들고 인간의 복잡성과 미묘한 차이를 감지하기 위한 공간이 늘어난다. 2부에서는 타인과 관계를 강화하고 타인의 관점을 이해함으로써 자기 자신의 관점을 탐색, 수정, 변경해 보다 나은 성과를 달성하는 방법을 배울 것이다.

우리가 공감과 호기심을 통해 사람들과의 관계를 발전시킬 때 우리 자신, 그리고 우리와 관계를 형성한 사람들은 고성과 영역으로 이동하게 된다. 관계를 강화하는 일은 시간을 들이기 아까운 시시한 일처럼 보일 수도 있다. 그러나 관계 강화는 놀라울 정도로 짧은 시간에 의미 있는 방식으로 이루어질 수 있다.

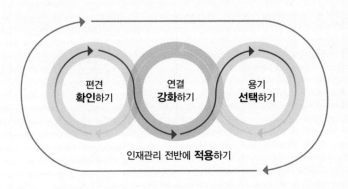

프레임과 리프레임

프레임	리프레임
나의 편견을 이해할 수 있다면, 스스로 바로잡을 수 있다.	의미 있는 관계를 강화해야만 과거의 편견을 직시하고 주변 사람을 소중히 여길 수 있다.

"물고기는 물을 가장 늦게 발견한다"라는 말을 들어봤을 것이다. 자신의 편견에 둘러싸여 있을 때 우리는 그것을 볼 수 없다. 반면에 타인에 대한 공감을 나타낼 때 우리는 타인의 신념과 문제, 관심사를 이해하기 위해 자신의 신념과 문제, 관심사를 유보한다. 이때 우리의 진정한 발전이 일어날 여지가 생긴다.

개방성의 원칙

세상을 우리와 다르게 보는 사람들에게 마음을 열면 세상이 다르게 보이기 시작하며, 이는 우리가 편견을 직시하는 데 도움이 된다. 개방적인 사람이 되려면 인간의 자연스러운 보호본능에 반하는 감정인 취약성이 필요하다. 감정의 뇌에 개방성과 취약성을 허용하고 사람들과 관계를 강화하면, 이런 본능적 반응을 넘어 고성과 영역으로 이동할 수 있다.

그렇다면 발전으로 이어질 수 있는 의미 있고 실질적인 관계를 이떻게 강화할 수 있을까? 우선 소속감과 진정한 자아에 집중하고, 의도

적으로 공감과 호기심을 나타낸 다음, 네트워크의 힘을 활용해 편견
이라는 주제에 관한 까다로운 대화를 효과적으로 통과해 이해에 도달
해야 한다.

소속감에 집중하기

항상 그래왔듯이 저는 여러분이 자신의 인간적인 감정에 대해 사과하지 않고 자신의 키와 긴 팔, 미소에 대해 변명하지 않는 사람이 되기를 바라는 냉철하고 진중한 남성으로서 여러분에게 말합니다. 여러분은 이를 점점 더 의식하고 있으며, 저는 여러분이 다른 사람을 편안하게 하기 위해 <u>스스로 제한할 필요</u>를 느끼지 않기를 바랍니다. 어쨌든 그 어느 것도 공식을 바꿀 수는 없습니다. 저는 여러분이 그들보다 두 배 더 잘하기를 원하지 않았습니다. 짧고 빛나는 투쟁의 삶 속에서 매일 반격하기를 원했습니다. 저는 여러분이 이 끔찍하고 아름다운 세상에서 의식 있는 시민이 되기를 바랍니다.[26]

_타네히시 코츠(전미도서상 수상 작가)

관계 강화에는 상호 간의 노력이 필요하다. 이 노력에는 타인과의 관계를 형성하는 기술과 관계 형성의 가치를 아는 것이 포함된다. 이런 노력은 궁극적으로 성과에 영향을 미친다.

어딘가에 적응해야 할 필요성을 느낀 적이 있는가? 누구나 어느 정도는 이런 기분을 느껴본 적이 있지 않을까? 중학생 시절은 적응하기 힘든 시기로 악명이 높은데, 몸이 나이나 정신적 성숙을 앞지르고, 어색함을 느끼며, 타인에게 친절을 베풀 만큼 성숙하지 못한 시기이기도 하다. 많은 사람에게 중학교 시기는 애틋하게 돌아보는 시절이 아니다. 이 시기는 우리의 두뇌가 주변 사람들에게 이해받고 관계를 형성하기 위해 필사적으로 일하는 때다. 당시에는 인식하기 어렵지만,

이후 중학생과 시간을 보낸 적이 있다면, 소속감에 대한 욕구가 성과 달성에 실질적인 어려움을 초래한다는 사실을 알 수 있었을 것이다. 직장의 어른들도 마찬가지다.

이런 내적 욕망은 나이가 들어도 변하지 않는다. 우리의 뇌는 끊임없이 소속을 이해하려고 노력한다. 연구자들은 소속 욕망이 중요한 심리 욕구라고 믿는다. 원시적 뇌와 그것이 발달한 환경을 생각하면, 이해가 된다. 혼자 있을 때 안전할 가능성이 높은가, 아니면 무리에 속해 있을 때 안전할 가능성이 높은가? 혼자서 이런 심리 욕구를 충족시킬 수 있을까? 톰 행크스가 주연한 영화 〈캐스트 어웨이〉에서 극단적인 사례를 찾아볼 수 있다. 섬에 갇힌 주인공은 정신적 균형을 유지하고 심리적 욕구를 충족시키기 위해 배구공을 윌슨이라는 이름의 동료로 삼는다.

그러나 많은 면에서 직장은 소속감이나 관계의 형성을 촉진하는 구조로 되어 있지 않다. 직장에서 '적합한'이라는 단어가 사용되는 경우가 얼마나 많은가? 회사는 후보자를 인터뷰하고 그들이 "적합하지 않다"라고 하거나, 누군가가 그만두면 "잘된 일이다. 어차피 이곳에 적합한 사람이 아니었다"라고 한다. 자연스럽게 성장할 수 있는 근무 환경을 강화하기보다 회사가 필요로 하고 편안하게 느끼는 사람이 되라고 개인에게 책임을 넘긴다. 많은 조직이 직원의 고유한 재능과 관점을 활용하기보다 획일화된 인재를 육성하는 법을 발달시켜왔다.

우리는 어떻게 소속감의 가치를 알게 되었나?

우리는 이미 '편견'을 정의했지만, 이 주제를 이야기하면서 다른 단어들도 살펴볼 것이다. 기본적인 것부터 시작하자. '다양성'이란 무엇이며 '포용성'은 무엇인가? 다양성과 포용성은 종종 한 단어처럼 언급되지만, 테니스 복식 경기의 파트너 관계에 가깝다. 접근 방식과 능력이 각각 다르지만 당연히 함께 사용하는 것이 좋다.

다양성은 정체성과 대표성, 직원들의 구성에 관한 것이다. '대표성'이라는 용어는 동등성에 관한 것이다. 미국 인구조사와 인종, 출신 국가, 성별, 장애, 재향군인 여부 등의 사회적 지표의 비율을 봤을 때, 직원 구성은 이런 수치를 반영하고 있는가? 조직의 인적 구성에 우리 사회가 반영되어 있는가? **포용성**은 자신을 특정 문화에 끼워 맞추지 않으면 거부당할 것이라는 두려움 없이 조직에서 서로 다른 관점과 의견을 표출할 수 있다는 발상이다. 넷플릭스의 포용 전략 부사장이자 베르나 마이어스 컴퍼니 설립자인 베르나 마이어스는 이렇게 말한다. "다양성은 파티에 초대받는 것이고, 포용성은 함께 춤추자는 요청을 받는 것이다."

최근 다양성과 포용성에 관한 대화에서 소속감, 참여, 형평성이라는 세 단어가 등장했다. **소속감**은 음식이나 안식처에 대한 욕구와 마찬가지로 인간의 자연스러운 욕구다. 환영받지 못한다는 것이 어떤 느낌인지 생각해보라. 당신이 방에 들어가면 대화가 중단되거나, 회의에서 의견을 내면 상사가 당신의 아이디어를 묵살한다. 모든 사람이 최선을 다하고 소속감을 느낄 수 있게 하는 것이 다양성과 포용성의 최종 목표다.

참여는 궁극적으로 의견을 낼 수 있는 권한 부여에 관한 것이다. 단순히 사람들에게 의견을 말해도 된다고 하는 것은, 권력관계를 바꿔 "이 아이디어에 대한 당신의 생각을 말해주세요"라거나 "이 문제에 대한 당신의 관점이 필요합니다"라면서 진심으로 의견을 요청하는 것과는 다르다. 참여는 단순히 격려하거나 요청하는 것이 아니라 경청하는 것이다.

형평성은 기회의 격차를 좁히는 것이다. 누군가 더 많은 기회를 갖게 되는 사회의 계층화로 인해 형평성에 관해서 말하는 것이 불편하게 느껴질 수 있다. 이런 기회는 때때로 매력적인 특성을 선호하는 편견에서 비롯된다. 우리가 어떻게 키와 권력을 연관 짓고, 매력적이지 않은 사람보다 매력적인 사람과 더 자주 말하는지 생각해보라(이것은 우리가 아기일 때부터 시작된다!). 또한 시골에서 자란 또래들과 달리 뉴욕에서 자란 내가 10대 때 할 수 있었던 활동, 워싱턴 D.C.와 다른 지역의 무료 입장 박물관 수의 차이 등 지역의 영향을 받기도 한다.

그리고 인종, 성별, 출신 국가, 사회경제적 특성같이 중요한 요소와도 관련이 있다. 예를 들어, 넷플릭스의 주간 코미디쇼 〈애국자법Patriot Act〉의 진행자 하산 미나즈는 학자금 대출을 떠안고 대학을 졸업하는 것이 "달리기 경주를 시작하는데, 권총을 든 남자가 당신의 다리에 총을 쏘는 것"이라고 말했다.[27] 형평성은 이렇게 큰 사회적 격차가 존재한다는 것을 인정하고, 이를 극복할 수 있는 방법을 제공하는 것이다. 기회 격차를 해소하고 명성이나 접근성에 기반한 결정을 내리지 않는 것이다. 대신 재능과 능력을 보다 총체적으로 보는 것이다.

마틴 뎀프시 전 합참의장은 이렇게 썼다. "사람들은 자신의 팀, 부서, 회사 또는 조직에서 소속감을 느끼지 못하면, 신뢰하고 소속감을 느낄 만한 다른 곳을 찾으려 할 것이고, 그들은 아마 그런 곳을 발견할 것이다. 리더의 가장 중요한 책임은, 아무리 바쁘고 주의를 요하는 다른 우선순위가 있더라도 직원들에게 소속감을 느끼게 해주는 것이다."[28]

그렇다면 소속감이란 무엇이며 어떻게 강화할 수 있을까? 연구원 바우마이스터와 리리는 소속감을 "특정 집단이나 장소의 구성원이 느끼는 포용감과 정체성, 인정받는 느낌, 타인과 지속적이고 긍정적이며 의미 있는 관계를 형성하고 유지하는 데 기본이 되는 원동력"이라고 정의한다.[29] 오늘날에는 많은 사람이 무언가를 새로운 곳으로 옮기는 능력이 아니라 사고를 통해 문제를 해결하고 다른 사람을 통해 결과를 달성하는 능력에 따라 보상을 받는다. 뇌에 관해 알고 있는 지식을 되돌아보면, 원시적 뇌나 감정의 뇌가 작동하고 있을 때는 최고의 아이디어가 나오지 않는다. 고성과 영역에 도달하려면 소속감이 필요하고 그곳에 머물기 위해 관계를 강화해야 한다.

이 장에서는 두 가지 렌즈를 통해 소속감을 집중적으로 들여다볼 것이다. 첫째, 개인으로서 우리는 어떻게 직장에서 진정성을 통해 소속감을 느끼는가? 자신의 진정한 자아를 드러내는 것은 소속감을 느끼게 하고 다른 사람들도 똑같이 할 수 있는 환경을 조성해준다. 둘째, 조직에 존재하는 것들 중 무엇이 관계와 소속감을 드러내는가?

우리 회사의 호주 지사장이자 내 동료 캐서린 넬슨은 "리더들은 자신들이 말하는 것과 말하지 않는 것을 포함해 모든 행동과 무행동을 통해서 문화를 창조한다"라고 말했다. 리더로서 우리는 자문해야 한다. 우리는 어떻게 언어, 정책, 절차, 조직 전체의 대표성을 통해 소속감을 영속화하고 있는가? 우리는 사람들이 소속감을 느끼지 못할 때, 즉 '적합'하지 않을까 두려워 자신답게 행동할 수 없다고 느끼거나, 경력에 도움이 되지 않는다고 느낄 때 최선을 다해 기여하지 못한다는 사실을 알고 있다. 적극적으로 조직 전체에 소속감을 강화하면 고성과 영역으로 더 쉽게 전환할 수 있다.

직장에서의 진정성

작가이자 활동가인 메리앤 윌리엄슨은 이렇게 말했다. "우리는 자신의 빛을 드러낼 때, 무의식적으로 타인도 그렇게 하도록 허용한다. 우리가 자신을 두려움에서 해방시킬 때 우리의 존재는 자동으로 다른 사람들을 해방시킨다."[30]

나의 시누이는 사회 초년생일 때 결혼반지가 일자리를 구하는 데 부정적인 영향을 미칠까 봐 면접을 보러 갈 때 결혼반지를 끼지 않았다. 그녀는 그 부정적인 영향이 다른 사람들에게 미치는 것을 목격했는데, 고용주는 가족이 없어 일을 우선시할 가능성이 높아 보이는 후보자를 선택했다. 이런 경험 때문에 그녀는 자신이 직장에서 자신답게 일할 수 있을 거라고 생각하지 않았다.

세계 유수의 기업들과 협력해 여성이 일하기 좋은 직장을 만드는 세계적인 비영리단체 캐털리스트Catalyst는 감정적 부담emotional tax을

"자신의 성별이나 인종 또는 민족으로 인해 직장에서 동료들과 구별되는 경험, 그리고 이로 인해 건강, 웰빙, 성공적인 직장 생활을 할 수 있는 능력에 미치는 해로운 영향"으로 정의한다.[31] 이런 부담은 장애가 있는 것에서부터 팀 내에서 대학 학위가 없는 유일한 사람인 것에 이르기까지, 모든 식별자와 차별 요소에 존재하는 것으로 추정된다.

끊임없이 경계해야 한다는 압박은 수면 패턴을 방해하고 심리적 안전감을 감소시키며, 업무에 기여할 수 있는 능력을 떨어뜨린다. 예를 들어보자. 무의식적 편견에 대한 강의를 하던 중 한 흑인 참가자가 사생활이나 직장 생활에서 백인을 대할 때 자신을 낮추고 부드럽게 말하고 갑자기 움직이지 않는다고 했다. 그가 자신의 경험을 공유하자 내 심박수가 올라갔다. 64세에 라인배커(미식축구의 포지션으로, 상대 팀 선수들에게 태클을 걸며 방어하는 수비수—옮긴이) 같은 체구를 가진 남편도 비슷한 이야기를 한 적이 있다. 남편은 방에서 자신이 어디에 있는지 등의 세세한 사항부터 목소리의 크기와 움직임에 이르기까지 세상에서의 자기 위치를 과도하게 인식한다. 이런 자기 감시는 막대한 대가를 치르게 한다.

우리가 진정성을 가지고 일할 수 있는 환경을 만드는 것은 고용주의 의무이지만, 개인 차원에서도 직장에서 진정성을 추구하는 추세가 확산되고 있다. 직원 수준에서의 이런 움직임은 조직이 최고의 인재를 채용하고 유지하기 위해 진정성을 우선시하는 데 영향을 미쳤다. 자신의 일부를 숨기려고 노력하다 보면, 관계 형성의 필요조건인 개방성이 저해되고 취약성은 드러내지 못하게 된다. 진정성을 실천하는 개인의 행동은 경영진의 행동만큼이나 직장의 환경을 근본적으로 바꿀 수 있다.

사회 초년생일 때 내가 한 경험은 시누이의 경험과는 많이 달랐다. 대학 시절, 내게는 마르티네라는 멋진 상사가 있었는데, 그녀는 직장에서 진정성을 갖는다는 게 무엇인지 내게 몸소 보여주었다. 나는 조지워싱턴대학교의 학생활동센터(현재는 학생생활담당실이라고 한다)에서 일했다. 나는 포용에 중점을 둔 학생 프로그램을 지원하는 일을 담당했고, 마르티네와 함께 인종에서 사회경제학에 이르는 주제를 다루는 '진지한 대화REAL Conversations'라는 프로그램을 기획했다. 마르티네와 나는 업무를 검토하기 위해 매주 만났는데, 초기에 그녀는 실질적인 분기별 대화를 나에게 소개해주었다. 그녀는 워크시트를 만들고 내게 학생 활동 코디네이터 역할뿐만 아니라 재정, 가족, 학업, 여행, 일 등 삶의 다른 측면에서도 목표를 세우는 것을 고려해보라고 권했다.

우리는 분기마다 만나 내 목표뿐만 아니라 그녀의 목표도 검토했다. 마르티네는 자신이 겪은 어려움과 성공을 공유했고, 나를 지도해주기도 했다. 많은 시간이 걸리지 않는 간단한 대화였지만, 나에게는 큰 영향을 미쳤다. 마르티네는 직장에 나를 위한 자리가 있고 나의 모든 목표가 본질적으로 연결되어 있음을 보여주었다. 그녀는 내 휴대전화의 전원이 나가거나(또!) 내가 수업에 어려움을 겪고 그것에 대해 걱정한다면 고성과 영역에 있을 수 없다는 것을 알고 있었다. 그녀는 내가 진정성을 가질 수 있도록 이끌어주었다.

나는 지난 몇 년 동안 면접을 보지 않았지만, 가족과 나 자신에 관한 대부분에 대해 항상 당당했다. 베이비붐 세대인 마크나 X세대인 앤은 그렇지 못했다. 직장에서 진정성에 대해 우리가 느끼는 편안함에 엄청난 변화가 있었고, 사실 지금의 문화적 규범은 '일에 온 힘을 쏟는 것'이다. 일과 삶 사이에 확고한 경계가 없어졌다.

나는 의도적으로 내 아이들에 대해 이야기한다. 큰아이는 내가 MBA를 취득할 수 있게 동기를 부여해주었다. 막내는 내가 일과 삶의 균형을 잡을 수 있게 도와주었다(아기는 내가 출장을 다녀와서 피곤한 상태라도 개의치 않으니까!). 나는 아이들이 내 강점이라고 말한다. 아이들은 내게 영감을 주고 내가 더 잘할 수 있게 도와주므로 나는 나와 함께 일하는 모든 사람이 아이들과 내가 종합 선물 세트라는 것을 알기를 바란다. 아이들은 내가 되고자 노력하는 인간상의 큰 부분이다. 아이들에 대해 언급할 수 없는 환경이 나에게 얼마나 제한적일지 상상해보라.

그래미상을 수상한 아티스트 저넬 모네이는 진정성의 본보기로 빛나고 있다. 세상이 모네이를 처음 만났을 때 그녀는 흑백의 '유니폼'을 입고 있었다. 모네이는 〈허핑턴포스트〉에 "어머니나 할머니 같은 노동자 계층이 입는 유니폼을 갖고 싶었던 것과 관련이 크다"라고 말했다.[32] 그녀는 세계적인 아티스트로서 전문성에 자신의 배경을 입혀 자신의 정체성과 배경을 현실과 연결했다.

직장에서 자기답게 행동하는 것은 소속감을 키우는 첫 번째 단계다. 정체성, 즉 당신이 누구인지, 당신에게 원동력이 되는 것은 무엇인지, 당신이 어떻게 소통하는지를 투명하고 정직하게 공개하는 것이다. 그것은 동료들에게 당신을 드러내는 것을 의미한다. 동료들은 당신 배우자의 이름과 당신이 스키를 좋아한다는 사실, 그리고 당신이 새 차 때문에 흥분해 있는 상태임을 알고 있다. 그들은 당신이 할머니에 대해 걱정하고 X, Y, 또는 Z에 대해 강한 감정을 가지고 있다는 사실도 안다. 당신이 하고 있는 일에 대해 어떻게 느끼는지, 어떤 아이디어와 프로젝트에 관심이 있는지도 알고 있다.

진정성에 반하는 환경은 자기 자신에 대해 당당할 수 없는 환경이다. 당신의 신체, 식별자, 배경, 성격에 대해 당당할 수 없는 환경은 해가 되지는 않더라도 본질적으로 당신의 한계를 짓는 환경이다. 더 이상 일과 사생활 사이에 경계가 없다는 의미일까? 전혀 그렇지 않다. 진정성을 선호하는 움직임은 일과 사생활의 분리를 둘러싼 전통적인 직장 규범에서 벗어나는 것이지만, 개인의 모든 것을 공개해야 한다는 의미는 아니다. 직장에서 공유하면 도움이 될 수 있는 삶의 중요한 요소나 관점을 숨길 필요가 없어진다는 의미다. 진정성과 직장에 대한 기여 사이에서 선택을 강요당해서는 안 된다.

소속감의 지표

조직과 리더는 소속감을 느끼는 환경을 조성할 책임이 있다. 소속감이라는 개념이 막연하거나 추상적으로 들릴 수 있는데, 리더로서 이에 대해 **어떤 조치**를 해야 할까? 직장의 몇 가지 요소를 건강하거나 건강하지 않은 소속감 수준을 나타내는 징후로 평가할 수 있다. 이 요소들을 발전을 위한 출발점으로 활용하라.

언어

최근에 나는 무의식적 편견 강의에서 LGBTQ+ 공동체와 관련된 문제를 논의했다. 한 참가자가 손을 들고 이렇게 말했다. "도대체 PIA 가 뭔가요?" 그는 어떤 글에서 LGBTQPIA라는 약어를 본 적이 있다고 했다. 나는 PIA가 '범성애pansexual, 간성intersex, 무성애asexual'를 의미한다고 설명했다. 그는 끊임없이 변화하는 듯 보이는 수많은 새로운 용어를 배우고 사용해야 한다는 사실에 좌절감을 느낀다고 했다. 나는 이렇게 대답했다. "때때로 새로운 알파벳을 배워야 한다는 느낌이 드는 것은 이해합니다. 하지만 이렇게 생각해보세요. 제 이름은 패멀라이고, 제게 중요한 것입니다. 단순한 이름표 이상으로 제 정체성의 일부이며, 제가 누구인지 나타내죠. 시간을 내서 제 이름을 외우는 행위는 저에 대한 존중이자 기본 예의라고 생각하고, 저도 다른 사람에게 똑같이 하기 위해 최선을 다할 것입니다."

대화가 진행되면서 그가 단어를 기억하는 것을 부담스러워하는 게 아니라 '정치적으로 올바른' 언어를 사용하는 것과 누군가를 설명하는 데 어떤 단어를 사용해야 할지 걱정하고 있다는 사실이 분명해졌다. 나는 '정치적으로 올바른' 용어를 떠올릴 때 잠시 생각에서 벗어나는 것이 도움이 된다는 것을 알게 되었다. 정체성도 이름만큼 개인적인 것이므로, 모든 사람을 그들이 요청한 이름으로 부르는 것처럼, 식별자도 그들이 사용해달라고 요청한 것을 사용해야 한다. 어떤 대명사 또는 식별자를 사용해야 할지 잘 모르겠다면 상대방의 말을 따르라. 확신이 서지 않을 때, 이름을 부르면 결코 실패하지 않을 것이다.

성적 지향과 성 정체성 관련 용어와 마찬가지로 지적장애와 발달장애를 설명하는 데 사용하는 용어들도 바뀌었다. 2009년에 청소년 리더 두 명이 '특정 표현 사용하지 않기Spread the Word to End the Word' 캠페인을 시작했다. 그들의 웹사이트에 따르면, 이 캠페인은 "특히 강력한 배제 형태인 '지체'라는 단어를 사용하지 않는 데 초점을 맞추고 있다. 10년 동안 리더들과 지지자들은 '지체'라는 표현을 사용하지 않도록 수백만 명의 디지털 서약과 자필 서약을 받았다. 각 서약은 '지체'라는 표현이 상처가 된다는 사실을 인정하고, 지적장애와 발달장애가 있는 사람들을 향한 말과 행동에 주의하겠다는 내용이었다. 스페셜 올림픽 및 국제베스트버디스Best Buddies International와 옹호 단체 수백 곳의 지원으로 2009년 소수의 행사에서 2018년 수천 개의 학교가 참여할 정도로 성장한 이 캠페인은 현재 '포용을 확산하자Spread the Word: Inclusion'로 불리고 있다.[33]

이는 용어의 진화 사례. 약간의 관심과 잠깐의 인터넷 검색을 통해 우리는 선호되는 최신 용어나 적절한 용어를 배울 수 있다. 그러나 현실에서 대부분의 조직은 단일 조직이 아니며, '올바른' 용어가 존재하지 않을 수도 있다. 인종이나 민족은 퍼스트네이션First Nations, 원주민 또는 미국 원주민, 히스패닉, 라틴계 또는 치카노, 흑인 또는 아프리카계 미국인 등 표현 방식이 다양하다(게다가 이것은 완전한 목록에 가깝지도 않다). 확신이 서지 않는다면, 대화 상대방의 단서에 귀를 기울이거나, 적절한 경우 선호도를 물어보라. 사람을 확인하는 용어는 개인 취향의 문제이며 일반화해서는 안 된다.

한 친구는 이렇게 말했다. "내가 '아프리카계 미국인'과 '흑인'을 둘

다 사용하는 것을 듣고 한 동료가 어느 표현을 사용해야 할지 진지하게 물었습니다. 나는 사람마다 다르지만, 나랑 있을 때는 '흑인'이라는 말을 사용해도 괜찮다고 설명했어요. 한 달 정도 후에 사람들이 신이 나서 다른 백인 동료에게 '흑인이라고 해도 돼요!'라고 하더군요. 나는 그 사람에게도 내 앞에서는 '흑인'이라는 표현을 써도 되지만, 사람마다 다르다고 반복해서 말해야 했습니다."

언어의 파급 효과는 회사의 공식 경영 방침에 명백히 드러난다. '출산휴가 또는 육아휴직'과 '부모휴가 또는 유대감 형성을 위한 휴가' 같은 용어의 차이는 중요하다. 이런 언어는 아이를 돌볼 수 있는 다양한 상황을 포함시켜 혜택의 경계를 넓힌다. 이와 같은 모범 사례를 통해 사람을 등한시하는 언어보다 '사람을 우선하는' 언어, 즉 사람을 먼저 생각하는 언어가 확장된다. 예를 들어 '신사 숙녀 여러분' 대신 '팀'같이 보다 많은 사람을 포함하는 단어를 선택할 수 있다.

마크

최근 공항에 가기 위해 우버를 불렀다. 앱에서 자동차 제조사와 모델, 번호판, 운전자의 이름을 확인해주었다. 나는 안전상의 이유로 차에 탈 때 항상 운전자의 이름을 확인한다. 이번 운전자의 이름은 매우 특이했다. 정확하게 발음하기 위해 차가 도착하기 전 여러 번 연습했다. 차에 탄 후 "오고관투아Ogoguantua?"라고 물었다. 그러자 운전자가 "네, 당신이 마크입니까?"라고 물었다. 내가 "예!"라고 대답하자 운전자는 길을 떠났다.

한두 블록 간 뒤에 그는 "제 이름을 다시 한번 불러주실 수 있나요?"라고 물었다. 나는 그의 요청에 따라 그의 이름을 다시 불렀다. 그러자 그가 말했다. "감사합니다. 저는 1년쯤 전에 아프리카에서 이곳으로 이사를 왔는데요. 6개월간 우버 택시를 하면서 제 이름을 실제로 불러준 분은 당신이 처음입니다."

이름은 매우 강력한 것일 수 있다. 아마도 사람들이 제일 듣고 싶어 하는 단어일 것이고, 우리가 시간을 들여 누군가의 이름을 올바르게 발음하면 그들도 이 사회에 속해 있다는 사실을 암묵적으로 전달할 수 있다.

앤

1990년대에 나는 자신의 조직을 항상 "우리 팀의 모든 여성과 남성 여러분"이라고 부르는 리더 밑에서 일했는데, 그는 늘 '신사 숙녀'들과 크고 작은 회의를 열었다. 그는 군인 출신이었고, 나는 예의를 지키며 소임을 다하는 그를 늘 존경했다. 그래서 나는 그를 모방하기 시작했다. 나는 그가 사용하는 단어들이 리더십을 우아한 방식으로 개인화하는 데 도움이 된다고 생각했다.

다시 지금으로 돌아와서, 최근에 나는 Z세대(미국 기준 1995~2019년 출생) 중 25퍼센트가 일생에 적어도 한 번은 성 정체성을 바꿀 것이라고 주장하는 글을 읽었다.[34] 나는 1990년대에 공감했던 언어가 지금은 배타적으로 들린다는 사실을 문득 깨달았다. 지금은 모두에게 내 의지를 확실히 보여주기 위해 의도적으로 적절한 언어를 사용하고 있다. 이제 '신사 숙녀, 그리고 모든 분'이나 '그녀, 그, 또는 그들'이라는 단어를 사용하고 대화나 타운홀 미팅, 또는 연설에서 어떤 집단을 가리키든 '모든 팀원 여러분'이라는 문구를 의식적으로 덧붙인다.

말은 중요하다. 적절하고 포용적인 말은 시간이 흐르면 진화하고 바뀐다. 듣고, 보고, 배우고, 참여하고 또 참여하는 것이 중요하다.

정책과 절차

조직의 정책과 절차는 직원들에게 실제적이고 상이한 영향을 미친다. 다양성 관리 컨설턴트 마크 캐플런과 메이슨 도너번은 출장 경비를 줄이려다 의도치 않은 결과를 초래한 고객의 이야기를 공유했다.

쉬운 대상 중 하나가 공항의 프리미엄 주차였다. 모든 직원이 이코노미 주차를 사용해야 한다는 규정을 시행했다.

하지만 출장 경비는 감소하지 않았는데, 일부 직원의 출장비는 오히려 조금씩 증가하고 어떤 직원들의 출장비는 감소하기 시작했다. 강의 중에 이 주제가 나왔고, 우리는 곧 여직원들이 밤이 아닌 낮에 돌아올 수 있도록 출장일을 하루 늘리고 있다는 사실을 발견했다. 그들은 늦은 시각에 외딴 주차장에 가고 싶어 하지 않았다. 또한 장애가 있는 직원들은 버스와 대형 주차장을 이용하는 것이 육체적으로 매우 힘들다는 사실을 깨닫고, 회사의 발전에 도움이 될 수 있는 출장을 포기했다.

곧 모든 출장 규정이 포용적 렌즈 위에 놓였다. 회사는 규정에 "우리는 이 규정과 관련하여 모든 직원이 안전이나 신체적 한계를 고려한 최선의 결정을 내릴 것이라고 믿습니다"라는 문구를 추가했다.[35] (주의: 포용적인 언어를 사용하려면, '신체적 한계'보다는 '신체적 능력'이라는 용어를 쓸 수 있다.)

비슷한 사례로, 몇 달 전에 나는 뉴욕주 북부에 위치한 어느 병원과 포용적 정책 관련 아이디어를 찾고 있었다. 우리는 매년 요구되는 안전 관련 필수 온라인 교육에 관해 의논했다. 영어 읽기에 능숙하지 않아도 업무를 수행하는 데는 지장이 없지만, 교육은 이수해야 했다. 그래서 일부 직원들은 매년 의무 교육을 완료하지 않았다는 이유로 영어를 읽을 수 있는지 확인을 받았다. 그리고 의무 교육을 이수하기 위해 스크린에 뜬 자료 화면을 보면서 귀가 아플 정도로 크게 재생되는 라이브 세션을 들어야 했는데, 이는 모든 관계자에게 두렵고 어색한 경험이었다.

사내 학습관리 시스템LMS 관리자 중 한 명이 이 교육에 여러 언어로 된 음성 해설 기능을 추가하는 창의적인 방법으로 상황을 해결했다. 그에게 특별히 번거롭지 않은, 그의 역할 범위에 속하는 일이었지만, 병원에서 주목받지 못했던 일부 직원들에게 큰 영향을 미쳤다. 학습관리 시스템팀이 이 기능을 다른 교육에도 적용하면서 직원들이 접근할 수 있는 학습 유형도 확대되었다.

사내 정책과 절차의 포용성을 높이려면 다양한 식별자를 지니고 각기 다른 환경에 처해 있는 팀원들에게 초안을 배포하고 피드백을 요청하라. 그러나 정직한 피드백을 받으려면 사람들이 진실을 말할 때 안전하다고 느낄 수 있게 신뢰의 문화가 강화되어야 한다. 그런 환경이 마련되어 있는가? 과거 정책에 우려가 제기되었을 때 리더는 그 피드백을 경청하고 신중히 평가한 다음 조치를 취했는가?

대표성

대표성은 중요하다. 퓰리처상 수상 작가 주노 디아스는 "인간을 괴물로 만들고 싶다면 문화적 차원에서 어떤 방식으로도 그들을 반영하지 말라"라고 했다.[36]

나는 가끔 "우리의 문화는 매우 포용적이지만 동질적입니다. 다양성은 보이지 않지만, 모든 관행이 포용적이며 일하기 좋은 직장입니다"라고 주장하는 조직을 만난다. 나는 여기에 반박하고자 한다. 다양하지 않은 조직이 진정 포용적일 수 있을까? 소속감은 인간 웰빙의 핵심이다. 사람들은 자신이 '유일한' 범주에 속하고, 조직이나 고객, 경영진 중에서 자신과 비슷한 사람을 볼 수 없는 조직에 있을 때 자신의 가능성을 정의하는 데 영향을 받는다.

이런 영향에 관한 이야기와 사례가 많다. 자신과 비슷한 사람을 위해 일하다 보면 자신의 가능성을 보고 믿게 된다. 대표성은 조직이 최소한 의미 있는 방식으로 조직과 고객 전체에 반영된 자신을 볼 수 있는 연결의 인프라를 유지하고 있음을 보여준다. 여기에는 마케팅이나 광고, 접촉하는 사람에게서 반영된 자신을 보는 고객이 포함된다. 공공 부문에서는 선출직 공무원이나 기타 공무원이 내린 정책과 결정에서 반영된 자신을 보는 유권자도 포함된다. 조직에 있는 사람들뿐만 아니라 조직 내 결정권자들도 포함된다.

한 동료가 의류를 판매하는 대기업의 본사에서 무의식적 편견 강의를 하고 있었다. 그녀는 강의를 준비하다가 회사의 웹사이트에 들어 갔고, 무지개 깃발과 회사 로고와 무지개가 박힌 상품들을 보게 되었 다. 그녀는 인근 지점에 전화를 걸어 해당 상품의 재고가 있는지 물었 다. 점원은 단호하게 해당 상품은 판매하지 않으며, 존재하는지도 몰 랐다고 답했다! 이런 상황이 바로 조직 차원에서 진정성이 문제가 되 는 경우다. 회사들 대부분이 다양성을 홍보하는 캠페인을 하고, 다양 한 사람들이 완벽한 균형을 이루는 이미지가 포함된 아름다운 웹사이 트를 가지고 있지만, 이런 대표성이 조직 전체에 반영되어 있을까? 실 제로도 그럴까? 그렇지 않다면 리더로서 의도적으로 영향을 미치거 나 변화를 일으키기 위해 무엇을 할 수 있을지 고민하라.

앤

"당신은 당신이 볼 수 없는 것이 될 수 없다"라는 말을 들어봤을 것이다. 당신은 이 말을 믿는가? 우리 주위의 역할, 직책, 조직에 서 우리와 같은 사람들을 많이 볼수록 소속감이 커지는 것은 당 연한 일이다. 왜 그럴까? 공통점으로 인해 그들과 '연결'되어 있 다고 느끼기 때문이다. 이것은 단순히 성별이나 민족, 세대에 관 한 것이 아니다. 생각해보라. 같은 학교 출신인 사람과는 자연스 럽게 친밀감이 생기지 않는가? 대학에서 같은 전공을 한 사람과 유대감을 느끼지 않는가? 같은 동네 사람이라면? 무슨 말인지 알겠는가? 우리는 인간으로서 연결을 갈망한다. 우리는 친숙함 을 추구하고, 타인과 함께하는 관계 및 성장을 위한 기반을 찾도 록 만들어졌다. 유사성이 있으면 무의식적으로 더 연결되어 있다고 느낀다.

최근에 내 리더십 강의에서 〈뉴욕타임스〉 베스트셀러 작가를 소개할 기회가 있었다. 그녀가 기조연설을 하기 전에 우리는 대기실에서 담소를 나누며 우리가 뉴저지 출신의 중국계 미국인이며, 아이비리그 졸업생이고, 두 딸의 어머니이자 비아시아인과 결혼한 아시아인이라는 사실을 알게 되었다. 의사인 형제자매도 있었다. 완전히 낯선 사람으로 대화를 시작했지만, 우리는 분명히 연결되었고 이는 대화에 긍정적인 영향을 미쳤다.

강의를 마치자 수많은 유색인종 여성이 무대에 함께 있는 우리를 보고 큰 힘을 얻었다고 했다. 전체 청중의 피드백도 긍정적이었지만 이 여성들이 특히 영감을 받은 것이다. 대표성은 중요하다. 연결이 전부다.

05

소속감에 집중하기

개인을 위한 성찰

우리는 출발점을 인식함으로써 소속감을 향해 더 나아갈 수 있다. 직장에서 자신이 진정성 있게 행동할 수 있는지, 소속감을 느낄 수 있는지 생각해보고 다음의 질문에 '예' 또는 '아니오'로 답하라.

	예	아니오

1. 월요일 아침, 동료들이 주말에 관해 이야기하고 있다. 내 주말에 관해 공유하는 데 전혀 불편함이 없다.

2. 내 아이디어를 공유하려 할 때, 내 아이디어가 진지하게 받아들여지리라고 확신한다.

3. 직장에서 누군가의 의견에 동의하지 않을 때 내 의견을 편안하게 말할 수 있다.

4. 출근이 기대된다.

5. 내가 신뢰하는 사람들과 일하고 있다.

6. 이 조직에서 내 미래를 떠올리면, 내 목표가 보인다.

7. 만약 내 동료들과 친구들이 만나면, 잘 어울릴 것이다.

8. 이 조직은 사람들을 공평하게 대한다.

9. 소셜미디어를 통해 동료들과 연결되어 있다.

10. 회사 책상에 가족이나 친구들의 사진이 있다.

'아니오'라고 대답한 질문에 주목하라. 당신의 주변 환경에 해당하지 않아 '아니오'라는 대답이 나왔을 수 있다. 예를 들어 재택근무를 한다면 책상 위에 사진을 올려두는 것은 상관이 없는 질문이다. 소셜미디어 계정이 없다면 동료들과 디지털로 연결되어 있지 않을 것이다. '아니오'라고 답한 각각의 질문을 보면 약간의 마찰이 있을 것이다. 이는 당신이 진정성 있게 행동하고 소속감을 느끼는 것을 막는 긴장 지점이다. 그 마찰 또는 긴장이 무엇인지 생각해보라.

이 책의 나머지 부분을 읽으면서, 특히 11장 '대처하는 용기'를 읽으면서, 각각의 '아니오'를 '예'로 바꾸는 데 사용할 수 있는 기술과 도구를 생각해보라. 소속감은 궁극적으로 고성과의 중요한 구성 요소다. 소속감이 손상되었다면 변화를 일으킬 수 있는 작업 공간을 찾거나 강화해야 한다.

리더를 위한 응용문제

팀원에게 소속감을 느끼는지 직접 물어보면 솔직한 피드백을 받지 못할 수도 있다. 팀원을 도우면서 이 장에서 다룬 소속감의 징후에 집중하라.

1. 다음 팀 회의를 준비하면서 소속감의 요소가 포함되었거나 배제된 언어, 사내 정책과 절차, 대표성의 사례를 찾아라.

- 언어

- 정책과 절차

- 대표성

---

2. 회의에서 각 개념의 의미를 설명하고 해당 요소가 팀이나 조직에서 어떻게 나타나는지 구체적인 예를 공유하라. 팀원들과 다음을 논의하라. 회의 준비를 위해 아래에 답변을 작성하라.

- 이 요소와 관련하여 우리 팀은 얼마나 포용적인가?
- 우리가 잘하고 있는 것은 무엇인가?
- 우리가 개선할 수 있는 부분은 어디인가?

_____

_____

_____

_____

_____

3. 회의를 마무리할 때 5장의 '개인을 위한 성찰'에서 당신이 작성한 소속감 평가의 결과를 공유하라. 팀원들에게도 소속감을 평가할 기회를 주고 다음 일대일 면담에서 결과를 논의하자고 제안하라.

_____

_____

_____

_____

_____

호기심과 공감 활용하기

연구에 따르면, 공감은 본능이면서 코칭과 연습을 통해 개발할 수 있는 학습된 기술이다. 실제로 연구 결과는 사람들이 배경에 따라 다양한 수준의 공감을 경험하며, 모든 연령대에서 공감이 학습되고 향상될 수 있음을 보여준다.

_로라 벨스텐(《사회+감성 지능 프로필®》의 저자)

∨

최근 공개 채용을 위해 두 명의 후보자를 인터뷰했다. 첫 번째 후보자를 만나기 위해 로비로 걸어 내려갔을 때 그녀는 구석에 몸을 숨기고 조용히 전화를 받고 있었다. 통화 내용을 우연히 들은 나는 미소를 지었는데, 4학년인 내 아이와 나눈 대화와 매우 유사한, 수학 숙제에 관한 대화였다. 나는 그녀에게 다가가 눈을 마주치고는 환하게 웃었다. 그녀는 황급히 전화를 끊고 휴대전화를 집어 넣으면서 내게 사과했다. 나는 그녀를 안심시켰다. "저도 그랬어요. 모두가 겪는 일 아닌가요?"

우리는 엘리베이터를 타고 바쁜 워킹맘의 삶에 관해 이야기했다. 서로 멀지 않은 곳에서 자랐다는 사실도 알게 되었다. 면접이 시작되자 그녀는 첫 번째 질문에 대한 답변을 하면서 말을 더듬었고, 나는 그녀에게 다시 대답할 기회를 주었다. 나는 "면접이라 긴장하실 수 있어요"라면서 경력이 훌륭하니 걱정할 필요 없다고 그녀를 안심시켰다. 나는 면접 내내 그녀를 격려했다. 그녀는 회복되었고 나머지 면접을 잘 치렀다. 면접을 마칠 때 나는 그녀와 교감한 것에 기분이 좋았고, 그녀가 우리 팀에 적합할 것이라고 생각했다. 그녀와의 대화는 정말로 즐거웠다. 나는 그녀가 마음에 들었다.

한 시간 후, 나는 다음 후보를 만나러 로비로 내려갔다. 그 면접은 그날의 마지막 일과였고, 지친 상태였던 나는 새로운 자리를 채우고 싶은 마음이 간절했다. 링크드인에서 찾아본 후보자였고, 그의 엘리트 인맥도 본 상태였다. 그와 악수를 하는데 화려한 시계가 눈에 띄었다. '이 정도 지위에 있는 사람치고는 시계가 너무 화려하네. 평생 크게 노력을 할 필요도 없었겠어'라는 생각이 들었다. 우리는 말없이 엘리베이터를 타고 서로에게 예의 바른 미소를 지어 보였다. 두 번째 후보자와는 긴밀한 연결 고리가 느껴지지 않았다.

인터뷰가 시작되자 나는 똑같은 질문을 던졌다. 첫 번째 후보자처럼 그도 대답을 약간 더듬었다. '이 사람은 준비가 돼 있지 않아. 더 나은 대답을 했어야지. 오늘이 면접일인 것도 알고 있고, 꽤 기본적인 질문인데?'라는 생각이 들었다. 질문들을 검토하면서 그의 답변을 이전 후보자의 답변과 비교해보았다. 오전 면접이 75분이었던 데 비해 이번 면접은 30분밖에 걸리지 않았다. 면접을 마칠 때 기분이 좋지 않았다. 그는 우리 팀에 적합하지 않았다.

어느 후보자가 해당 직책에 더 적합했는가? 이 이야기만 들어서는 알 수 없다. 나는 후보자의 자격 사항이나 능력, 경험에 대해 거의 언급하지 않았다. 각 후보에게 어떤 감정을 느꼈는지, 그들이 팀에 '적합'할지에 대해서는 많이 이야기했다.

'적합fit'은 편견과 관련된 저속한 단어와 같다. 리더들은 "업무를 어떻게 수행하는지는 가르칠 수 있지만, 우리 문화에서 일하는 방법을 가르칠 수는 없다"라고 말한다. 적합한 후보자를 선정한다는 아이디어 자체를 폄하하는 것은 아니지만, '적합'은 범주가 크고 넓은 단어이므로, 주의하지 않으면 **능력**보다는 **호감도**를 중시하게 만드는 경우가 많다.

스탠퍼드대학교와 예일대학교의 연구원들은 바로 이 지점에 관한 연구의 일환으로, 사람들에게 중요한 프로젝트를 함께할 가상 후보를 선별한 다음 순위를 매겨달라고 요청했다. 사람들은 능력과 호감도에 따라 후보를 분류했다.[37]

사람들은 호감 가는 사람보다 유능한 사람을 선택하겠다고 했다. 그러나 실제로는 이와 달랐다. 그들이 첫 번째로 선택한 집단은 예상대로 매우 유능하고 매우 호감 가는 이들이었다. 그러나 두 번째는 호감은 가지만 무능한 집단이었다! 사람들은 능력이 있든 없든 호감 가지 않는 사람과 하기보다는 혼자서 프로젝트를 할 확률이 높았다.

내가 경험한 바와 같이, 가장 큰 문제는 호감도가 사실이 아니라 누군가에 대한 감정에 의해 결정된다는 것인데, 이 감정은 종종 유사성에 기반한다(친밀성 편향).

호기심과 공감의 기술

누군가를 만나거나 새로운 상황에 직면할 때 우리의 뇌는 주로 본 능적인 반응에 따라 분류 작업을 한다. 이런 분류는 대체로 피상적이 고 직관적이지만, 이로 인해 엄청난 파급 효과가 발생할 수 있다.

공감과 호기심의 기술은 우리가 가정을 확인하고 사고를 탐구하는 데 유용할 수 있다. 또한 우리에게 있을지 모르는 무의식적 편견을 노 출시키기도 하는데, 연결 지점들이 호감도를 높이고 우리 모두를 고 성과 영역으로 이동시키는 비옥한 기반이 되기 때문이다.

공감은 다른 사람의 입장이 되어보는 대인관계적 접근이다. **호기심** 은 연결을 강화하기 위한 지적 접근 방식으로 통찰력 있는 질문을 하 는 것, 응답을 경청하는 것, 응답 내용과 공통점을 바탕으로 대화를 강화하는 것도 여기에 포함된다.

마크

깊은 공감만 중시하면 상대방에게만 집중하게 된다. 깊은 호기 심만 중시하면 나 자신에게만 집중하게 된다. 연결은 공감과 호 기심이 균형을 이룰 때 생긴다.

나는 면접에서 첫 번째 후보자에게 공감했다. 그녀에게서 내 삶의 일부를 보았고, 그 연결로 인해 자연스럽게 호기심이 생겨 그녀에게 질문했으며, 눈을 마주치고, 그녀의 대답을 열심히 들었다. 두 번째 후 보자에게는 공감하지 못했고 결과적으로 호기심이 생기지 않았다. 공감했다면 연결 지점을 찾았을 것이다. 우리 둘 다 장애물경주를 즐기거나, 비슷한 또래의 아이가 있거나, 심야 텔레비전 프로그램을 좋아했을지도 모른다. 업무적으로 협업에 대해 유사한 관점을 가지고 있거나 서로의 약점을 보완해주었을 수도 있다. 나는 전략적이고 그는 관계지향적이라서 함께 고객의 조직 목표를 달성하면서도 고객에게 세심한 관심을 기울였을지도 모른다. 내가 호기심을 가지지 않았기 때문에 결코 알 수 없는 일이다.

앤

사회 경력 초기에 배운 한 가지는 나에게 좌절감을 주는 것들을 연구해야 한다는 것이다. 이상하게 들리는가? 생각해보자. 좌절을 느끼는 상황에서 좌절감을 주는 주체는 사람인 경우가 많다. 잠시 그 이유를 생각해보자. 좌절을 느끼던 시기에 내 무의식적인 편견을 일부 표면화할 수 있었고, 그 편견을 의도적으로 극복해 더 나은 결과를 만들었다.

여기 사례가 하나 있다. 나는 여러 직책을 거쳤는데, 나에게 직접 보고를 한 어느 팀은 한 명을 제외하고는 거의 같은 나이대의 팀원들로 구성되어 있었다. 한 명은 나보다 거의 20년 선배였다. 팀은 주로 이메일이나 문자로 의사소통을 했다. 그러나 이 사람은 전화를 했다. 그는 문제를 대화로 풀어나가고 싶어 했다. 처음에는 귀찮고 효율적이지 않은 것처럼 느껴졌다. 하지만 오래 지나지 않아 여기에서 배울 점이 있다는 사실을 깨달았다. 나는 다수가 소통하는 방식이 최고의 방법이라는 편견을 극복해야 했다. 오히려 시간을 내 대화를 하면서 결속력이 강화되었고, 내가 그의 소통 방식에 적응하면서 관계가 탄탄해졌으며, 덕분에 우리 팀은 놀라운 발전을 이루어냈다. 그 시점부터 나는 그의 접근 방식을 내 업무에 적용했고, 그렇게 하는 것이 더 나은 리더가 되는 데 도움이 된다는 사실을 깨달았다.

공감과 호기심을 위한 전략

타인의 입장에서 생각하라

큰 그림을 모른 채 다른 사람을 비판하는 것은 매우 쉬운 일이다. 예를 들어, 프랭클린코비사의 리더 소냐의 팀에는 수년 동안 출근 시간을 잘 지키다가 갑자기 지각을 하는 직원이 있었다. 소냐는 직원을 질책하려다가 무슨 일인지 더 알아보기로 했다. 일대일 면담을 한 소냐는 그 직원의 배우자가 최근 당뇨병 진단을 받고 매일 아침 인슐린 주사를 맞게 되면서 정시 출근과 아내를 돕는 것 사이에서 선택을 하고 있다는 사실을 알게 되었다. 소냐와 팀원들은 어떻게 그의 근무시간을 유연하게 조정할지 논의했다. 시간을 좀 더 할애해 상황의 전말을 들은 소냐는 성과 문제를 잘 해결하고 직원의 복지도 향상시켰다.

내 전 동료는 관점이 현저히 부족하고 타인의 입장에서 세상을 보지 못하는 리더의 사례를 공유해주었다.

50대 후반이었을 때 저는 직장에서 새로운 부서에 합류하라는 권유를 받았습니다. 제가 팀에서 원하는 기술과 재능을 가지고 있다니 엄청난 칭찬인 것처럼 느껴졌죠. 새 상사는 좋은 사람이었지만, 초반부터 "그런데 얼마나 더 오래 일하실 거냐?"고 물었습니다. 얼마간 이런 질문이 계속되었는데, 다른 사람들 앞에서 묻기도 했어요. 결국 사적인 대화에서 그 질문이 다시 나왔을 때, "제가 그만두기를 **원하시는** 겁니까? 그 질문을 계속하시네요"라고 대답했죠. 그 뒤로 한동안, 적어도 매출이 갑자기 감소하고 사업이 크게 둔화되기 전에는 묻지 않았습니다. 하지만 그런 때가 오자 저에게 언제까지 일을 계속할 생각인지 다시 묻더군요. 저는 그가 그러는 이유가 급여와 인력 감축 업무를 맡았기 때문이라고 생각했습니다. 인력 감축 때문일 수도, 아닐 수도 있었지만 불편하고 불안했습니다. 걱정이 되었고 제 능력에 의구심이 생기기 시작했죠. 내가 능력이 없다고 생각하는 걸까? 회사에서 일할 수 있는 시간이 많이 남지 않았으니 쉽게 해고할 만한 대상인가? 나이 어리고 급여는 낮은 사람을 고용할까? 그러면 내 신용에 문제가 생길까? 그는 내가 이미 한물간 '퇴물'이라고 생각하는 걸까? 그는 어째서 질문을 받는 사람의 기분을 **이해하지 못할까?** 만약 **그의** 상사가 그에게 같은 질문을 했다면 어땠을까?

다른 사람의 사정을 알아보라

현재 개인적으로나 업무적으로 어려움을 겪는 사람이 있는가? 그리고 당신은 자초지종을 알고 있는가? 어떻게 그 사람과 소통하고 상황에 대한 그의 관점을 알아볼 수 있을지 생각해보라. 놀라운 사실을 알게 될지도 모른다.

끊임없이 모험하라

소비하는 미디어의 형식부터 대화의 종류에 이르기까지 다양한 방법으로 안전지대에서 벗어날 수 있는데, 이렇게 안전지대에서 벗어나면 우리는 더 성장하고 배울 수 있다. 모험을 시도하면서 스스로 던져야 할 근본적인 질문은 "이것이 내 패러다임에 이의를 제기하는가?"다. 올사이드닷컴AllSides.com은 "사람들이 세상과 서로를 더 잘 이해할 수 있도록 모든 정치적 스펙트럼의 정보와 아이디어를 노출하기 위해" 노력한다. 이 웹사이트를 방문하면 진보, 중도, 보수의 관점에서 쓰인 주요 기사들을 매일 볼 수 있는데, 표제는 동일하지만 기사의 관점과 사용된 말이 다르다.

나는 미디어를 많이 소비한다. 텔레비전과 영화, 책, 팟캐스트에 나오는 깊이 있고 폭넓은 이야기들이 세상과 사람들의 경험에 대한 나의 사고방식에 끊임없이 의문을 던진다. 사용 가능한 많은 자료를 통해 더 많이 배우기 위해 호기심을 가져라. 여기에는 넷플릭스와 훌루가 제공하는 선별된 목록을 넘어 출신 국가나 배경이 다른 작가의 책을 읽는 것, 다른 공동체의 삶이 어떤지 엿볼 수 있는 팟캐스트를 찾아보는 것도 포함된다. 탐색할 수 있는 삶의 다른 영역은 이웃과 대화하는 것부터 지역의 시민 단체나 친목 단체에 가입하는 것까지 다양하다. 탐구를 촉진하는 새로운 대화를 어디에서 할 수 있을지 생각하라.

마크

1980년대 초에 나는 아르헨티나 부에노스아이레스에 있는 보스턴은행Bank of Boston에서 일하면서 아르헨티나 전역에 있는 ATM의 타당성을 조사했다. 나는 곧 아르헨티나와 그곳 사람들과 사랑에 빠졌다.

당시는 연간 1,000퍼센트에 달하는 초인플레이션으로 아르헨티나 사회가 불안하던 시기였다. 페소로 받은 급여가 은행 계좌에 입금될 즈음에는 가치가 거의 절반으로 떨어졌다. 빵 한 덩어리가 1만 페소 이상이었다. 결국 정부는 기존 통화를 없애고 '아우스트랄'이라는 새 통화로 완전히 전환하는 극단적인 조치로 상황을 타개하려 했다.

레오폴도 갈티에리 대통령은 통화를 바꾸기 전에 정국을 안정시키려는 시도로 마지막 카드 중 하나를 썼는데, 한 세기 동안 영국과 주권 분쟁을 겪은 파타고니아 연안의 포클랜드제도를 침공하는 것이었다. 전쟁은 74일간 지속되었고, 아르헨티나는 600명 이상의 사상자를 내고 항복했다.

아르헨티나에 살면서 개인과 국가 차원에서 편견의 영향을 엿볼 수 있는 흥미로운 시기였다. 미국은 전쟁에서 마거릿 대처와 영국의 편을 들었다. 나는 미국인들이 존경받지 못하던 시대에 그곳에 살고 있는 미국인이었다. 나는 그들의 입장이 되어 그들의 이야기를 이해하고 공감과 호기심의 기술을 사용해 계속 탐구하려고 노력했다. 현지 복장부터 하루를 구성하는 관습에 이르기까지 문화를 수용하는 데 시간과 에너지를 투자했다. 물론 내 외모는 명백한 미국인이었다. 그 결과 지역 주민들의 반발에 시달리기도 했다.

그들의 관점에서 나는 잘못된 편에 있었다. 사람들이 나에게 얼마나 많이 고함을 지르고, 물건을 던지고, 침을 뱉고, 대중교통을 이용하지 못하게 했는지 셀 수 없다. 미국 학교들과 미국인 소유의 주택이 폭격을 당하기도 했다. 이웃의 집도 표적이 되었지만, 다행히 다친 사람은 없었다. 살면서 처음으로 편견의 대상이 되었는데, 공개적이고 의식적인 편견이었다.

나는 현재 나의 위치와 나를 표현하는 방법, 내가 말하는 내용을 끊임없이 경계하는 데 많은 에너지가 필요하다는 사실을 알게 되었다. 감정적 부담은 상당했다. 편견의 대상일 때는 타인뿐 아니라 자기 자신을 신뢰하기도 어렵고, 자기 자신을 보호하는 데 너무 많은 에너지가 사용되어 잠재력을 최대한으로 발휘하기도 힘들다.

그 이후로 편견은 위협적이지 않아도 불안감과 부적절함이라는 감정을 끌어낼 수 있음을 배웠다. 이 경험은 내 인생에 큰 변화를 가져왔으며, 깊은 공감과 호기심을 일깨웠다. 이 경험 이후 나는 종종 나 자신에게 "이 환경에서 자신이 잘못된 편에 있거나 소속이 없는 외부인이라고 느끼는 사람은 누구일까? 나는 어떻게 그들이 소속감을 느끼도록 지원하고 그 격차를 줄일 수 있을까?"라고 자문하게 되었다.

호기심과 공감 활용하기

개인을 위한 성찰

호기심

1. 당신이 잘 알지 못하는 동료, 이해관계자 또는 고객을 찾아라. 당신은 전문적이고 친절하지만, 무엇이 그들의 동기부여와 의사결정에 영향을 미치는지 이해하지 못한다. 당신이 그들에 대해 아는 것을 적어보라. 그들과 함께 일하는 것을 생각할 때 무엇이 떠오르는가? 그들은 얼마나 협력적이고, 업무 방식은 어떠하며, 잘하는 것은 무엇이고, 즐기는 것은 무엇이며, 무엇 때문에 어려움을 겪는가?

_____

_____

_____

_____

공감

2. 다음번에 회의나 통화를 하면 대화의 첫 15분을 상대방을 알아가
는 데 할애하라. 시작부터 강도 높은 질문을 던지지 말고 서서히
강도를 높여가라. 안전하게 시작한 다음 깊이 파고들어라.

_____

_____

_____

_____

3. 공감을 표현하고 있는지 확인하라. 자신을 상대방과 동등한 위치
에 놓고 대화에 온전히 집중하고(전화나 이메일 금지!) 판단을 유보
하라. 상대방이 공유한 말과 감정을 바탕으로 통찰력 있는 질문을
하고, 그것을 당신의 생각과 감정에 연결함으로써 호기심을 나타
내라.

_____

_____

_____

_____

4. 상대방이 당신에게 질문을 하면, 마음을 열고 정직하게 답하라. 심문하는 듯한 대화가 아니라 상호 이익이 되는 대화를 하라.

다른 사람의 사정을 알아보라

공감과 호기심을 활용하는 것은 연결을 강화하기 위한 하나의 과정임을 기억하라. 호기심과 공감을 키우는 과정을 지속하는 데는 한 번이상의 대화가 필요하며, 성찰과 관심이 요구된다.

5. 대화가 끝나면 다음을 작성하라.
   - 이 대화에서 드러난 긍정적인 측면과 부정적인 측면의 편견과 가정, 선호도는 무엇인가?

   _____

   _____

   _____

   - 위의 목록 중 무엇을 잘했고 무엇을 잘못했는가?

   _____

   _____

   _____

호기심과 공감 활용하기

리더를 위한 응용문제

한 기술 기업은 모든 회의를 1분 동안 소통하는 것으로 시작했다. 그 기업의 직원 참여 설문조사에 따르면, 직원들은 특히 경영진 수준에서 조직이 의사소통에 어려움을 겪고 있다고 느꼈다. 리더는 일대일 회의든 1,000명 규모의 타운홀 미팅이든 모든 회의를 소통과 그 가치가 그들에게 중요한 이유에 대해 이야기하는 것으로 시작했다. 그 가치가 최근 자신들의 상호작용에 어떤 영향을 미쳤는지도 공유했다.

리더로서 어떻게 연결을 강화할지 고려하라.

1. 모든 회의의 처음 몇 분을 연결에 할애하라. 공감과 호기심, 대화를 유도하는 짧은 질문을 던져라.

2. 새로운 달이나 분기가 시작될 때 팀원들에게 가장 자랑스러운 것과 그 이유를 공유해달라고 요청하라. 다음 분기 목표가 무엇인지 브레인스토밍하자고 요청하라. 팀원들의 목표가 비슷한 경우, 점수판을 만들어 해당 목표를 추적하고 서로 지원하고 승리를 자축하라.

3. 무언가를 배운 개인적인 일화를 공유하고 팀원들도 유사한 경험이 있는지 공유해달라고 요청하라.

4. 개인적으로 의미 있었던 이전의 고객 또는 이해관계자와의 최근 상호작용을 공유하고 팀원들에게도 같은 사례를 공유해달라고 요청하라.

07

인맥의 힘 활용하기

우리는 누구에게도 그들의 성공에 대해 사과하라고 요구하지 않는다. 다만 '다른 사람들을 위해 창문을 열고 문을 열어달라'라고 말하고 있는 것이다.

_캐스린 피니(지니어스길드 CEO)

2019년에 작가이자 프로듀서, 배우인 아이사 레이는 우먼인필름 애뉴얼갈라Women in Film Annual Gala에서 '떠오르는 기업인상'을 받았다. 그녀는 수락 연설에서 풍자적으로 말했다. "저는 제 뒤에 있는 모든 문을 닫을 것입니다. 들어오지 못하셨다면, 어이쿠, 여러분 탓입니다. 스스로 해결하세요. '기업가Entrepreneur'라는 단어는 나 혼자 해냈다는 뜻입니다."**38**

농담이었지만, 성공한 많은 사람이 공통적으로 가지고 있는 무언의 (또는 말한!) 신념을 표현한 것이었다. 우리는 "아무도 나에게 도움을 주지 않았다" "나는 열심히 일해서 여기까지 왔다" 같은 말을 종종 듣는다. 그러나 이것은 오류다. 어느 시점에 누군가는 우리에게 기회를 주었고, 고용해주었으며, 우리의 아이디어를 들어주었다. 동료는 피드백을 주었고, 특별한 어떤 선생님은 격려까지 해주셨다.

3학년 때 선생님은 부모님에게 내 글쓰기 솜씨가 동급생 수준보다 훨씬 뛰어나며 언젠가는 내가 작가가 될 거라고 말했다. 그녀는 내 재능으로 놀라운 일을 할 수 있다는 자신감을 심어주었다. 나는 여전히 그 영예를 누리며 살고 있는 게 분명하다!

이처럼 우리의 삶과 경력은 적어도 우리에게 영향을 미쳤거나 크게는 우리를 다른 길로 접어들게 한 말이나 행동으로 가득 차 있다. 이것이 바로 인맥의 힘이자 연결의 힘이다.

인맥의 힘은 그 인맥에 반영된 자신을 볼 수 있느냐에 달려 있다. 포천 500대 기업의 최고경영진 중에서 유색인종 여성의 비율은 3퍼센트에 불과한데, 연구에 따르면 경영진에 자신과 비슷한 사람이 없는 경우 사람들은 그 자리까지 올라가는 것이 불가능하다고 느낀다.

특정 상황에서 무엇을 해야 하는지 아는 것도 인맥의 힘 덕분이다. 가족 중에 전문직이 없어 혜택을 받지 못하고 젊은 시절 인턴 경험이 없으며 암묵적인 업무 규칙을 잘 모르는 1세대 전문가는 회사의 사회경제적 맥락과 문화에서 승진과 보상이 적은 편이다.

급여 협상 능력과 승진을 위한 노력, 영향력을 확대하고 비공식적 권위를 강화하는 것은 직관적인 기술이 아니다. 인맥을 통해 배워야 하는 기술이다. 예를 들어, 프랭클린코비사에서 처음 출장을 갔을 때 나는 숙박비와 기타 비용을 자비로 지불하고 나중에 환급을 받아야 한다는 사실을 알지 못했다. 회사에서 아직 월급을 받지 못했던 데다 수중에 돈도 없었다. 황급히 회사에 전화하자 다행히 사무실에 있던 매니저가 호텔에 전화해서 회사 법인카드로 상황을 해결해주었다.

나에게 자신의 인맥을 소개해준 사람들에게 나는 많은 도움을 받았다. 나는 줄리엔이 내 고객이었을 때 그녀를 처음 만났다. 서류상으로 우리는 공통점이 많지 않았다. 줄리엔은 미국에서 나고 자란 50대 여성으로, 사기업에서 일하고 있었다. 나는 1세대 미국인으로 공공부문에서 일하는 젊은 아프로라티나Afro-Latina(아프리카계 라틴아메리카인—옮긴이)였다. 우리는 상이한 연령대, 인종, 배경, 사회경제적 집단에 속해 있었다. 그런데 내가 프랭클린코비사에 컨설팅을 의뢰했을 때 그녀가 말했다. "패멀라, 언제든 일이 필요하면 알려주세요. 우리가 찾고 있는 호전성을 가지고 계시네요."

마침내 때가 왔을 때 줄리엔은 내가 프랭클린코비사에 합류하는 데 도움을 주었고, 나는 그곳에서 거의 10년 동안 일하며 책임을 다했고 많은 성과를 냈다. 줄리엔의 행동은 리더들이 자신과 같은 인종을 제자로 선택한다고 말하는 모든 데이터에 반하는 것이었다. 나는 그녀와 많은 부분에서 달랐지만, 그녀는 나에게서 무언가를 보았다. 줄리엔과 관계를 강화하지 않고 기존의 인맥을 활용하지 않았다면 내 경력의 궤적은 완전히 달라졌을 것이다. 관계가 발전하면서 우리에게 겉으로 보이는 것보다 많은 공통점이 있다는 사실이 분명해졌는데, 둘 다 판매업에 종사하는 전문직 여성으로 가족과 깊은 유대 관계를 유지하는 어머니였고, 서로에게 경쟁자였으며, 이제는 친구가 되었다.

일과 삶에서 인맥이 있으면 유리하다. 인맥은 편견의 영향을 억제하는 강력한 도구다. 인맥은 우리가 편견의 대상일 때 그에 대처하고, 소속감을 찾고, 문화적 역량을 강화해, 본능이나 느낌이 아닌 사실에 기반한 결정을 내리는 데 도움이 된다.

의도적으로 자기 관점에서 벗어나 시야를 넓힐 기회를 찾을 때 인맥은 힘을 발휘한다. 자신의 인맥을 목적에 따라 멘토십, 코칭, 후원, 신뢰할 수 있는 친구로 명확히 구분해 그 힘을 평가해보자. 각 인맥은 목적이 다르며, 각각의 범주에 따라 호기심과 공감을 다르게 활용해야 한다.

멘토십

멘토십은 기술 습득에 중점을 둔다. 멘토는 일반적으로 자기 업무 분야의 노련한 전문가나 다른 사업 분야의 전문가, 또는 소셜미디어나 프로젝트 관리 등 개발하고 싶은 특정 기술을 가진 사람 등 배울 점이 있는 사람이다.

코칭

코칭은 작전을 세우는 것이다. 경력에 대한 전략을 세우고 리더로서의 존재감 개발, 영향력 확대, 자신만의 브랜드 강화 등 무형의 기술을 배우는 것이다. 멘토십이 멘토가 멘티에게 구체적인 지식을 전수하는 것이라면, 코칭은 기술 습득보다 목표 설정과 피드백에 중점을 둔다.

후원

후원은 받을 때 당사자가 참석하는 경우가 드물다는 점에서 멘토링이나 코칭과 다르다. 후원은 당신보다 공식적인 권위와 영향력이 큰 사람에게서 나온다. 후원을 받는다는 것은 추천을 받는다는 의미다. 미국 국무부에서 일하는 남편은 거물들이 모두 모인다는 17층을 종종 언급한다. 17층에서 리더들은 기회, 과제, 주목할 만한 프로젝트를 논의한다. 후원은 그런 자리에서 당신의 이름을 언급하는 것, 경영진이 당신의 평판을 자신의 평판과 연결하는 것이다. 후원은 지지 선언이다.

신뢰할 수 있는 친구

간단히 말하면, 멘토십은 기술 습득에 관한 것이고, 코칭은 전략에 관한 것이며, 후원은 평판에 관한 것이다. 친구를 목록에 포함한 이유는 친구가 포용성, 형평성, 편견과 관련이 있고, 발전을 위해서는 안전한 공간이 필요하기 때문이다. 신뢰할 수 있는 친구는 당신이 무조건 믿고, 당신이 편견의 대상이 되었을 때의 생각이나 당신의 편견에 대해 공유할 수 있는 사람이다.

신뢰할 수 있는 친구는 동료일 때도 있고 친구일 때도 있다. 이상적으로는 한 사람이 아니라 여러 사람이다. 예를 들어, 나는 수년 동안 대학을 졸업한 유색인종 전문직 여성으로 구성된 북 클럽에서 활동했는데, 대부분 반려자와 자녀가 있었다. 우리의 독특한 위치(대부분 백인 남성이 대다수인 조직에서 일하며 배우자, 자녀, 야망, 수면 사이에서 고군분투하는 사람들이었다)에 대해 털어놓을 수 있는 기회는 당시 내 인생과 경력에서 매우 소중했다. 프랭클린코비사에도 동료 동성 친구 몇 명이 있는데, 우리는 조직에서 여성으로서의 우리 역할과 사내 문화의 고유한 차이를 함께 논의한다.

효과적이고 협조적인 직장에도 발전을 위해 다뤄야 하는 무언의 규범과 기대가 있기 마련인데, 덕분에 나는 잠재력이 높은 리더를 위한 여러 체계적인 프로그램과 영업 관련 프로그램에 참여하는 특권을 누렸다. 나는 내 역할의 세부적인 부분을 논의할 수 있는 이런 프로그램에서도 소규모의 신뢰 관계를 강화했다.

마크

멘토십은 조직문화가 할 수 없는 일을 할 수 있다. 나는 아주 작고 전통적인 조직에서 경력을 쌓기 시작했는데, 그곳에서 동성애자라는 사실이 불리하게 작용할 수 있다는 느낌을 강하게 받았다. 그런데 한 매니저를 만나고 나서 동성애자라는 내 정체성을 공유해도 괜찮겠다는 느낌이 들었다. 그는 진심으로 나에 대해 알고자 했고, 나를 발전시키고 내 경력을 지원하고자 했다. 그에게는 취약점이 있었고, 나 역시 취약점을 보여도 괜찮다는 확신을 주었다. 그는 진정한 멘토였고 때로는 신뢰할 수 있는 친구였다. 모범을 보이고 소속감을 강화하는 리더의 능력은 영향력이 있다.

다양한 역할의 중요성은 이렇게 강조할 수 있다. 코치는 당신에게 **말한다**. 멘토는 당신과 **함께 이야기한다**. 후원자는 당신에 **관해 이야기한다**. 당신에게는 특정 범주에 속하거나 속하지 않는 상사, 팀원, 동료가 있을 것이다. 신뢰할 수 있는 진정한 친구는 흔하지 않기 때문에 정말로 신뢰할 수 있는 친구인지 확실히 해야 한다. 나는 많은 사람이 그런 실수를 저지르는 것을 보았고, 나 또한 그랬다.

역할 간 차이점에 대해 생각해보라. 코치는 기술적인 측면에서 당신을 돕는다. 당신이 무언가를 수행하거나 작업하는 것을 돕는 데 집중하고, 지침과 지원을 제공한다. 코치와는 기술, 관계, 조직 역학, 상황 또는 이와 유사한 것에 집중하게 된다. 코칭은 순간적일 수도 있고 계속 진행될 수도 있다. 코치들은 사운딩보드sounding board(아이디어, 결정에 대한 반응 테스트의 대상이 되는 사람) 역할을 하고, 통찰력을 제공하고, 당신의 관점을 확장하고, 당신이 다른 사람들과는 할 수 없는 대화를 함께 한다.

멘토는 상황에 따라 바뀔 수도 있고 지속될 수도 있다. 멘토와 멘티에게 가장 중요한 것은 연결과 신뢰를 바탕으로 한 양방향 관계다. 멘토는 콜드콜cold-call(사전 접촉 없이 연락하거나 방문하는 것—옮긴이)을 할 수 없다(이런 일이 얼마나 자주 발생하는지 안다면 놀랄 것이다). 이것은 무엇을 의미하는가? 멘토십은 개발하는 데 시간이 걸리고 노력과 투자가 필요하다는 의미다. 서로에 대한 이해나 기본적인 지식이 없는 상태에서 누군가가 당신의 멘토가 될 수 있을지 없을지는 텔레마케팅처럼 단순히 '예'나 '아니오'로 대답할 수 있는 문제가 아니다. 멘토에 대한 또 다른 중요한 통찰은 회사뿐만 아니라 우리 삶의 모든 측면에서 멘토를 찾을 수 있다는 사실이다.

후원자는 많은 사람에게 가장 애매한 역할일 것이다. 후원자는 오로지 노력으로만 얻을 수 있다. 임의로 누군가에게 후원자가 되어달라고 요청할 수는 없다. 후원자는 승진이 논의되거나 특별 프로젝트가 시작되는 등 주요 결정이 내려지는 '테이블에서' 당신을 대변해준다. 후원자는 당신의 일에 대해 잘 알고 있다. 당신이 한 일과 능력을 잘 아는 후원자는 당신의 이름 옆에 자신의 이름을 써붙이고 당신을 보증한다. 내 경험상 후원자는 직속 상사인 경우가 일반적이며 다양한 직무 또는 직위에 노출됨으로써 얻을 수 있다.

당신의 인맥, 즉 연결은 필수적인 부분이며, 잠재력을 최대한 발휘하는 데 핵심적인 역할을 한다.

인맥 확장을 위한 전략

조직은 훌륭한 다양성 채용 프로그램을 강화할 수 있지만, 다양성을 반영하는 내부 인맥이 없다면 사람들은 그 조직에 머물지 않는다. 인맥이 없으면 다양한 직원을 유지하지 못하고, 직원은 최고의 성과를 거두지 못하고 승진도 하지 못한다.

"아주 동질적인 인맥은 나쁜가요?"라고 묻는 고객도 있다. 그렇지 않다. 동질적인 인맥이 당신을 나쁜 사람으로 만드는 것은 아니다. 하지만 당신은 다양성의 힘을 놓치고 있을지도 모른다. 국방부에서 근무할 때 이를 증명하는 국가안보 사례에 대해 많이 들었다. 피그스만 침공 당시 테이블에 있던 의사결정자들은 전부 같은 민족 출신에 동일한 직업을 가진 남성들이었다. 이들은 심지어 모두 미국 북동부에 있는 부유한 학교 두 곳에서 교육을 받았다는 배경이 있었다. 역사는 그들이 최선의 결정을 내리지 못했다는 것을 보여주었다.

9·11위원회의 보고서에 따르면, 테러 공격을 막지 못한 정보기관의 가장 큰 실패 요인 중 하나는 다양성 결여였다. 우리는 영향력이 큰 거대 조직인 러시아나 구소련 지역을 다루기 위한 정보기관을 설립했다. 그러나 빈 라덴이 만든 국제 테러 조직 알카에다는 규모가 작았다. 알카에다는 다른 작전 방식인 게릴라전을 수행했다. 아랍어와 아랍 문화의 뉘앙스를 이해할 수 있는 아랍어 원어민도 없었다. 동질적인 인맥이 나쁘다는 말이 아니라, 인맥은 확장할 때 가치가 올라간다는 말이다.

이는 위험성이 매우 높은 국가안보와 관련된 사례였다. 그러나 민간 부문에서도 편견과 집단적 사고가 횡행할 수 있다. 1983년에 은퇴한 여성 16명이 비즈니스 및 전문 여성 투자 클럽을 설립했다. '비어즈타운 레이디스Beardstown Ladies'는 창립 이후 23.4퍼센트라는 S&P 500 지수를 상회하는 연간 수익률을 보고했고, 1995년《비어즈타운 레이디스의 상식적인 투자 가이드: 우리가 주식 시장을 이기는 방법, 당신도 할 수 있다》를 시작으로 여러 권의 책을 출판했다. 불행히도

언론은 곧 그들의 성공이 실제가 아니었음을 폭로했다. 프라이스워터하우스쿠퍼스PwC의 감사 결과, 클럽이 수익률을 계산할 때 컴퓨터 공식에서 오류를 범했으며, 실제 수익률은 S&P 500 지수보다 훨씬 낮은 9.1퍼센트에 불과했던 것으로 드러났다. 클럽이 모든 책에 사과와 해명을 인쇄하는 동안 출판사 히페리온은 집단 소송의 대상이 되어, 결과적으로 모든 비어즈타운 레이디스의 책을 히페리온에서 출판한 다른 책으로 교환해주어야 했다.

이 장 말미에 인맥 평가에 도움이 되는 도구가 실려 있다. 이를 완료하고 자신의 인맥이 지금 이대로 좋다고 말하고 싶은 본능을 뛰어넘어라. 당신의 회사와 삶에서 강력한 멘토십, 코칭, 후원, 친구의 인맥을 강화할 수 있는 기회를 찾아라.

기회를 발견하면 간극을 메우기 위한 전략을 활용할 수 있다.

구글을 사용하라

대학교 때 인터넷을 '구글'이라고 부르는 친구가 있었다. 구글은 언제나 답을 알고 있다. 본질적으로 인터넷 기반 인맥은 피상적일 수 있지만(실제로 친구가 3,000명인 사람이 있을까?), 일상에서는 결코 만날 수 없는 사람과 장소를 연결하는 다리가 될 수도 있다.

수년간 나는 지적장애나 발달장애가 있는 사람들에게 우정, 주택, 일자리를 지원하는 세계적인 비영리단체 국제베스트버디스에서 일했다. 내 아들에게는 지적장애가 있다. 내 개인적 또는 업무상 인맥에는 이에 대해 배울 수 있는 사람이 없다. 하지만 나에게는 구글이 있고, 능력 면에서 신경다양성을 리프레임하고 자폐 스펙트럼이 있는 개인의 경쟁우위에 집중하는 스페셜리스테른Specialisterne 같은 조직을 찾을 수 있다. 또한 자폐 스펙트럼 장애가 있는 성인들이 운영하는 페이스북의 토론 그룹에 참여해 자폐증과 언어, 소통에 대한 생각의 범위를 확장할 수도 있다.

클럽을 학교 밖으로 확장하기

우리는 종종 클럽이나 단체, 협회를 고등학생이나 대학생 때 하는 것이라고 착각하는데, 클럽에 가입하거나 클럽(또는 인맥)을 결성하기에 늦은 때는 없다. 전문가 협회, 사내 직원 자원 단체, 인맥 쌓기 조직에 가입해도 좋다. 일주일에 새로운 사람과 보내는 시간이 얼마나 되는지 생각해보라. 항상 같은 사람들과 시간을 보내고 있는가? 클럽은 더 많은 것을 찾을 수 있는 기회를 제공한다.

앤

살면서 혼자 성취할 수 있는 건 없다는 것은 명백한 사실이다. 어린 시절을 생각해보면 일반적으로 우리에게는 부모, 가족의 친구, 교사, 지역사회 지도자 등 어른들의 지원이 있었다.

젊은 전문가인 당신은 주변 인맥이 진화하며, 상사와 팀원들이 가장 중요하다는 사실을 깨닫게 된다. 그러나 직간접적으로 당신에게 영향을 미치는 다른 사람이 많다는 것도 알아야 한다. 경력이 쌓이고 명성과 개인 브랜드가 강화되면 자신의 인맥에 대해 생각하지 못하고 의식적이든 무의식적이든 간접적인 기회를 놓치는 경우가 많다. 나는 일을 하면서 승진, 특별 프로젝트, 성과에 대한 적절한 인정 등의 기회를 왜 극대화하지 못하는지 적극적이고 의식적으로 생각하지 않는 많은 사람을 코칭하고 멘토링했다. 팀 내에서 한 사람에게만 의존할 수 없다는 사실을 인식하고(많은 사람이 상사에게만 지나치게 의존한다) 경력관리가 자신의 몫이라는 사실을 깨달으면, 목적의식을 가지고 인맥을 형성하고 의미 있고 영향력 있는 관계로 발전하는 데 도움이 된다. 그 과정에서 서로 다른 역할을 수행하는 다양한 유형의 사람이 필요하다(그리고 당신도 다른 사람들에게 똑같이 해야 할 의무가 있다).

실제적인 예로, 당신이 프로젝트를 수행하는 팀의 구성원이라고 해보자. 당신의 역할은 명확하며 팀원들이 누구인지도 알고 있다. 팀 리더가 누구인지도 분명하다. 당신은 팀원으로서 퍼즐 조각에 집중하고 있는가, 아니면 프로젝트의 전체 구성을 고려할 기회를 포착하고 있는가? 고객의 관점은 무엇인가? 누가, 무엇이 팀에 정보를 제공해주어야 성공할 수 있는가? 팀을 위한 전술적 측면뿐 아니라 진정한 비즈니스 성과 측면에서 성공이란 어떤 모습일까? 성공을 측정하는 기준이 명확한가? 시스템에 편견이 있는가? 더 나은 결과를 위해 접근 방식을 리프레임할 수 있는 기회를 의미하는, 팀 내 역학 관계에 의해 작동되는 편견이 있는가?

이런 유형의 질문과 기타 질문을 통해 생각하면 틀에 박힌 관점에서 벗어나 새로운 관점을 얻을 수 있고, 자신이 가진 정보뿐만 아니라 인맥을 확장할 수 있는 기회를 리프레임하는 데 도움이 된다.

정보를 늘려라

앞에서 언급했듯이, 확증 편향은 우리의 인식에 이의를 제기하는 새로운 정보가 아니라 기존의 믿음을 강화하는 정보만 인식할 때 발생한다. 공인, 학계, 사상적 지도자는 넓은 방식으로 인맥의 일부가 될 수 있다. 예를 들어, 나는 정치와 일, 돈에 대한 생각에 영향을 깊게 미치는 팟캐스트를 여러 개 듣는다. 어떤 의미에서는 팟캐스트를 운영하는 사람들과 매주 대화를 나누는 셈이다. 당신이 무엇을 읽고, 보고, 듣는지 고려하고 정보의 범위를 넓혀라. 입력되는 정보의 양을 늘리면 다른 사람과 연결하고 인맥을 강화하는 방법이 자연스럽게 늘어난다. 여담으로 당신이 읽고, 보고, 듣는 것은 토론과 대화를 통해 멘토, 코치, 후원자, 친구가 되는 길의 다리를 놓아줄 수 있다. 이것을 부가 혜택이라고 하자!

연결을 강화하고 편견을 완화하기 위한 도구로 인맥을 활용하는 것은 궁극적으로 안전지대에서 벗어나는 것이다. '너무 바빠. 신경 쓸 게 너무 많아'라는 생각이 들지도 모른다. 좋은 소식은 인맥을 확장하는 일이 몇 분 안에도 이루어질 수 있다는 것이다. 다음에는 누구와 연결될 수 있을까?

개인을 위한 성찰

1. 이 장에 명시되어 있는 인맥의 범주를 고려하라. 멘토, 코치, 후원자, 친구 등 각 칸에 한두 명을 적어라. 당신에게는 누가 그런 존재인가? 당신은 누구에게 그런 존재인가?

	나의	나는 ○○의
멘토		
코치		
후원자		
친구		

남은 빈칸이 있는가? 모든 칸에 두 명 이상 더 적을 수 있는가?

_____

_____

2. 이제 당신의 식별자에 대해 생각해보라. 다양한 측면(나이, 민족 등)
   에서 당신과 같거나 다른 사람의 수를 세어보자.

_____

_____

3. 당신이 연결하기로 선택한 사람, 당신과 연결되기로 선택한 사람
   에 관해 무엇을 알 수 있는가? 당신이 연결하기로 선택한 사람은
   당신의 영향력에 어떤 영향을 미치는가?

_____

_____

4. 부족한 부분을 채우기 위해 어떤 노력을 할 것인가?

_____

_____

07

인맥의 힘 활용하기

리더를 위한 응용문제

리더로서 당신의 인맥은 당신의 개인적 영향력에 영향을 미친다. 하지만 조직, 리더십의 스타일, 사람들이 팀 내에서 느끼는 소속감의 정도, 사람들이 조직 내에서 영향을 미칠 수 있다고 생각하는 정도에 더 큰 영향을 미친다.

1. 고객이나 다른 부서에서 당신보다 직급이 높거나 같거나 아래인 사람 등 당신이 상호 작용하는 업무적인 인맥 10명을 나열하라. 도전해보라. "제가 어떤 흑인분과 함께 일하는데…"라고 대답할 만한 사람을 말하는 것이 아니다. 당신이 해결해야 할 문제나 큰 도전 과제가 있을 때 찾을 수 있는 사람을 말한다. 또 궁지에 몰리거나 코칭 또는 멘토링이 필요할 때 당신을 찾는 사람은 누구인가? 당신의 인맥 중 당신이 가장 먼저 도움을 구하는 사람은? 그리고 당신에게 가장 먼저 도움을 구하는 사람은 누구인가?

   1. _____

   2. _____

3. _____

4. _____

5. _____

6. _____

7. _____

8. _____

9. _____

10. _____

2. 다양한 범주에서 당신과 같거나 다른 사람의 수를 세어보라. 당신
   이 연결하기로 선택한 사람 또는 당신과 연결되기로 선택한 사람
   에 대해 무엇을 알 수 있는가? 당신이 연결하는 사람은 당신의 영
   향력에 어떤 영향을 미치는가?

   _____

   _____

   _____

   확인된 사람들 중 다음의 범주에서 나와 같은 사람과 다른 사람의
   수를 세어보라.

같은 사람	다른 사람		같은 사람	다른 사람
연령대			신체 능력	
피부색			외모	
교육 수준			정치관	
전문 분야			인종·민족	
가족 상태			종교	
성별			성적 지향·정체성	
출신 국가			사회경제적 지위	
성격				

당신이 연결하기로 선택한 사람에 대해 알 수 있는 것은 무엇인가?

당신이 연결하는 사람들은 당신의 영향력에 어떤 영향을 미치는가?

UNCONSCIOUS
BIAS

08

어려운 대화 헤쳐나가기

우리가 논의하기 어려운 문제를 논의할 용기를 내지 못한다면 관리자나 지도자가 될 자격이 없다. 태어날 때부터 용감한 사람은 없다. 우리는 모두 겁이 많은 채로 태어났으며, 연습과 실수, 역할극을 통해 어려운 대화를 이끌어가는 데 능숙해진다.[39]

_스콧 밀러(《거인들의 인생 법칙》 저자)

편견에 관해 논의하는 것은 쉬운 일이 아니지만, 사고하는 뇌로 편견을 논의한다면 신뢰를 강화하고 성과를 향상시키는 생산적인 논의가 이루어질 수 있다. 그러나 편견에 관한 어려운 대화는 일반적으로 양측의 원시적 뇌를 활성화한다.

편견을 경험하는 사람들은 '시스템이 나에게 불리하게 조작되었다. 나 같은 사람들은 힘이 없고, 승진할 수 없고, 프로젝트를 이끌 수 없고, 큰돈을 벌 수 없다'고 생각할 수 있다. 이들은 기회가 닫혀 있으며, 이들에게 재정적 지원을 제공하는 주요 수단이 직업이므로 직장에서 경험하는 편견이 자기 자신과 가족을 돌보는 능력을 위협한다고 느낀다. 그러면 우리의 원시적 뇌는 생존 자체가 위협받는다고 느낀다.

편견의 대상이 아닌 사람들도 똑같이 위협을 느낄 수 있다. "편견은 개인으로서 나의 잘못이 아니다. 내가 제대로 보지 않는다고 해서 쫓겨나지는 않을 것이다. 하지만 편견에 관한 대화들은 나를 제거하려고 하는 것처럼 느껴진다." 다시 말하면, 편견에 관한 대화를 할 때 원시적이고 방어적인 뇌가 활성화된다. 이런 대화가 어려운 것은 당연한 일이다!

놀라운 점은 양측이 서로 반대편에 있다고 생각하지만 매우 유사한 경험을 한다는 것이다. 양측 모두 소속감이 낮아진다.

편견에 관한 대화의 '온도'는 성과 모델과 연관시킬 수 있다. 논의가 뜨거워질수록 양측은 한계 영역과 피해 영역으로 미끄러져 들어간다. 피해 영역에서 우리의 마음은 완전히 닫히고 방어적이며 적대적인 태도를 취하게 된다. 신뢰는 사라진다. 모든 사람의 성과 수준이 저하되는 것은 불가피하다. 사람들은 한계 영역에서 대화를 나눌 때 경계하고 의도를 오해하고 좌절한다. 신뢰 수준이 낮게 유지되므로 성과는 억제된다.

우리의 목표는 편견에 관한 논의를 통해 이해하고 공감하고 학습하는 것이 대화의 의도인 고성과 영역으로 이동해 그곳에 머무는 것이다. 가정을 명확히 밝히고 오해를 해소한다. 이전에 제한적이었거나 해로웠던 편견에 관한 대화를 하면서 발생한 피해를 복구할 수도 있다. 자극과 반응 사이에서 잠시 멈추고 감정의 뇌나 원시적 뇌가 아닌 사고하는 뇌에 따라 행동하기로 선택하면서 능동적인 태도를 유지한다.

할 수 있다! 우리가 리더에게 편견이라는 주제를 꺼내야 할 때, 누군가 우리에게 편견이라는 주제를 꺼낼 때 고성과 영역에 머물 수 있는 방법을 논의해보자. 편견에 관한 대화를 할 때 따라야 하는 공식 정책과 절차가 있을 수도 있지만, 이 장에서는 단순한 준수보다 성과 향상이 목적인 전략에 집중한다.

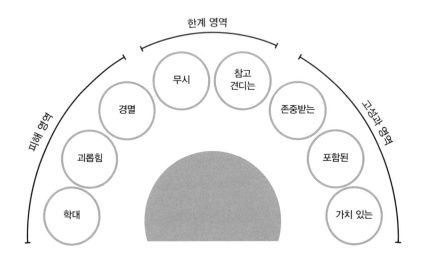

편견이라는 주제를 꺼내야 할 때

직장에서 편견을 경험하고 있다면, 대화를 헤쳐나갈 때 다음 네 가지 전략을 사용하는 것을 고려하라.

질문하라
편견의 영향을 받은 결정이라는 생각이 들면, 자신이 받은 인상과 느낌(무의식적인 편견이 숨어 있는 곳)을 연구하면서 사실에 도달할 때까지 자세한 정보를 요청하라. 예를 들어, 나이가 많은 팀원 에드를 떠올리며, 그가 나이 때문에 공정한 평가를 받지 못했다는 생각이 들 수 있다. 어려운 대화를 헤쳐나가는 방법은 다음과 같다.

당신　　　　에드가 그 자리에 가장 적합한 후보라고 생각합니다. 그는 성과가 좋고 승진에 대한 열의가 있습니다.

인사 담당자　저는 에드가 이 직책에 적합하다고 생각하지 않습니다.

당신　　　　왜 그렇게 생각하십니까?

인사 담당자　이 일을 감당할 수 있을 것 같지 않습니다.

당신　　　　'이 일'의 의미를 설명해주시겠습니까?

인사 담당자　그는 잦은 출장을 감당할 수 없을 겁니다.

당신　　　　현재 에드의 업무 중 40퍼센트가 출장이 필요한 일인데, 그는 그 기준을 잘 충족하고 있습니다. 그가 출장 일정을 감당할 수 있다는 것을 보여줬다고 생각합니다. 동의하시나요?

가상의 대화를 써보는 것은 쉽지만, 실생활에서는 약간 더 어렵다! 하지만 우리의 목표는 감정, 본능, 인상에서 벗어나 검증 가능한 사실로 이동하는 것이다. 편견을 경험하고 있다고 느낀다면, 이 전략을 사용할 수 있다. 당신은 나이 때문에 밀려난 게 아닐까 의심이 들지도 모른다. 담당자에게 질문하라. "6개월 안에 승진을 보장받기 위해 제가 할 수 있는 일이 무엇인지 설명해주시겠습니까?" 실행 가능한 단계에 도달할 때까지 계속 조사하라.

앤

유색인종에게 절대 묻지 말아야 할 다섯 가지에 대해 들어본 적이 있는가? 내가 무슨 말을 하는지 정확히 아는 사람도 있을 것이다. "어디서 오셨어요?"

정말 흥미로운 질문이다. 그렇지 않은가? 누군가를 알아갈 때 대화에서 자연스럽게 나오는 질문이다. 우리가 이 질문을 할 때는 대부분 사는 곳이나 자란 곳을 알고 싶어 하는 것이다. 매우 논리적이고 악의 없는 질문이다. 이 질문에 대해서 대다수는 악의 없는 답변을 한다. 그러나 사뭇 다른 맥락에서 이 질문을 받을 때도 있다. 다음과 같은 경우다.

질문 어디에서 오셨어요?

답변 댈러스포트워스 지역에 살고 있지만 뉴저지에서 성장했습니다.

질문 아니, **원래** 어디에서 오셨어요?

답변 아, 어디에서 태어났냐는 말씀이신가요? 중서부에서 태어났습니다.

질문 아니, 원래 출신이 어디세요?

답변 아, 어느 민족이냐는 뜻이군요. 저는 타이완계 미국인입니다.

이 대화에 대해 생각해보라. 이 대화의 프레임은 내가 이곳이 아닌 다른 어딘가에서 왔다는 것을 암시한다. 누군가에게는 이런 대화가 자신이 이곳에 속하지 않는다는 어조로 들릴지도 모른다. 나 역시 어릴 적에 이런 질문을 받으면 기분이 몹시 언짢았다. 젊은 시절 나는 이 질문에 퉁명스럽게 대답했다. 성숙한 나는 이것이 가르침의 순간이라는 것을 알기에 위의 질문들에 이렇게 끝맺음한다.

답변 **당신이야말로** 어디서 오셨나요?

나를 포함한 유색인종이 자주 받는 또 다른 질문은 "당신은 어떤 사람인가요What are you?"다. 이 질문에 대해 생각해보라. 누군가에게 이런 질문을 할 때, 그것은 상대방이 당신과 같지 않으니 어떤 사람이냐는 뜻을 내포한다.

하지만 이런 질문을 하는 사람들의 99퍼센트는 인종차별주의자라서 이렇게 질문하는 것이 아니다. 세심하지 못하거나 세심함에 대한 이해가 없어서 던지는 질문이다. 그러니 최악의 상황을 가정하지 말고, 최고를 가정하고 교육하라. 그리고 대화하라. 앞에서 질문을 던진 사람은 앞으로 다시 똑같이 "어디에서 오셨어요?"라고 질문하지는 않을 것이다.

기억하라. 우리의 말은 중요하다. 의도도 중요하다. 만약 당신이 이런 질문을 한 적이 있다면, 앞으로 어떻게 바꿔 말할 수 있을지 생각해보라. 여기 관심 있는 바를 명확하게 말할 수 있는 좋은 방법이 몇 가지 있다.

"고향이 어디세요?"

"어디에서 성장하셨나요?"

"어느 민족이세요?

"어디에서 학교 다니셨어요?"

"부모님은 어디에서 성장하셨나요?"

부적절한 유형의 질문은 아니지만, 면접에서 나올 게 분명한 질문들이다. 그러나 질문의 이면을 들여다볼 가치가 있다. 누군가를 알고 싶은 마음은 절대적으로 자연스러운 것이다. 친밀감을 형성하려 노력할 때는 더욱 그렇다. 당신과 함께 그 길로 가는 것을 원하지 않는 사람도 있고, 당신의 접근 방식에 민감한 사람도 있다는 것을 알아야 한다. 가능한 한 건설적이고 긍정적인 대화를 나누는 최고의 방법을 알아내는 것은 당신의 몫이다. 모두에게 맞는 방식은 존재하지 않는다. 가장 효과적이고 원하는 결과에 부합하는 연결 강화 방식을 찾으려면 타인의 필요와 반응에 민감하게 접근하는 것이 중요하다.

이야기하라

때때로 당신이나 상황에 대해 확고한 의견을 가진 사람과 편견에 관해 논의해야 한다. 그들이 당신의 말을 듣지 못하는 것처럼 보일 수도 있다. 공감을 강화하기 위해 놀라운 이야기의 힘을 활용하라.

한번은 내가 도미니카공화국 출신이라고 동료에게 말하자 그녀는 30년 전 방문했을 때 도미니카공화국이 끔찍하고 가난한 곳이었다고 말했다. 당연히 나는 도미니카공화국을 '끔찍한 곳'이라고 묘사한 것이 적절하지 않다고 생각했다. 도미니카공화국은 라틴아메리카에서 여덟 번째, 카리브해에서는 가장 큰 경제 규모를 자랑한다. 개발 전문가들은 중상위 소득 국가로 평가하며 광업과 농업, 무역, 관광 산업이 번창하는 곳이다. 그녀가 방문했던 지역은 그녀가 본 것보다 실제로 더 빈곤했지만, 도미니카공화국 전체에 대한 그녀의 인식은 지나치게 제한적이었다.

나는 이 사실들과 나라 전체에 대한 경험을 근거로 그녀의 관점에 이의를 제기할 수도 있었다. 하지만 그렇게 하지 않고, 대신 아들을 데리고 도미니카공화국에 가서 아버지를 찾아뵈었는데 얼마나 편안했는지 이야기했다. 그녀가 가본 적 없고 존재하는지도 모르는 아름다운 풍경, 지하철과 식당 등 현대적인 편의시설에 관해 이야기했다. 이야기는 데이터보다 공감대를 형성하기에 좋다. 나는 내 경험으로 그녀의 경험에 반박했다. 그녀는 아들을 데리고 아버지의 집을 방문한 딸의 이야기에 매료되어 그 여행이 얼마나 특별했는지 감정적으로 이해할 수 있었다. 만약 내가 그녀에게 '당신의 경험이 틀렸다'고 말했다면 아무런 도움이 되지 않았을 것이다.

벽을 허물라

마크

나는 1960년에 태어난 베이비붐 세대이며, 이 사실은 정체성과 관련한 내 경험에 영향을 미쳤다. 1969년에 흑백 텔레비전으로 인류 최초의 달 착륙 장면을 보고 2학년이 시작될 때 처음으로 나팔바지를 입었던 기억이 난다. 당시 유색인종, LGBTQ+ 공동체, 여성, 기타 소외 집단을 향한 편견은 지금보다 훨씬 만연했고, 이런 집단에 대한 법적 보호도 존재하지 않았다. 우리 아버지는 베트남에서 복무한 공군 조종사였고 어머니는 전업주부였다. 나는 어릴 때부터 달랐고 10대 초반이 되어서야 그 차이점이 무엇인지 깨달았다. 나는 동성애자였는데, 그 시절 동성애는 입 밖에 낼 수 없는, 주류 매체에 잘 등장하지도 않던 주제였다. 집에서 아버지가 동성애자에 관한 무신경한 농담을 했던 때가 동성애자의 존재를 인정했던 유일한 기억이다. 우리는 잘 지내보려 애썼고, 최대한 아버지와의 갈등을 피하는 것이 내 전략이었다.

35세가 되어 부모님에게 내가 동성애자임을 밝혔을 때, 예상은 했지만 상황은 좋지 않았다. 지지하거나 인정하는 말은 없고 "문제를 고치기 위해" 내가 무엇을 해야 하는지 명령만 있을 뿐이었다. 나는 몇 주 동안 부모님을 피하면서 부모님과 관계를 완전히 끊는 것을 심각하게 고려하다가 아주 어려운 대화를 해보기로 결정했다. 지금까지 아버지의 의식적인 편견에 억눌려 스스로의 가치를 의심하는 데 많은 시간을 보냈는데, 더 이상 그런 기분을 느끼고 싶지 않을 뿐이었다.

나는 아버지에게 다가가 첫째 서로에게 전적으로 솔직하고, 둘째 아무것도 '해결'하려 들지 않고 그저 서로를 이해하려 노력할 것, 이 두 가지 조건을 전제로 직접 대화할 수 있는지 물었다. 우리는 정직하게 대답하는 조건으로 질문을 준비했다. 나는 아버지에게 "답을 듣고 싶으시지 않으면, 질문하지 마세요!"라고 말했다.

다음 주말에 아버지는 비행 편으로 댈러스로 왔고 우리는 주말 내내 함께 있었다. 우리는 함께 웃고, 울고, 전에는 감히 말하지 못했던 것들에 관해 이야기했다. 주말이 끝날 무렵 아버지는 나에게 "우리 사이에 벽이 있는 건 알고 있었지만 그게 뭔지 몰랐어. 이제 이해하기 시작했으니, 이 벽을 무너뜨릴 방법을 찾을 날이 기대되는구나!"

갈등을 직면하는 일은 아직도 자연스럽지 않지만, 그 후로 나는 사생활이나 일에서 갈등이 생길 때 같은 질문을 적용하려고 노력했다. "우리 사이의 벽은 무엇인가?" 때때로 그 벽은 편견이다. 이 질문을 하면, 질문 없이는 찾지 못했을 편견을 표면화할 수 있다. 편견을 인정할 수 있는 공간을 만들면 협력하여 벽을 허물고 관계를 강화하고 그 과정에서 더 끈끈하게 연결될 수 있다.

비공식 중재자를 데리고 오라

항상 싸움에 휘말릴 필요는 없다. 신뢰하는 상급자에게 도움을 청해야 할 때가 있다. 당신의 신뢰 관계가 어려운 대화에서 당신에게 도움이 되도록 하라.

수년 전에 나는 몇 단계 위 상급자에게 편견이라는 민감한 문제를 제기해야 했다. 위의 전략으로 그 사람에게 직접 접근할 수도 있었지만, 나에게는 동료 엘레나가 있었다. 엘레나는 리더와 나를 신뢰하고 있었다. 그녀는 그 문제에 대해 나와 솔직한 대화를 나누고 나서 직접 리더에게 효과적으로 접근했다(이는 동맹자의 중요한 기능이며, 12장에서 자세히 다룰 것이다).

팀원이 리더에게 편견이라는 주제를 꺼낼 때

리더도 사람이다. 그래서 민감한 대화에서 '투쟁, 도피 또는 회피' 본능이 발동할 수 있다. 하지만 리더는 팀원들의 성과를 끌어올릴 책임이 있는데, 리더의 반사적인 반응은 모든 사람을 한계 영역으로 떨어뜨릴 뿐이다. 우리 자신 안이나 외부에서 편견을 발견하면, 반사적인 반응을 뛰어넘어 효과적으로 해결해야 한다.

경청하고, 경청하고, 또 경청하라

사성장군 글렌 오티스는 육군 졸업생들에게 연설하면서, 앞으로 리더십을 발휘할 때 한 가지만 기억하라고 했다. 그는 항상 가지고 다니는 '당신은 언제 마지막으로 하급자가 당신의 마음을 바꾸도록 허용했는가?'라고 쓰여 있는 색인 카드를 꺼냈다. 그런 다음 "오늘 이곳을 떠나 정규군에 다시 입대할 때 이것을 기억하길 바랍니다. 경청하는 사람이 되십시오"라고 말했다.[40]

많은 리더가 자신이 경청한다고 생각하지만 실제로는 응답할 차례를 기다리는 것에 불과하다. 우리는 표면적인 청취가 아니라 '공감적 경청empathic listening'이라는 높은 수준의 듣기 기술을 말하는 것이다. 이는 단순히 응답하는 것이 아니라 이해하려는 의도를 가지고 듣는 것을 의미한다. 공감적 경청은 리더십 역량이며, 여기에는 성숙함과 인내, 그리고 오티스 장군이 강조한 것처럼 직속 부하 직원의 영향을 받을 준비가 된 열린 마음이 필요하다.

프랭클린코비사에서는 최고인사책임자 토드 데이비스가 이 기술의 전문가다. 그는 자신의 베스트셀러 《더 나아지기: 직장에서 효과적인 관계를 강화하기 위한 15가지 입증된 방법》에서 이렇게 썼다. "경청할 때 당신은 상대방에게 당신의 견해를 강요하지 않는다. 상대방을 당신의 방식대로 보게 하는 방법을 알아내려 하지 않는다. 대신 상대방의 세계에 실제로 발을 들여놓고 상대방의 관점에서 이해하려고 노력할 만큼 충분히 오랫동안 당신의 의견을 보류한다."[41]

팀원이 말할 때 답변할 내용을 머릿속에서 요약하지 말라. 당신이 동의하는지 동의하지 않는지 판단하지 말라. 그들이 **말하고 느끼는 것을 이해하는** 데에만 집중하라. '그러니까 당신의 말은…'과 같은 간단한 문구를 사용하라. 당신이 상대방의 관점을 완전히 이해했다는 데 상대방이 동의할 때까지 당신이 들은 것을 반복하라.

이 프로세스를 건너뛰고 바로 응답하려 하면 당신의 감정은 빠르게 격해지고, 신뢰는 무너지고, 성과는 한계 영역으로 후퇴하게 된다. 공감적 경청에는 더 많은 시간과 노력이 필요하지만, 스티븐 코비가 말했듯이 "사람을 대할 때는 빠른 것이 느리고 느린 것이 빠른 것이다." 시간을 들인 만큼 보상이 따른다.

나는 공감적 경청과 성찰적 반응을 통해 이해를 보여줄 때 리더와 팀원 모두 사고하는 뇌로 이동할 가능성이 높다고 믿는다. 그래야만 해결책을 찾고, 신뢰를 강화하고, 당면한 편견에서 벗어나 진전을 이루어낼 수 있다. 그렇게 하지 않으면 문제는 전이될 것이다.

앤

현실적으로 당신이 말을 많이 해서는 공감하거나 배우거나 성장할 수 없다. 왜냐고? 그렇게 하면 타인이나 주변이 아닌 자기 자신에 집중하게 되기 때문이다. 귀는 두 개이고 입은 하나이므로 자신이 말하는 것보다 적어도 두 배는 더 들어야 한다는 옛말이 있다. 맞는 말이다. 뛰어들고 싶은 충동을 억제하라. 충분히 듣고 충분히 관찰하라. 순간에 충실하라. 그런 다음 생각하라.

때때로 사람들은 공명판을 원한다. 그들은 당신이 자신의 상황에 대해 대답해주기를 원하지 않는다. "당신이라면 어떻게 하시겠습니까?"라는 질문을 액면 그대로 받아들이려는 유혹을 떨쳐라. 그들이 당신에게 정말로 원하는 것은 스스로 결정을 내릴 수 있도록 관점을 제공해주는 것이다. 나는 멘토링을 원하는 사람들에게 내 역할은 질문에 대한 답을 스스로 찾을 수 있게 지원하고 돕는 것이므로 나에게 많은 질문을 받으리라는 예상을 하고 있으라고 말한다.

감정을 허용하라

편견에 관해 대화할 때 감정적이 될 수 있다. 그런데 누군가 편견 문제를 제기하면 진정하라고 하거나 감정 때문에 메시지가 잘 전달되지 않는다고 말하는 것이 리더의 첫 번째 본능이다. 이는 비효율적일 뿐만 아니라(인류 역사상 누군가에게 진정하라는 말이 제대로 받아들여진

적이 있던가?) 잘못된 것이다. 감정은 편견에 관한 대화와 밀접한 관련이 있다.

공감적 경청은 상대방의 말과 감정을 모두 이해하는 것을 포함한다. 만약 막내가 나에게 와서 자신이 만든 레고 모형을 형이 부숴버렸다고 우는데 "침착해! 다시 만들 수 있어. 게다가 그렇게 중요한 것도 아니었잖아"라고 말한다면, 나는 아이의 분노를 지연시킬 뿐이다. 아이가 해결책을 찾기를 진심으로 원한다면, 아이의 감정을 알아줄 필요가 있다. "열심히 만들었구나. 형이 네가 만든 레고를 존중하지 않아서 얼마나 속상한지 알아." 우리는 육아에 관해서는 올바른 직관을 가지고 있으면서, 이와 동일한 사려 깊은 마음을 어른들에게까지 확대하는 것은 종종 잊는다. 대화가 진행되는 동안 감정이 올라와도 멈추지 말라. 상대방에게 감정과 정서를 표현하고, 이 감정이 해결책으로 이어지도록 하라.

가스라이팅을 주의하라

가스라이팅은 사람들이 자신이 보는 현실에 의문을 품게 하는 데 사용되는 전술이다. 가스라이팅은 어려운 대화 중에 사건을 보는 상대방의 시각에 동의하지 않거나 방어 태세를 취해야겠다고 느낄 때 나타날 수 있다. 예를 들어, 자신이 특정 인종이거나 막내라서 한계 영역에 있다고 느끼는 직원이 있을 수 있다. 이들은 자신의 아이디어가 무시당했던 경험, 부적절한 농담에 팀원들이 웃었던 경험, 당신이 리더로서 농담의 문제점을 지적하지 않고 함께 웃었던 경험에 대해 말할지도 모른다. 당신이 상대방의 생각과 감정을 축소하거나, 비난을 회피하거나, 일어나지 않은 일이라고 선언하거나, 세부 사항을 생략한다면, 당신은 본의 아니게 가스라이팅을 하고 있을지도 모른다.

우리는 방어 태세를 취해야 한다고 느끼거나 누군가 자신의 결정이나 응답 이면의 동기에 의문을 제기할 때 가스라이팅을 할 위험이 커진다. 팀원이 편견이라는 주제를 꺼낼 때 리더로서 당신은 그들의 경험을 이해하고, 고성과 영역으로 전환하기 위해 그들과 협력하는 데 집중해야 한다. 가스라이팅은 당신의 관점에서 건전한 토론으로 느껴질 수 있지만, 당신과 대화하는 사람은 당신이 자신의 경험을 축소하고 있다고 느낄 수 있다. 이때 한계 영역에 있는 사람은 피해 영역으로 바로 이동해버릴지도 모른다. 그들과 의미 있는 논쟁을 하기 어렵다면, 한 걸음 물러서서 휴식을 취할 때일 수 있다.

휴식을 취하라

이야기를 처음 듣고 반응하기 전에 자신을 분리해서 생각해야 할 때도 있는데, 이는 아무런 문제가 되지 않는다. 당신이 팀원의 말을 들으며 공감하면, 그는 당신이 자신의 관점을 이해한다는 것을 알게 되므로 그 순간에 바로 문제를 해결할 필요는 없어진다. "이 문제에 대해 생각할 시간이 필요해요. 다음 주에 다시 의논해도 될까요?"라고 해도 괜찮다.

적극적으로 편견 문제를 표면화하라

최고의 리더는 편견에 관한 대화를 잘 다루는 것을 넘어 편견이 팀과 성과에 어떤 영향을 미치는지 적극적으로 질문한다.

낳은 리더가 어떻게 해야 하는지 궁금해한다. 답은 매우 간단하다.

물어야 한다. 작가 치마만다 응고지 아디치에는 "이해가 안 되면 질문하라. 질문하는 것이 불편하다면 질문하는 것이 불편하다고 말하고 질문하라"라고 말했다.[42]

인사팀과 협력해 회사 내에서 할 수 있는 것과 할 수 없는 것을 명확히 한 뒤 다음 전략을 사용하라.

- **정보를 원하는 경우에만 질문하라.** 편견에 대해 피드백을 구하는 경우, 상대방이 뭐라고 말하든 그것에 대해 아무것도 하지 말라. 무언가를 하는 것은 애초에 물어보지 않는 것만 못하다. 듣게 될 말에 대해 정신적인 준비를 하라.
- **'열린 문 open door 정책'에 의존하지 말라.** 열린 문은 정책이 아니라 문일 뿐이다. 열린 문 정책은 누군가가 그 문을 통과할 때 벌어지는 일에 당신이 수용적이라거나 그들이 당신과 실제로 대화하는 시간과 공간을 만들었다는 것을 의미하지는 않는다. 관리자 대부분이 팀원 중 소수만이 이 정책을 활용한다는 사실을 알고 있다. 이는 팀 내에 문제가 없기 때문이 아니다. 팀 내의 역학 관계를 고려할 때, 당신의 직속 부하가 자신의 고용 안정성을 쥐고 있는 직속 상사 앞에서 어려운 주제를 꺼내기를 기대할 수는 없다. 사람들에게 당신이 관심을 가지고 있다는 것을 보여주는 행동은 말보다 훨씬 큰 영향을 미친다. 이런 토론을 위한 최고의 기회는 생각을 자극하는 질문을 하고 피드백을 구할 수 있는 일대일 대화를 매주 하는 것이다. 이 시간을 활용해 신체 언어를 관찰하고, 말한 내용만큼이나 말하지 않은 내용에도 귀를 기울

이고, 문제가 의심되면 적극적으로 어려운 대화를 시작하라.

- **힘의 균형을 다시 맞춰라.** 일대일 대화나 성과 관리 관련 대화에는 힘의 불균형이 내재되어 있다. 직원에게 **당신이** 더 잘할 수 있는 것과 잘하고 있는 것을 말해달라고 함으로써 힘의 불균형을 완화할 수 있다. "제 목표가 당신을 지원하고 성과를 달성하는 것이라는 점을 먼저 말씀드리고 싶습니다. 우리 팀이 공정하고 공평하게 운영되려면 제가 무엇을 그만하고, 무엇을 시작해야 하는지, 또 무엇을 계속해야 하는지 말할 기회를 드리고 싶습니다." 이를 통해 그들은 생각을 정리하고 요점을 명확하게 표현할 수 있을 뿐만 아니라, 갑작스럽게 공격을 당하는 느낌을 완화할 수 있다. "무엇이 잘되고 있고, 무엇이 잘 안 되고 있는지 말해달라"고 하면 많은 사람이 모든 것이 잘되고 있고 잘 안 되는 것은 없다고 대답할 것이다.

- **결과에 대해 당신이 하고 있는 것과 할 수 있는 것, 할 수 없는 것을 명확하고 투명하게 말하라.** 예를 들어 팀원이 "급여가 지급되는 방식이 문제"라고 하면, 당신은 "급여는 제가 관여할 수 있는 부분이 아닙니다. CEO의 영역이죠. 옹호할 수는 있지만, 바꿀 수는 없어요"라고 답할지도 모른다. 하지만 "원거리에 있는 팀원들은 소통에서 소외된 느낌입니다. 무슨 일이 벌어지는지 전혀 알 수 없어요"라는 보고를 받으면, 어느 리더라도 이 문제를 해결하기 위해 무언가를 할 수 있다.

동료가 나에게 이런 말을 한 적이 있다. "어려운 대화를 피하는 것이 아닙니다. 신뢰하지 못하는 사람과의 어려운 대화를 피하는 거죠."

이 장에서 설명한 모든 전략에 내재되어 있는 것은 신뢰할 수 없었던 사람과의 어려운 대화라도 잘하면 신뢰를 강화할 수 있고 성과를 향상할 수 있다는 점이다. 경청과 적극적인 대응, 피드백 요청, 이것들이 바로 좋은 리더십이다.

(08)

어려운 대화 헤쳐나가기

개인을 위한 성찰

어려운 대화를 하려면 불편한 사람들과도 편안해질 수 있어야 한다. 그것은 당신이 의미하는 바를 말하고 당신이 알고 있는 사실로 문제를 해결하는 데서부터 시작된다. 성과에 대한 장벽을 허물기 위해 피하거나 두려워했던 대화를 용기 내어 시작하는 것이다. 우리는 대부분 급여 협상이나 취업 면접에 준비되지 않은 채로 들어가지 않는다. 그런데 종종 계획하지 않거나 대화 과정에서 일어날 수 있는 일은 고려하지 않은 채로 어려운 대화를 시작한다. 다음은 어려운 대화를 준비하기 위한 확인 목록이다.

어려운 대화를 시작하기 전에 다섯 가지 범주의 세부 목록을 검토하라. 당신은 준비가 되었는가?

1. 안전감을 확보했는가?

☐ 안전한 환경 만들기

☐ 개인적으로 대화하기

☐ 말하기 전에 생각하기

□ 선의라고 가정하기

2. 나는 탐색할 의향이 있는가?

□ 찾으려는 마음가짐 갖기

□ 신체 언어 관찰하기

□ 적극적으로 경청하기

□ 후속 질문 하기

□ 끼어들지 말기

□ 명확한 이해를 위해 들은 내용 반복해서 말하기

□ 상대방의 말 반영하기: "그러니까 당신의 말은……." "당신이 ○ ○라고 말했을 때 당신이 의미한 바가 이것입니까?"

□ 자신의 관점 공유하기

□ 사실에 충실하기

□ 상대방의 관점을 과소평가하지 않기

3. 나는 이유와 핵심에 의지하는가?

□ 이유를 명확하게 진술하기

□ 사실에 초점을 맞추기

□ 사물을 있는 그대로 부르기

□ 증거와 영향 공유하기

4. 나는 감정을 효과적으로 관리할 수 있는가?

□ 정서적 에너지 관리하기

□ 마음을 굳건히 하기

□ 한숨 쉬지 않고 심호흡하기

□ 침착함을 유지하고 상대방도 침착함을 유지할 수 있게 격려하기

5. 모든 사람이 해결책과 종결을 명확하게 이해했는가?

□ 문제를 지적하고 해결책 제공하기

□ 상대방의 제안을 인정하기

□ 해결책을 명확히 이해했는지 확인하기

□ 함께 이야기해준 데 대해 감사를 표하기

□ 30일 내로 확인을 위한 회의 하기

나의 생각 적어보기

어려운 대화 헤쳐나가기

리더를 위한 응용문제

리더로서 특히 부하 직원과의 어려운 대화를 준비하려면, 두 가지 핵심 영역에 대해 더 생각해야 한다. 어려운 대화를 나눌 일이 있는지 찾아보라. '개인을 위한 성찰' 활동과 아래의 두 범주를 사용해 대화를 주도하라. 대화할 때 그 사람이 있을 만한 행동 영역(피해 영역, 한계 영역, 고성과 영역)에 주의를 기울여라.

□ **힘.** 당신이 하는 말에는 무게가 있다. 당신은 대화가 시작되기도 전에 자기도 모르게 대화를 끝내버릴 수도 있다. 대화를 시작하기 전에 힘의 균형을 맞춰라. 사무실이 아닌 중립적인 장소에서 회의를 하고, 책상을 사이에 두고 마주 앉는 것이 아니라 나란히 앉고, 상대방의 관점이 자신의 관점만큼 중요하다고 드러내놓고 말할 수 있다.

나의 생각 적어보기

_____

_____

_____

_____

_____

_____

_____

_____

_____

☐ **방어/설득.** 어려운 대화는 논쟁이 아니다. 상대방의 코트에 공을 놓고 당신의 의도를 명확히 드러내는 질문으로 시작할 계획을 세워라. 예를 들어 "저는 당신이 지난주에 내려진 결정에 대해 이야기하고 싶어 하는 것을 알고 있습니다. 제 의도는 당신의 우려를 듣고 함께 앞으로 나아갈 계획을 세우려는 것입니다"라고 할 수 있다. 그런 다음 상대방이 말할 때 끼어들거나 반박하지 말라.

_____

_____

나의 생각 적어보기

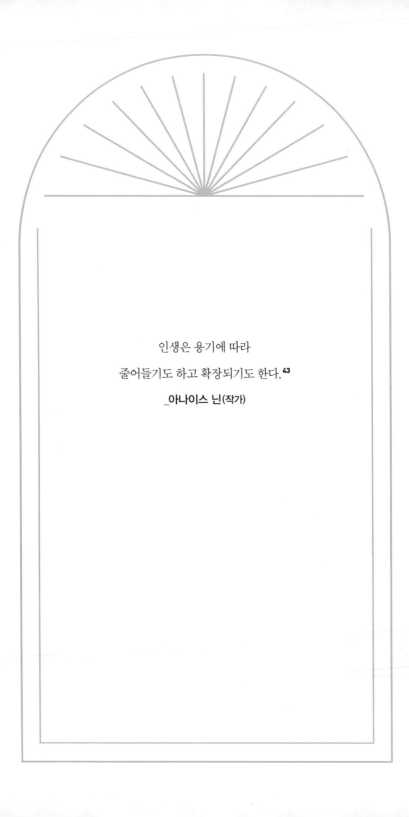

인생은 용기에 따라
줄어들기도 하고 확장되기도 한다.[43]
_아나이스 닌(작가)

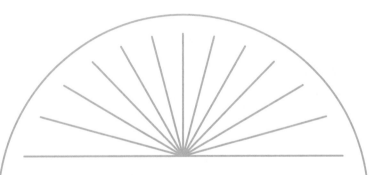

PART

3

Choose Courage

손에 손잡고 두려움을 넘어서

용기 선택하기

우리의 무의식적 편견이 표면으로 드러날 때 그것이 우리의 가치와 일치하지 않는 경우가 많다는 사실을 알게 된다. 하지만 우리가 그 불균형을 어떻게 할지 반드시 알고 있는 것은 아니다. 3부에서 우리는 활용할 수 있는 관련 기술 및 도구와 함께 용기 있게 행동하는 네 가지 방법을 찾을 것이다.

우리의 체계 안에서 편견을 찾는 것은 개인 차원에서 발전에 도움이 된다. 의미 있는 연결을 강화하는 것은 대인관계 차원에서 발전에 도움이 된다. 그리고 용기를 선택하면 모든 차원 중에서도 특히 우리 팀과 조직 차원에서 편견을 극복하는 데 도움이 된다.

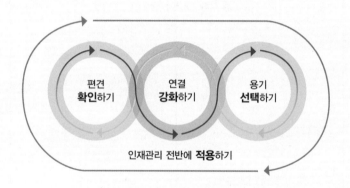

프레임과 리프레임

프레임	리프레임
내가 편견을 직면하면, 분열을 조장할 것이다.	내가 편견에 효과적으로 대처하면, 우리 모두에게 가치가 있으며 최고의 결과에 기여할 수 있다.

편견에 어떻게 대처하느냐에 따라 그 과정에서 분열이 생길 수 있기 때문에 나는 '효과적'이라는 단어에 매료되었다. 그러나 편견을 확인하고, 이에 대처하고 협력하고 옹호하는 기술을 사용한다면 팀과 조직을 분열시키지 않고 강화하는 방식으로 편견을 해결할 수 있다.

성장의 원리

편견은 일회적이지 않다. 모든 편견이 적힌 완전한 목록은 있을 수 없다. 편견은 새로운 환경에서, 우리 자신에게서 계속해서 나타날 것이다. 성장하려면 편견이 나타날 수 있는 부분과 그에 대해 우리가 할 수 있는 일을 정기적으로 평가해야 한다.

UNCONSCIOUS
BIAS

09

용기란 무엇인가?

_____

용기는 두려움의 부재가 아니라 무언가가 중요하다는 인식이다.

_스티븐 코비(《성공하는 사람들의 7가지 습관》 저자)

$$\vee\!\vee$$

고객을 위해 복잡한 프로젝트를 수행하는 엔지니어링 부서를 성공적으로 이끌고 있는 관리자가 있다. 그의 부서에 있는 유능한 엔지니어가 작년에 여성으로 성전환을 했다. 이 엔지니어는 자신의 성전환 사실을 공개적으로 밝혔고, 관리자는 해당 주제가 나올 때마다 그녀를 정중하게 대한다. 그러나 그는 그녀가 과거에 비슷한 프로젝트를 성공적으로 이끌었음에도 자신이 지난 몇 달간 그녀에게 고객을 대면하는 프로젝트를 맡기는 것을 고려하지 않았다는 사실을 깨달았다. 우리가 편견에 근거한 결정을 내리고 있는지 **인식하는 데는 용기가 필요하다.**

어느 동성애자 팀원은 일에 미칠 영향이 걱정되어 남편의 사진을 사무실이나 휴대전화 화면에 표시하지 않는다. 일부 동료는 동성애 혐오가 담긴 농담을 하고, 일부 고위 리더는 그들과 함께 웃는다. 무시하려 애를 써도 마음이 불편해지기 시작하고, 그래서 그가 동료들을 피한다면 그의 일에도 영향이 미칠 것이다. 그는 그런 농담을 불쾌해하던 또 다른 팀원을 발견하고 어느 날 휴식 시간에 그녀에게 털어놓기로 결심한다. 그는 그저 이야기할 사람이 필요했을 뿐이다. 편견의 대상이 되었을 때 이에 **대처하려면 용기가 필요하다.**

오바마 행정부에서 일하던 고위직 여성들은 중요한 회의에서 사람들이 자신을 구슬리고 무시한다는 것을 알아차렸다. 그들은 팀을 이뤄 서로의 목소리를 키워주기로 결정했다. 누군가 좋은 아이디어를 냈는데 회의에서 무시당하면, 다른 여성이 다시 그 아이디어를 꺼내고 누구의 아이디어였는지 밝혔다. 제외되었던 여성의 아이디어를 남성이 다시 꺼내면 또 다른 여성이 원래 여성의 아이디어였음을 지적했다. 이 관행은 '증폭amplification'으로 알려지게 되었고, 널리 활용되는 동맹 전략이 되었다. **동맹자가 되려면 용기가 필요하다.**

2006년 활동가 타라나 버크는 만연한 성적 학대와 성폭행에 대한 인식을 높이기 위해 '미투Me Too'라는 문구를 사용하기 시작했다. 이 운동은 2017년 10월 수천 명이 성희롱과 성폭행에서 살아남은 이야기를 소셜미디어에 게시하면서 널리 퍼지기 시작했다. 이는 피해자를 보호하고, 직장에서의 적절한 행동에 대해 교육하고, 문제 행동을 경험하거나 목격했을 때 해야 할 일을 가르치는 전 세계적인 운동을 촉발시켰다. **옹호자가 되려면 용기가 필요하다.**

용기는 여러 형태로 나타난다. 각각의 예에서 우리는 용기가 다르게 구현되는 것을 볼 수 있다. 우리는 용기를 불확실성이나 두려움, 어려움에 직면하여 노력하고 인내할 수 있는 정신적 또는 도덕적 힘으로 정의한다. 우리는 네 가지 다른 방식으로 용기를 살펴봄으로써 현실을 반영했다. 어려움이나 부정적 성향에 대응하는 방법이 하나만 있는 것은 아니며, 한계 영역이나 피해 영역에서 고성과 영역으로 전환하기 위한 전략도 하나만 있는 것이 아니다.

피해 영역이나 한계 영역에 있었던 경험을 떠올려보라. 그런 상황에서 용기는 어떻게 변화를 가져올 수 있는가? 그 용기는 당신에게서 나오는가? 아니면 다른 사람에게서 나오는가? 용기가 어떻게 그런 상황을 피해 영역이나 한계 영역에서 고성과 영역으로 이동시킬 수 있는가?

앤

몇 년 전 나는 최고정보기술책임자 등 고위 경영진을 초대해 저녁 식사를 했다. 그 자리에는 남녀 경영진과 그들의 손님들이 참석해 있었다. 우리는 인재와 차세대 리더들을 지원하는 일의 중요성에 대해 이야기했다. 내 옆에 앉아 있던 한 임원은 모든 외적 기준에서 성공한 유명한 리더로, 일류 대학에서 강의까지 하고 있었다. 그는 "우리 팀에 멋진 젊은 여성이 많았지만, 전부 결혼하고 아이를 낳았어요."라고 했다.

잠깐… 뭐라고? 그가 정말 그렇게 말했냐고? 더욱 놀라운 것은 바로 옆에 그의 아내가 앉아 있었고, 그에게는 딸들도 있었다는 것이다! 나는 목소리를 내야겠다고 생각했다. 나는 그에게 왜 멋진 여성들이 결혼하고 아이를 낳으면 덜 멋져진다고 생각하는지 정중히 물었다. 그는 결혼해서 아이를 낳은 여성들은 더 이상 직장에 늦게까지 남아 있을 수 없고 일찍 퇴근해야 하기 때문이라는 논리를 펼쳤다. 엄마가 되었다는 사실이 그들의 일정에 영향을 미친다는 것이었다.

말할 필요도 없이 우리는 그의 편견에 관해 매우 활발한 토론을 벌였는데(참고로 그 사람 앞에서는 '편견'이라는 단어를 사용하지 않았다), 나는 그의 관점을 우아하게 리프레임하려 노력했다. 나는 그에게 왜 남자는 결혼하거나 부모가 되어도 덜 멋져지지 않는지 물었고, 우리는 차이점과 유사점, 의사소통, 기대에 관해 적극적으로 토론했다. 대단히 큰 고객인 그를 밀어붙이는 데 약간의 위험이 있을 수도 있다는 생각이 잠깐 들었지만, 용기를 갖고 토론에 참여하는 것이 더 중요하다는 사실을 깨달았다.

좋은 소식은, 이 대화로 인해 우리의 관계가 손상되거나 와해되지 않았다는 점이다. 오히려 대화의 진정성은 이후의 상호작용과 성장을 위한 견고한 기반이 되었다.

신중하거나 대담한 용기

작가 메리 앤 라드마허는 "용기가 항상 포효하는 것은 아니다. 용기란 때때로 하루를 마무리할 때 '내일 다시 해보자'라고 말하는 조용한 목소리다"라고 썼다.[44]

우리는 용기라고 하면 종종 대담함과 뻔뻔함을 떠올린다. 그러나 뻔뻔하게 행동하지 않아도 용기는 영향을 미칠 수 있다. 효과적인 용기는 신중할 수도 대담할 수도 있으며 여러 가지 접근 방식을 적용해 발전할 수 있다. 용기에는 다양한 선택 가능성이 존재하며, 우리가 처한 상황에 따라 다르게 적용할 수 있다.

대담한 용기에는 즉각적인 변화, 행동, 발전이 요구된다. 반면 직업적으로나 개인적으로 위험에 처할 수 있고 안전 수준이 낮은 상황에서는 **신중한 용기**가 적절하다. 물론 이 둘 사이 어딘가에 있는 시나리오도 있다.

이 두 용기를 구별하는 법과 용기를 가지고 행동하는 네 가지 방법에 대해 잠시 생각해보자. 예를 들어, 의사결정 과정에서 편견을 발견했다면 신중한 용기를 사용해야 할까, 대담한 용기를 사용해야 할까? 당신의 결정에 편파적이라는 돌이킬 수 없는 꼬리표가 붙는 것을 원하지 않아 신중한 용기를 선택할 수 있다. 당신의 가정을 확인하고, 결정을 내리는 대상이 되는 개인이나 상황에 대해 알아보는 '인식하는 용기'에서 권장하는 전술들을 조용히 연습해봐도 좋다.

다른 예로, 조직의 리더십 개발 프로그램에 특정 직무를 담당하는 사람만 참여할 수 있다면 변화를 옹호하기 위해 대담한 용기를 발휘할 수 있다. 여기에는 상급자나 경영진 또는 CEO에게 이 프로그램에 대한 당신의 관심을 표출하고, 관심이 있는 직원들을 위한 선택지를 탐색하기 위해 학습위원회를 조직하는 등의 전략을 사용하는 것도 포함된다.

최근에 나는 내가 지지하게 된 전도유망한 정치인에 대해 동료와 논의하고 있었다. 동료는 이 정치인이 의도는 훌륭하지만 생각 없이 말하고 뻔뻔한 행동으로 사람들을 소외시킨다고 했다. 그는 "패멀라, 당신은 사람들이 열린 마음으로 탐구하게 하니까 그 사람보다 훨씬 나은 정치인이 될 거예요"라고 했다. 다른 동료들도 비슷한 말을 했다. 나는 속으로 '아야! 이건 좀 아픈데'라는 생각이 들었는데, 그 이유는 관심이 있는 문제들에 대해 큰 목소리를 내는 것이 내 정체성의 큰 부분이라는 생각이 들었기 때문이다. 내 목소리에서… 열정이 사라진 걸까? 더 생각하다가 이런 피드백이 내가 실제 상황에 적절한 유형의 용기를 적용하고 있다는 지표임을 깨달았다. 대담한 용기는 많은 상황에서 적절한 용기이지만, 동료들의 피드백은 업무에서는 신중하고 사려 깊은 용기가 통한다는 사실을 보여주었다. 그러므로 우리는 반향실에서 벗어나 다양한 관점을 지닌 사람들과 효과적으로 소통하면서 발전해야 한다.

신중한 용기의 강점과 한계는 무엇일까? 다른 극단에 있는 대담한 용기로 가기 전에 신중한 이해의 기반을 다질 수 있다. 신중한 용기는 위험하고 불확실하거나 변동이 큰 상황, 잠시 멈추고 생각해야 하는 상황에서 가치가 있다. 감정적 또는 원시적 뇌에 기반한 대화는 신중한 용기로 시작할 수 있다.

앤

처음 임원이 되어 나는 새로운 동료, 팀원들과 회의를 했다. 조직에 새로 들어왔기 때문에 회의 주제를 완전히 이해하고 있지는 않았지만, 우리 팀의 이익을 지원하고 내 새로운 역할의 범위를 가늠해보면서 균형 잡힌 호기심을 보였다. 나는 타임라인과 출시 일정에 대해 질문했다. 그러자 부사장 하나가 내 질문에 대답하면서 나를 "바보!"라고 불렀다. 나는 분노했지만, 그곳에서 그와 부딪칠 경우 우리의 파트너십이나 팀 분위기에 좋지 않으리라는 사실을 알고 있었다.

회의가 끝난 후 나는 그를 개인 사무실로 불러, 개인적인 경험에 근거해 내 주장이 어리석지 않은 이유를 설명했다. 또한 특히 고위 리더에게는 경멸적이고 부적절하므로 나든 누구든 바보라고 부르지 말라고 당부했다. 대화 내내 몸이 떨렸던 기억이 난다. 당시에는 내 접근 방식이 용감하다는 것, 또는 그것이 노골적인 방식이 아니라 미묘한 방식으로 용기를 보여주는 행동이라는 것을 몰랐다. 나는 그런 상황에서 내가 올바른 행동을 선택한 것에 감사하다. 그의 반응은? 그는 귀를 기울였고 내 직접적인 피드백과 날카로운 지적에 놀란 게 분명했다. 그는 자신의 행동을 변호하지도, 자신이 한 말을 사과하지도 않았다. 우리의 관계는 달걀 껍데기 위를 걷듯 조심스럽게 진행되었다. 경영진과 우리 팀은 협력할 수 있었다. 그러나 결코 가까워지지는 못했다.

나는 개인적으로 '신중한 용기'보다 '의도적 용기'라는 말을 더 좋아한다. 때때로 행동하거나 반응하지 **않는 데도** 용기가 필요한데, 나무 대신 숲을 보아야 하고 당면한 전투가 아닌 전쟁 전반에 집중해야 하기 때문이다. 용감한 행동은 종종 더 큰 선이나 목적을 위해 무언가를 포기하는 것이기도 하다. 그 순간에는 그렇게 보이지 않을지라도 말이다.

마크

'신중하거나 대담한 용기'는 피드백에도 적용된다. 나는 운 좋게 프랭클린코비사에서 나에게 권한을 부여하고 용기와 배려가 적절히 섞인 피드백과 격려를 해준 여러 리더와 함께 일했다. 그들은 나에게 상황에 정직하게 마주할 수 있는 용기를 불어넣어 주었고, 그 과정에서 나를 인간적으로 배려했다.

때로는 같은 대화 속에서도 피드백을 통해 언제 신중한 용기를 내야 하는지, 언제 대담한 용기를 내야 하는지 분별했다. 두 가지 유형의 용기는 용기를 내는 사람이 먼저 자신의 진실성을 입증하고 의도를 투명하게 공개할 때 효과가 있다. 예를 들면, 한 고객사의 경영진 앞에서 처음으로 강의를 했던 때가 기억난다. 해당 고객을 담당하는 프랭클린코비사의 임원도 강의에 참석했다. 이번 강의의 성공 여부에 따라 고객과 계속 일하게 될지가 결정될 예정이었다. 나는 청중과 내가 연결되어 있지 않다는 사실을 즉각 알아차렸다. 거리감이 느껴졌고 흥미를 잃은 듯했다. 그런 분위기는 동료에게도 뻔히 보였던 것 같다.

첫 휴식 시간에 동료가 결국 이렇게 말했다. "마크, 이 사람들은 창립자들이고, 서로 수년간 알고 지낸 사이라는 사실을 잊지 말아요. 이들은 자신이 매우 자랑스러워하고 신뢰하는 무언가를 만들어냈고, 서로의 의견을 신뢰해요. 내부적으로 해결책을 찾으려는 편견이 있죠. 아직 당신에게 동일한 신뢰를 보일 만큼 당신에 대해 충분히 알지 못해요. 이 사람들과는 당신이 알고 있는 내용을 바로 공유하기보다 그들이 아는 것을 먼저 공유하게 하고 거기서부터 시작해봐요."

강의실의 에너지와 몰입도는 즉시 바뀌었다. 대화는 더 깊고 풍부해졌고, 그들과 나는 더 공감했다. 그날의 강의는 큰 성공을 거뒀다. 누군가가 나를 얕잡아보거나 낙담시키지 않고 힘을 실어주는 방식으로 직접적이고 적합하며 시의적절한 피드백을 줄 수 있는 용기를 낸 덕분이었다!

당신은 앞으로 네 장에 걸쳐 직장에서 편견에 직면할 때 사용할 수 있는 16가지 전략에 대해 읽을 것이다. 읽으면서 당신에게 의미가 있고, 당신이 처한 상황에서 효과적일 만한 전략에 주목하라.

인식하는 용기

**존재하는 편견을
인식하라**

잠시 멈추고 질문
하라

가정을 점검하라

배워라

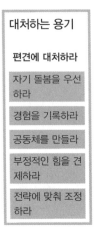

대처하는 용기

편견에 대처하라

자기 돌봄을 우선
하라

경험을 기록하라

공동체를 만들라

부정적인 힘을 견
제하라

전략에 맞춰 조정
하라

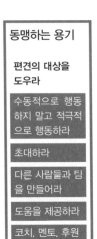

동맹하는 용기

**편견의 대상을
도우라**

수동적으로 행동
하지 말고 적극적
으로 행동하라

초대하라

다른 사람들과 팀
을 만들어라

도움을 제공하라

코치, 멘토, 후원
자가 되라

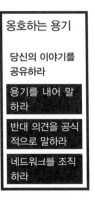

옹호하는 용기

**당신의 이야기를
공유하라**

용기를 내어 말
하라

반대 의견을 공식
적으로 말하라

네트워크를 조직
하라

나는 마이아 앤절로의 열렬한 팬이다. 그녀의 글 대부분이 마음에 와닿았고 전문적으로 사고하는 데 도움이 되었지만, 그중 내가 가장 좋아하는 인용문은 다음과 같다. "용기는 모든 덕목 중에서 가장 중요하다. 용기 없이는 다른 어떤 덕목도 꾸준히 실천할 수 없기 때문이다."

잠시 멈추고 이 말의 무게를 생각해보라. 그렇다. 당신은 무엇이 옳은지 알고 있을지도 모른다. 당신은 공정성과 형평성을 믿는다. 당신은 다양성과 포용성을 믿는다. 당신은 팀의 모든 구성원이 소속감을 느끼고 잠재력을 최대한 발휘해 팀 전체의 성과를 높이는 직장 문화를 만들고 싶다. 그러나 **행동할** 용기가 없다면 아무 소용이 없다. 사람들이 좋아하지 않는 불편한 행동일지라도, 결과를 알 수 없고 나쁜 결과가 나온다 하더라도 행동해야 한다. 용기는 두려움, 불확실성, 우려에 맞서는 행동이다. 용기는 포용성과 모범적인 리더십의 기본 특성이다.

용기란 무엇인가?

개인을 위한 성찰

1. 신중한 용기(직업적 또는 개인적 위험이 높고 안전성이 낮을 때 사용) 또는 대담한 용기(즉각적인 조치가 필요할 때 사용) 중에서 어떤 유형의 용기가 더 편안하게 느껴지는가? 선호하는 용기가 직장 경험에 어떤 영향을 미칠 수 있을까?

_____

_____

_____

_____

2. 직장에서 본 신중한 용기의 사례는?

_____

_____

_____

3. 직장에서 본 대담한 용기의 사례는?

4. 대담한 용기 대신 신중한 용기를 내야 했을 때, 혹은 그 반대의 경우가 있었는가?

용기란 무엇인가?

리더를 위한 응용문제

1. 신중한 용기 또는 대담한 용기에 대한 선호가 팀의 역동성과 의사
   결정에 어떤 영향을 미치는가? 그것이 당신의 리더십 스타일에 대
   한 다른 사람들의 시각에 어떤 영향을 미치는가?

   _____

   _____

   _____

   _____

   _____

2. 당신은 신중한 용기 또는 대담한 용기를 내는 팀원을 인정하고 보
   상하는가? 왜 그렇다고 생각하는가?

   _____

   _____

   _____

3. 당신은 팀원들이 적절한 상황에서 두 가지 유형의 용기를 내는 것을 안전하게 느끼도록 하기 위해서 어떻게 했는가? 무엇을 다르게 할 수 있었을까?

4. 팀 구성원이 용기를 보였을 때를 떠올려보라. 당신이 지금 알고 있는 것을 그때도 알았더라면 어떻게 다르게 대응할 수 있었을까?

UNCONSCIOUS
BIAS

10

인식하는 용기

우리의 정신적 과정 대부분은 우리의 의식과 인식 외부에서 발생하는데, 이는 우리가 정신적 과정을 놓치거나 보지 못하는 경우가 많다는 것을 의미한다. 정신적 과정이 우리 눈에 보이면 어떤 일이 벌어질까? 우리는 거기서 멈추게 될까, 아니면 배우고 성장할까?[45]

_돌리 추그(심리학자, 뉴욕대학교 스턴경영대학원 교수)

편견을 인식하는 용기는 다른 세 가지 용기의 기본이다. 이 장에서 우리는 함께 사용할 세 가지 도구와 편견을 확인하는 전략을 살펴볼 것이다. 사람들은 대부분 자신이 편향적이지 않고 사실과 논리에 근거한 합리적인 결정을 내린다고 가정한다. 실제로 그렇지 않다는 것을 인정하는 것은 충격적일 수 있다. 의사결정을 개선하고 속도를 늦추고 의문을 제기해야 한다는 필요성을 확인하는 것은 용기 있는 행동이다.

앤

우리 자신에서부터 시작해야 하며, 우리 안에 있는 편견을 수면 위로 끌어올리려면 내면을 깊이 들여다봐야 한다. 많은 부분이 무의식적 편견이어서 반사적으로 행동하게 되므로 우리를 잘 아는 다른 사람, 우리가 신뢰하는 사람에게 우리에게 도움이 되는 솔직한 피드백을 달라고 요청해야 한다. 이렇게 하면 보다 효과적으로 타인을 도울 수 있다.

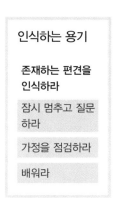

여기 우리 자신 또는 타인의 편견을 확인하는 세 가지 방법이 있다.

전략 1. 잠시 멈추고 질문하라

편견은 생각의 속도 때문에 발생한다. 잠시 시간을 내서 생각을 점검하면 편견이 결정과 반응에 영향을 미치고 있는지 확인할 수 있다. 커리어를 상승 가도에 올려놓을 수 있는 위험 부담이 큰 프로젝트든, 속도가 더딘 작은 프로젝트든 누군가에게 업무를 할당하기 전에 잠시 멈추는 습관을 들여라. 이와 관련해 〈하버드 비즈니스 리뷰〉는 다음과 같이 보고했다.

여성은 문자 그대로의 가사(점심 준비나 회의가 끝난 뒤 정리), 행정 업무(회의 장소 찾기나 파워포인트 준비), 감정 노동("그가 화난 상태인데, 해결해주실 수 있나요?"), 저평가되는 일(인턴 멘토링) 등의 '직장 내 가사office housework'를 백인 남성보다 평균적으로 약 20퍼센트 많이 수행한다고 한다. 지위가 높고 위험이 큰 직장의 경우 더욱 그렇다. 여성 엔지니어는 백인 남성 엔지니어보다 더 높은 비율로 '일벌'이 되기를 기대받고, 유색인종 여성은 백인 여성보다 이 비율이 더 높은 것으로 나타났다.

한편 프로젝트 리더의 역할, 프레젠테이션과 같이 인맥 형성이나 승진 기회로 이어지는 매력적인 업무는 백인 남성에게 훨씬 더 많이 돌아간다. 컨설팅사 갭점퍼스GapJumpers가 기술회사 고객의 성과 평가를 분석한 결과, 여성 직원이 영향력이 적은 프로젝트를 맡을 가능성은 남성 동료보다 42퍼센트 높은 것으로 나타났고, 그 결과 고위직에 오르는 여성은 훨씬 적었다.[46]

편향적인 방식으로 행동하고 그것을 나중에 깨달았던 때를 생각해보라. 당신이 행동하기 전에 자신을 파악하는 데 무엇이 도움이 되었을까? 앞으로 행동하기 전에 잠시 멈추기 위한 조언은 다음과 같다.

- 감정이 고조되면 당신이 **실제로 느끼고 경험하는 것**과 **그것을 느끼고 경험하는 이유**를 구분하라. 다음과 같은 질문을 하라.
  - 나는 무슨 생각을 하고 있는가?
  - 나는 무엇을 느끼고 있는가?
  - 나는 반응하고 있는가?
  - 내 반응을 일으키는 원인은 무엇인가?
- 자극과 반응 사이에 공간을 만드는 능력을 강화하기 위해 4장의 마음챙김을 실천하라.
- 업무에서 팀이 마감일을 지키지 않을 때나, 후임자 선발 계획이 없는 상황에서 누군가가 그만두거나 출장이 많아질 때 등 '속도의 필요'라는 편견의 함정에 빠질 위험이 높은 세 가지 상황을 적어라.

마크

나는 '잠시 멈추고 질문하는' 전략을 이메일에도 적용했다. 이메일을 보내기 전 짧은 시간 동안 이메일을 자동으로 보류하는 규칙을 설정했다. 이는 기차가 역을 떠나기 전 내가 보내는 것에 대해 생각할 기회를 준다.

전략 2. 가정을 점검하라

가정은 우리가 진실이라고 받아들이는 신념이지만 감정, 의견, 편견에 근거한다. 고객사의 한 직원이 연령 차별적 편견의 대상이 되었던 경험을 공유했다. "저는 활동적이고 건강한 60세 여성입니다. 저는 제가 얼리어답터이자 팀플레이어라고 생각합니다. 그러나 저는 마케팅 전략회의에서 '표적시장의 인구'로 간주되지 않기 때문에, 사람들은 대놓고 제 말을 무시하거나 듣지 않고 못 들은 척합니다."

이 직원은 자신이 나이 때문에 기여할 가치가 없는 사람이라고 가정되었고, 이런 가정으로 인해 한계 영역에 배치되었으며, 팀이 자신의 경험에서 장점을 취할 기회를 강탈당했다고 표현했다. 리더로서 팀원들에 대해 생각하고, 당신이 팀원들에 대해 가지고 있는 가정을 떠올려보라. 그런 가정이 당신의 결정이나 그들의 아이디어에 대한 당신의 반응에 영향을 미치는가? 최고의 리더는 잘못된 가정에 이의를 제기하는 것을 게을리하지 않는다.

우리의 고객인 한 제조업체는 타인에 대한 해로운 가정을 근절하는 모범적인 관행을 가지고 있다. 이 회사는 인지장애와 지적장애가 있는 사람들의 실업률이 80퍼센트인 주에서 '장애인에 대한 기대치를 높이기 위해 도전하고 고정관념을 깨는' 장애 인턴십 프로그램을 시작했다.

또 다른 예로, 직장 내 성 불평등이 여성이 자녀를 돌보기 위해 그만두기 때문에 발생한다고 가정하는 리더도 있다. 그러나 캐털리스트의 직원 유지 연구에 따르면, 여성이 직장을 떠나는 주된 이유 두 가지는 존중 부족과 충분하지 않은 승진 기회다.[47] 가정에 이의를 제기하면 문제를 프레임하는 방식이 바뀐다. 여성이 직장을 떠나는 실제 이유를 이해하면 격차를 해소하기 위한 실행 계획을 세울 수 있다.

누군가의 의견이나 기여가 당신을 놀라게 했던 때를 떠올려보라.

당신이 세운 가정과 어떻게 달랐는가? 당신이 세운 가정은 어떤 영향을 미쳤는가?

다음은 미래 상황에서 가정에 이의를 제기할 때 던져야 하는 질문이다.

- 무엇이 사실인가?
- 무엇을 놓치고 있는가?
- 누락된 정보의 공백을 어떻게 메웠는가?
- 앞으로 이런 공백을 어떻게 사실로 채울 수 있을까?

마크

나는 아르헨티나에 거주할 때 스페인어를 유창하게 말하게 되었고 발음도 꽤 좋은 편이었다. 그곳에 사는 동안 문화적으로 동화되기 위해 매우 열심히 노력했지만, 사람들은 내가 미국인이라는 사실을 항상 인지하고 있었다.

내가 스페인어로 말을 하면 사람들은 몇 번이고 "노 아블로 잉글레스(나는 영어를 못해요)"라고 대답했다. 내가 스페인어로 스페인어를 할 수 있다고 말해도 "노 아블로 잉글레스"만 반복했다! 이런 일은 수차례 계속되었다. 나는 내 스페인어가 그렇게 나쁘지 않다는 사실을 알고 있었다(꽤 확신했다). 게다가 나는 말 그대로 스페인어를 하고 있었다! 그러나 내 외모가 명백한 '미국인'이었기 때문에 사람들은 내 스페인어를 듣지 못한 것이다. 진실도 그들의 가정을 극복할 수 없었다.

전략3. 배워라

편견을 '해결하는 것solving'은 일회성 노력이 아니라 편견이 삶과 조직, 사회에 미치는 영향을 계속 탐구하려는 의지와 함께 이루어지는 성장 과정이다. 우리는 지속적인 학습을 통해 이 탐구를 지원할 수 있다. 우리의 고객인 한 의료서비스 업체는 무의식적 편견 교육을 제공할 뿐만 아니라, 편견의 다양한 구성 요소와 포용을 다루는 후속 회의와 세미나를 매년 개최하고 있다. 이렇게 하면 편견을 한 번 해결했다고 '해결된 것settled'으로 간주하지 않고 지속적인 대화의 주제로 만드는 효과가 있다.

새로운 것을 배우면서 이전에 가졌던 믿음이 바뀌었던 때를 떠올려보라. 상황을 보는 당신의 시각을 바꾸는 데 무엇이 도움이 되었는가?

다음은 지속적인 학습을 위한 조언이다.

- 자신의 편견 중 집중할 한 가지를 선택한다. 다음 주에 타인과 대화할 때, 결정을 내리고 행동할 때, 그 편견이 언제 어떻게 나타나는지 주목하라.
- 직장 내 편견, 다양성 또는 포용에 대한 최신 정보를 얻기 위해 노력하라. 간단한 뉴스 알림을 설정하거나 팟캐스트를 구독하면 받은 편지함을 통해 의지를 실현할 수 있다.
- 다양한 소셜미디어 계정에서 당신과 다른 관점을 가진 사상가, 저널리스트, 작가, 활동가를 팔로하라. 소셜미디어의 많은 이점 중 하나는 이전에는 접근할 수 없었던 대화가 공개되어 채팅과

피드를 통해 볼 수 있다는 점이다. 인디 록밴드 아케이드파이어Arcade Fire의 멤버이자 활동가인 윌 버틀러는 〈가디언〉과의 인터뷰에서 "트위터는 입을 다물고 경청하기 좋은 곳"이라며, 소셜미디어가 아니면 일반적으로 접할 수 없는 목소리를 들을 수 있다고 했다.[48]

앤

많은 대규모 조직에 존재하는 편견의 유형은 기능적 편견이다. 나는 경력 대부분을 영업과 고객 관련 부서에서 쌓았기에 시장 중심적인 렌즈를 통해 타인과 내 업무를 들여다본다. 다른 사람들도 재무, 인적자원, 마케팅, IT, 제품관리, 법률 등의 렌즈를 통해 타인과 업무를 들여다볼 것이다.

편견은 자연스러운 현상이지만 집단적 비즈니스가 성공하려면 모든 기능에서 리더와 팀이 협력해야 한다. 최상의 결과를 내기에는 지나치게 동질적인 팀원으로 구성되는 팀이 많다. 부서 간 목표 조정, 커뮤니케이션이나 거버넌스가 부족한 경우도 많다. 결과적으로 신선하고 다양한 관점이 나오지 않는다.

그렇다면 이에 대한 해결책은 무엇일까? 포용과 참여다. 당신의 팀이 중요한 프로젝트를 진행 중이라고 가정해보자. 한 걸음 물러나서 팀의 구성을 살펴보라. 팀원이 잘 균형 잡혀 있는가? 작업을 수행하는 사람뿐만 아니라 정보를 제공하는 데 중요한 역할을 하는 사람, 결과물을 받을 사람이 팀 구성에 반영되어 있는가? 이해관계자는 누구인가? 당신은 이해관계자들을 창작, 개발,

운영 등의 작업 과정에 어떤 식으로든 포함시켰는가? 그리고 반복 작업iteration을 위한 시간을 충분히 고려했는가? 오늘날 빠르게 움직이는 시장에서 더 많은 사람을 조기에 그리고 과정 전반에 참여시키면 직원의 몰입engagement과 지지buy-in로 나아갈 수 있다.

여기에 덧붙일 조언이 있다. 일반적으로 어떤 일에 더 많은 사람을 참여시키는 것을 두고 직원들은 일이 너무 지체되고 "그럴 시간이 없다"라고 우려한다. 실제로는 모두가 제대로 참여하면, 시간은 절약된다. 당신이 무엇을 하든 사람들이 전 과정에 참여해 (심지어 피드백까지 제공하면서) 전념할 것이기 때문이다. 반면 사람들이 제대로 참여하지 않으면, 반대론자와 비방자가 생기게 된다. 그들 중 일부는 침묵한다. 최악의 경우 당신의 노력과 고생을 완전히 수포로 돌리려는 사람도 있을 것이다.

접근 방식이 번거로울 필요는 없다. 내 경우 재무, 법률, 인사, 기업 커뮤니케이션 등 부서의 주요 파트너들을 내게 직접 보고하는 팀 구성원으로 포함시켰다. 나는 또한 직급이 동일한 다른 부서 동료들에게 연락해 '사전 정보를 제공하거나' '아이디어나 문제를 논의하고' '지침을 얻었다'. 이를 통해 비즈니스 전체가 성공하기 위한 가장 강력한 기반인 팀 문화와 진정한 파트너십을 강화했다.

대기업에서만 이 전략을 활용할 수 있는 것은 아니다. 소규모 기업도 이해관계자가 있고, 그 이해관계자는 특히 가까운 공동체에 존재한다. 그들의 참여와 관여를 이끌어내라. 당신의 동료는 시장에도 있다. 그들에게서도 통찰력을 얻을 수 있다. 그물을 넓게 던져라. 어디에서나 교훈, 통찰력, 지원을 얻을 수 있다. 가장 중요한 것은 고객과 연락을 유지하는 것이다.

10

인식하는 용기

개인을 위한 성찰

이 장과 다음 세 장에 나오는 도구는 실제 경험에 기반한 가상 시나리오로 구성되어 있다. 각 시나리오의 목표는 상황을 제공해 대응 방법을 고려하게 하는 것이다. 앞에서 언급한 전략을 검토하고 상황을 진전시키려면 어떤 전략이 가장 적용하기 좋을지 결정하라.

'인식하는 용기' 전략

- 잠시 멈추고 질문하라
- 가정을 점검하라
- 배워라

편견 시나리오

　당신은 직무가 서로 다른 사람들로 구성된 프로젝트 팀에 배정되었다. 마야를 제외하고 팀원 대부분이 미국에서 일한다. 마야는 다른 나라에 거주하고 있는데, 두 국가 간 시차는 8시간이다. 당신은 마야와 유대 관계를 강화하는 데 어려움을 겪고 있다. 그녀와의 대화는 대부분 잡담이거나 업무 할당에 초점이 맞춰져 있다. 그녀의 말을 항상 이해하지는 못한다. 전화회의를 할 때 그녀의 말을 알아듣기 어렵다. 실언을 하거나 그녀를 불쾌하게 하고 싶지는 않지만, 나도 모르게 무감각한 말을 할 것만 같다.

1. 어떤 편견(들)이 작용하고 있을까?

_____

_____

_____

_____

2. 편견이 당신의 일과 마야의 일(성과 모델)에 어떤 영향을 미칠까?

_____

_____

_____

_____

3. 당신은 이 상황에서 어떤 '인식하는 용기' 전략을 활용하겠는가? 그 이유는 무엇인가?

10

인식하는 용기

리더를 위한 응용문제

편견 시나리오

당신의 부하 직원 중 전문가 연례 회의에 참석하고 싶어 하는 사람은 세 명인데, 예산상 한 명밖에 보낼 수 없는 상황이다. 직원1은 팀의 막내이지만 잠재력이 큰 사람이다. 그녀를 보면 당신의 젊은 시절이 떠오른다. 직원2는 조용하고 내성적이다. 지금까지 그의 작업은 좋아 보이지만, 그와 연결 고리를 만들기는 어렵다. 직원3은 팀에서 가장 나이가 많고 당신이 고용되기 전에 임시 관리자였다. 친절하지만, 당신의 의사결정에 반발할 때도 있다.

1. 어떤 편견(들)이 작용하고 있을까?

_____

_____

_____

2. 이런 편견이 당신의 일과 팀의 일에 어떤 영향을 미칠까?

_____

_____

_____

_____

_____

3. 당신은 이 상황에서 어떤 '인식하는 용기' 전략을 활용하겠는가?
   그 이유는 무엇인가?

_____

_____

_____

_____

_____

11

대처하는 용기

나 자신을 돌보는 것은 방종이 아니라 자기 보호다.[49]

_오드리 로드(작가이자 사회활동가)

＞
＞

　편견의 대상이 되는 것은 사소한 일이 아니다. 연구에 따르면, 한계 영역이나 피해 영역에 있는 경험은 잠재력을 억누를 뿐 아니라 전반적인 웰빙에 해롭고 개인적으로나 직업적으로 이바지하는 능력에 영향을 미친다.

　부정적인 편견은 본질적으로 당신을 당신의 이야기에서 밀어내고 부정적으로 리프레임한다. 예를 들어, 젊은 엔지니어가 대학원을 졸업하고 첫 직장을 구했다고 하자. 그는 우등으로 졸업했으며 로봇공학과 공학 기술을 겨루는 전국대회에서 주목받았다. 베트남에서 태어나고 자란 그는 대학교 진학을 위해 캐나다에 왔다. 그는 억양이 심한 영어를 구사하는데, 새 매니저와 팀은 계속해서 그의 억양 때문에 말을 알아듣기 힘들다고 한다. 한 동료는 그에게 주간 가상 팀 회의에서 말하지 말고 채팅으로 참여해달라고까지 했다. "그냥 타자로 쳐주세요." 그녀가 말했다. "어차피 못 알아듣는데, 당신 입만 아프죠."

편견의 대상이 되는 것이 당신의 능력을 제한하고 궁극적으로 피해를 준다는 사실을 인정하고, 그 부정성을 극복하고 다시 중심을 잡으려면 용기가 필요하다. 경험을 글로 쓰고, 공동체를 강화하고, 균형을 잡아줄 영향력을 찾고, 전략에 맞춰 조정하는 등의 자기 돌봄을 우선순위로 삼는 것이 다시 중심을 잡는 데 도움이 되는 전략이다.

앤

나는 경력 초기에 젊은 여성으로서 직장에서 차별 대우를 받았다. 의도적이거나 악의적이라고 생각되는 경우는 많지 않았지만, 어쨌든 사람들은 편견을 가지고 있었다.

예를 들어보겠다. 내 초기 팀 업무 중 하나는 지리적으로 분산되어 있는 서비스 라인의 운영 담당자들을 관리하는 일이었다. 직원들 대부분 나보다 나이가 두 배는 많았다. 일선 기술자들을 상대로 강의를 진행했던 기억이 난다. 그들은 "우리는 당신 같은 부류를 알아요. 빠른 출세를 원하는 사람들이죠. 당신은 6개월 후에 떠날 겁니다"라고 말했다. 내가 눈도장이나 찍기 위해 왔다고 생각하고 말을 들으려 하지 않을 게 뻔했다. 나는 그들에게 당신들을 지원하고 당신들에게서 배우는 데 전념할 것이며, 6개월보다 훨씬 오래 있겠다고 말했다. 나는 3년 동안 그곳에 있었다. 그렇게 천천히 그리고 꾸준히 신뢰와 존경을 얻었고, 그들과 함께 고객 서비스를 제공하고 고객관리 프로세스를 크게 개선했다.

나는 리더로서의 성공이 내 역할에 대한 나의 생각이 아니라 나에 대한 다른 사람들의 생각을 완전히 이해하는 데 달려 있다는 것을 일찌감치 깨달았다. 의식적으로 편견을 파악하기 위해 노력하지 않는다면 발전은 더뎌질 것이다. 당신의 팀이 당신과의 공동 사명을 믿도록 해야 한다. 그러나 그렇게 하기 위해서는 우리의 외모, 타인의 경험, 소문, 추측, 이해 부족, 기타 요인에 의해 형성되는 편견을 표면화하고 해결해야 한다. 우리는 모두 누군가 우리에 대해 사실이 아닌 것을 가정하는 문제에 직면한 적이 있다. 이런 상황을 헤쳐나갈 때 지나치게 심각하게 생각하지 않고 유머 감각을 발휘하면 도움이 된다. 모든 것을 개인적으로 받아들이면 감정에 잠식되어 자기 자신이나 타인을 위한 배움의 기회를 놓치게 된다.

248

전략 1. 자기 돌봄을 우선하라

소셜미디어에서 '자기 돌봄은 혁명적 행위'라고 하는 밈meme(특정 메시지가 담긴 그림이나 사진, 또는 짧은 영상—옮긴이)을 최근에 보았다. (기억할 가치가 있는 모든 지식이 이제는 밈으로 만들어질 수 있다는 것이 마음에 쏙 들었다!)

'자기 돌봄self-care'이라는 단어는 많은 사람에게 편안한 스파 데이와 쇼핑 여행의 카타르시스를 떠올리게 하지만, 사실 이 말은 행동주의에 뿌리를 두고 있으며 오드리 로드가 1988년에 출판한《빛의 폭발A Burst of Light》에서 광범위하게 다뤄졌다. 그녀는 자기 돌봄을 형평성이나 정의를 용감하게 지지한 뒤 회복을 우선시하는 것이라고 정의했다. 격렬한 운동을 한 뒤 스트레칭으로 몸을 회복하는 것처럼, 편견이라는 압박에 직면할 때는 자기 돌봄을 우선시해야 한다. 부당한 대우에 '참고 견디거나' '웃어 넘겨야 하는' 시대는 지나갔다.

> **마크**
> 나는 '자기 돌봄은 혁명적 행위'라는 발상을 좋아한다. 혁신적인 자기 돌봄은 대담하고 극적일 수도 있고, 시간이 지남에 따라 변화를 일으키도록 계획된 것일 수도 있다.
> 신중한 용기와 대담한 용기를 되새겨보라. 신중한 자기 돌봄이나 대담한 자기 돌봄도 실천할 수 있다고 생각한다. 예를 들어, 논쟁적이거나 도움이 되지 않는 회의에 참여하고 있다면 우리는 목소리를 내거나 회의실을 나옴으로써 대담한 자기 돌봄을 실천

할 수 있다. 또 심호흡을 몇 번 하거나, 반응하기 전에 잠시 멈추거나, 회의가 끝난 후 스트레스를 푸는 방식으로 신중한 자기 관리를 실천할 수도 있다.

편견의 대상이 되거나 편견이 타인에게 영향을 미치는 모습을 보는 것은 웰빙에 악영향을 미치고, 이는 감정적 부담emotional tax(5장에서 소개)이 되는 것으로 알려져 있다. 편견을 경험할 때 가장 중요한 기술은 자기 돌봄을 우선시하는 것이다. 스스로 괜찮은지 확인하라. 한 걸음 물러나서 편견이 초래하는 스트레스나 정서적 고통을 효과적으로 처리하라. 자기 돌봄을 위한 방법으로는 상황에서 벗어나기, 명상, 신체 활동, 일기 쓰기, 신뢰할 수 있는 친구와 대화하기, 자기 성찰 등이 있다.

2020년 여름에 발생한 인종차별과 포용을 둘러싼 세계적 시위처럼, 편견에 대처하는 것이 개인적 상황이나 사건보다 조직적·사회적 영향력에 가까울 때도 있다. 시위가 격렬해지면서 미국 전역과 전 세계의 흑인 직원들은 직장 내에서 그렇게 많은 인종 관련 논의가 이루어진 적이 없었다고 보고했다. 흑인 직원들 간에 이루어진 대화도 있었지만, 직장에서 인종차별이나 편견을 경험한 백인 동료들의 광범위한 지원도 있었다. 대부분의 지원은 의도는 좋지만, "우리는 우리뿐만 아니라 우리와 닮은 사람들까지 대표한다"라는 미국의 작가이자 교수 록산 게이의 말처럼 피로감을 불러일으킬 수도 있다.

정체성의 한 측면 때문에 당신이 어떻게 다른지 과도한 질문을 받으면 당신의 이야기가 변두리로 내몰릴 수도 있다. 자기 돌봄은 민감한 문제를 논의할 때 동료나 리더가 질문에 대한 답을 외부에서 찾게 하고, 대화의 초점을 다시 작업 결과물로 전환해 적절한 경계를 설정하는 것을 의미하기도 한다.

조직은 직원이 상황에서 한발 물러나 거리를 두게 하는 정책과 직장 웰빙 프로그램을 제공할 수 있다. 예를 들어, 한 연방정부 하청업체는 혼자만의 시간이 필요할 때 들어갈 수 있는 소규모 회의실 '포커스 룸focus room'을 만들었다. 전반적인 직원 복지와 편견에 대한 대처를 지원하기 위해 스탠딩 데스크와 트레드밀 데스크, 피트니스 코스 등의 웰빙 프로그램도 지원한다. 작년 유엔 시스템을 위한 HR 컨퍼런스에서는 명상 습관을 강화하기 위한 앱 헤드스페이스Headspace, 온라인 치료를 위한 앱 토크스페이스Talk space, 하루 종일 서서 움직이는 것을 장려하는 활동 앱 등 온라인 헬스케어 서비스를 전사 차원에서 활용하는 것이 주요 웰빙 프로그램으로 소개되었다.

당신이 피해 영역에서 다른 사람들의 편견에서 비롯한 행동과 씨름하던 때를 떠올려보라. 회복하는 데 필요한 시간과 공간을 확보하기 위해 무엇을 할 수 있었을까?

앱과 온라인 플랫폼도 도움이 되지만 기술 없이 실행할 수 있는 전략도 있다.

- 산책이나 동료와 커피를 마시는 것 등 하루 중 책상이나 사무실에서 벗어나 휴식을 취할 수 있는 시간을 확보한다.
- 일 때문에 개인 시간을 방해받지 않도록 한다. 저녁 식사 중에 이메일을 확인하거나 업무에 대한 불만으로 대화를 채우면 직

면한 모든 문제가 소모적으로 느껴질 수 있다. 이 시간에는 가족과 퀴즈 게임을 하거나 마크가 109쪽에서 언급한 것처럼 나만의 '댈러스 스택'을 마련한다.

- 근무시간 외의 일과를 고려하라. '나를 위한 토요일Self-Care Saturdays'은 진부하게 들릴 수 있지만, 일주일 내내 기대할 날이 있다는 것은 놀라울 정도로 효과적일 수 있다.

전략 2. 경험을 기록하라

우리는 각자 자신의 정체성과 편견에 관한 사연을 가지고 있다. 글로 경험을 기록하는 것은 우리 자신을 이해하는 데 도움이 되고 그 자체로 자기 보호가 될 수 있다.

글쓰기의 장벽이 높게 느껴질 수 있다. 당신의 사연을 풀어낼 때 사전에 계획한 줄거리와 목적이 있어야 한다는 생각이 들 수도 있다. 그러나 편견에 대처하기 위한 글쓰기의 목적은 완벽한 글을 쓰거나 글쓰기 기술을 계발하는 것이 아니다. 글쓰기에 대해 갖고 있는 생각에서 벗어나야 할 때도 있다. 내 경험과 이야기에 관해 글을 쓸 때 도움이 되었던 간단한 진략을 소개한나.

- 영감을 찾아라. 내 친구 엘리자베스 아세베도는 수상 경력이 있는 청소년 소설 작가다. 영감을 얻기 위한 그녀의 전략 중 하나는 너 많이 읽는 것이다. 다른 사람의 이야기를 읽으면 유사성을

찾는 감정의 뇌가 자극된다. 타인의 이야기는 종종 우리 자신의 이야기를 공유하도록 영감을 주거나 자신의 경험을 색다른 시각으로 볼 수 있게 해준다. 이야기의 힘에 대한 영감을 얻기 위해 〈뉴욕의 사람들Humans of New York〉(뉴욕 길거리에서 만난 사람들을 인터뷰한 내용을 담은 블로그—옮긴이)이나 유사한 웹사이트를 정독하는 데 시간을 할애하는 것은 편견에 대처하는 데뿐만 아니라 변화를 일으키는 데도 도움이 된다.

• 자신에게 비공식적인 글을 쓸 수 있는 권한을 부여하라. 글쓰기와 일기 쓰기는 산문, 시, 목록, 낙서 등 당신이 가장 편안하게 느끼는 형식으로 하면 된다. 완벽한 표현을 사용하거나 구두점을 찍을 필요도 없고, 종이에 옮기기만 하면 된다.

전략 3. 공동체를 만들라

편견의 대상일 때 우리가 얼마나 고립감을 느끼는지 앞에서 이미 이야기했다. 편견에 대처하려면 우리가 중심인 공동체를 만들어야 한다. 공동체는 다양한 형태를 취할 수 있다. 7장에서 나는 전문직 흑인 여성들의 북클럽 회원으로 활동했던 경험을 언급했다. 우리는 매달 책을 읽고 토론했을 뿐 아니라 직업의 세계에서 우리의 경험을 중심으로 한 공동체도 강화했다. 동료들에 의해 과소평가받았던 사례나 포용적이지 않은 소통의 사례를 공유하기도 했다. 직원 자원 단체나 지역사회의 친목 조직도 이런 역할을 할 수 있다. 때로는 개인적 필요를 충족하기 위해 시작한 공동체가 광범위한 집단에 걸쳐 활동하는 공동체로 성장하기도 한다.

글로벌 컨설팅 회사의 수석 전략가 잭 넌은 지난 2018년 8월에 공동체를 강화하려는 노력으로 리빙코퍼릿Living Corporate을 설립했다. 그는 이 단체를 어떻게 만들게 되었는지 다음과 같이 설명했다.

백인이 압도적으로 많은 환경에서 일하는 흑인 1세대 전문가로서 "소외된 전문가들이 직장에서 성공하는 데 필요한 실질적인 통찰력을 얻을 수 있는 공간을 만들어보는 게 어떨까?"라고 자문했다. 여기서부터 흑인과 다른 유색인종들이 접하기 어려운 의미 있는 조언을 공유하는 디지털 플랫폼 리빙코퍼릿이라는 아이디어가 시작되었다.

불과 수년 만에 우리는 200개의 팟캐스트와 수십 개의 블로그를 운영하게 되었으며, 포천 500대 기업의 유색인종 리더, 활동가, 작가, 교수, 창작가, 선출직 공무원, 기업가, 인플루언서 등과 함께 여러 차례의 웨비나(인터넷상의 세미나—옮긴이)를 진행했다. 여기서 우리는 직장에서 소외된 사람들(예: 흑인, 유색인종, LGBTQIA+, 성전환자/논바이너리, 장애인)의 관점을 다뤘다. 우리는 직장에서 여성을 옹호하는 방법, 직장에서 이민 1세대가 겪는 어려움, 직장에서 동아시아인이 하는 경험, 인종과 성적 지향의 교차성intersectionality, 유색인종 최고경영진으로서 일한 경험을 논의했다.

이런 경험과 관점을 중심으로 많은 사람이 '진솔한 대화'를 나눈 것은 놀라운 경험이었다. 대개 주변부에 있는 사람들이 이메일이나 링크드인, 소셜미디어를 통해 우리 콘텐츠를 보고 스스로 옹호하고 대처할 용기를 얻었다는 메시지를 보내왔고, 나는 엄청난 보람을 느꼈다.

리빙코퍼릿 같은 단체는 개인의 인맥에 상관없이 공동체를 강화하는 것이 가능하다는 것을 보여준다.

앤

감정적 부담은 실재한다. 외부의 사건은 우리를 혼란에 빠뜨리고, 사건이 촉발한 감정은 떨치기 어렵다. 그러나 두려움, 불확실성, 의심, 분노, 걱정, 질투는 대체로 비생산적인 감정이다. 감정이 집중력을 흐리지 않도록 어려움에 관한 이야기를 나누고 함께 문제를 해결할 수 있는 지원 인맥을 확보하는 것이 중요하다. 감정적 부담을 혼자 짊어지는 것은 감당하기 벅차고 외로운 일이므로 연결 고리를 찾고, 다른 사람들도 연결 고리를 찾을 수 있게 도와라.

전략4. 부정적인 힘을 견제하라

인종차별부터 노인차별, 디자이너팀의 유일한 관리자가 되는 것에 이르기까지 편견의 대상이 될 때 힘든 점은 자기 제한적 신념을 갖게 될 수 있다는 것이다. 우리는 왜곡된 렌즈를 통해 자신을 보기 시작한다. 우리 자신을 유능하고, 똑똑하고, 근면하고, 인정받을 가치가 있는 사람으로 보지 않고 부적절하고, 부족하고, 성공할 가능성이 없다고 생각한다. 그러나 혼자서 이런 감정에 대처할 필요는 없다. 사실 고군분투하는 것은 종종 이상적이지 않은 감정을 고조시킬 수 있다.

당신의 삶에서 균형을 잡아줄 존재를 찾아라. 균형을 잡는다는 것은 무엇을 의미하는가? 내가 보기에 균형을 잡아주는 사람에게는 두 가지 측면이 있어야 한다. 첫째, 당신을 잘 알아야 한다. 둘째, 당신과 다른 관점을 지니고 있어야 한다. 나에게 견제하는 힘이 되어주는 사람은 남편이다. 나는 편견의 대상이 될 때, 불의에 분노하며 갈등을 정면으로 들이받고 나 자신을 방어하는 성향이다. 나를 잘 아는 남편은 어떻게 침착하게 편견에 대응하고 상황을 주도할지 알려준다. 경력을 쌓는 내내 남편의 도움을 받았다.

인생에서 아직 균형을 잡아주는 힘(7장에서 설명했듯이, 신뢰할 수 있는 친구)을 찾지 못했다면 코치나 멘토가 이 역할을 해줄 수 있다. 우리의 인맥이 가장 큰 영향력을 발휘하는 순간이 바로 이런 어려운 때다. 당신이 이미 알고 있는 사람 가운데 공식적으로 멘토가 되어줄 만한 사람이 있는가? 없다면, 일단 당신이나 타인을 제한하는 편견에 대해 이해하고 새로운 관점을 제시해줄 수 있는 멘토를 찾아라. 지역단체 또는 링크드인이나 미트업Meetup 같은 온라인 플랫폼에서 시작해 안전지대 바깥으로 확장하라. 당신에게 영감을 주는 사람들을 주시하라.

살면서 어려운 상황에 대처할 때 도움을 준 코치나 멘토를 떠올려보라. 그들이 당신을 어떻게 도와주었는가? 당신도 누군가를 위해 같은 일을 할 수 있는가?

코치나 멘토를 찾는 것은 편견을 다루고, 경력을 쌓고, 직종을 전환하고, 성과를 개선하는 등 많은 영역에서 모범적인 관행이다. 하지만 말처럼 쉽지는 않다. 현재 코치나 멘토가 있는 경우(둘 다 있다면 이상적이다!) 아래를 참고하라.

- 편견이라는 렌즈를 통해 다가가라. 당신이 편견의 대상이라고 느끼는가? 당신의 이야기를 코치나 멘토와 공유하고, 편견에 대처하고 상황을 헤쳐나갈 가장 좋은 방법에 대해 그들의 통찰력을 얻어라. 현재 코치나 멘토가 없다면, 당신이 아는 사람 중에 이 역할을 수행할 사람이 있는지 생각해보라.
- 당신의 인맥에서 배우고 싶거나 통찰력이 뛰어나다고 생각하는 사람이 있는가?
- 그 사람과 당신의 현재 관계를 생각해보라. 그 사람은 당신이 누구인지 알고 있는가? 전에 공식적으로 또는 비공식적으로 관계를 맺은 적이 있는가? 이 두 질문에 대한 답이 모두 '예'라면 탐색적 대화를 요청하라.
- 많은 리더가 일정상 감당할 수 있는 것보다 많은 멘토링 요청을 받고 있으며, 좋은 멘토링 관계나 코칭 관계는 견고한 신뢰를 바탕으로 한다는 점을 명심하라. 예비 대화를 위해 이메일을 보내거나 전화를 하라. 규모가 큰 멘토링 관계에 관심이 있는지, 특정 문제를 탐색하는 데 한 시간 정도 할애할 수 있는지 물어보라. 많은 리더가 장기적인 관계에 대해 압박감을 느끼지만 반대로 한 시간 정도의 대화는 기꺼이 한다. 이런 초기 상호작용이

향후 실질적 관계로 이어질 수 있다.

- 열린 자세로 그들의 관점을 수용하고 당신의 이야기를 솔직하게 공유하라.

마지막으로, 멘토가 없으면 유급 코치를 고용하는 것을 고려하라. 당신의 인맥, 인사팀과의 상담, 링크드인 검색을 통해 많은 코치와 접촉할 수 있을 것이다.

앤

당신을 격려하고, 더 나은 사람이 되게 하고, 긍정적인 방향으로 밀어주는 코치, 멘토, 후원자, 친구로 주변을 채워라. 당신과는 다른 사람들, 당신을 도전하게 하고 당신의 한계를 높여주는 사람들로 주변을 채워라. 가장 중요한 것은 당신이 넘어졌을 때 붙잡아주고 다시 일어나 앞으로 나아갈 수 있게 도와주는 사람들로 주변을 채우는 것이다.

당신도 다른 사람들을 위해 의도적으로 그렇게 하기를 바란다. 이것이 우리가 계속 발전하는 방법이다. 함께하면 더 좋다.

전략 5. 전략에 맞춰 조정하라

즉각적인 반응은 원시적 뇌나 감정의 뇌에서 나온다. 어떤 상황에 싱급하게 반응할 때 우리의 반응은 충동적이고 해로울 수 있다. 능동적일 때 우리는 사고하는 뇌로 이동해 더 나은 반응을 선택한다.

일반적으로 사적인 대화나 조직의 회의에서 사람들은 즉각적인 응답을 기대한다. 정보를 받으면 "내일 답변해드리겠습니다"라고 할 수 있는 새로운 문화적 규범을 강화하라. 시간을 들여 전략적 대응을 고려하라.

어떤 말이나 행동을 한 뒤 후회했던 경험을 떠올려보라. 결과는 어땠는가? 그때로 돌아갈 수 있다면 어떻게 말하고 행동하겠는가? 사후 대응 방식으로 편견에 대처하는 것은 직업상의 기회를 얻는 데 해로울 수 있다.

최근에 동료와 편견에 대해 논의하고 있었는데, 그녀는 편견으로 인해 직업적 기회를 잃었던, 매우 부정적인 경험을 여러 차례 했다고 말했다. 하지만 지금 와서 보면 자신의 가능성을 제한했던 그 누구보다 자신이 더 성공했다고 했다. 이 말을 할 때 그녀는 냉소적이지 않았고, 악의를 품고 있지도 않았다. 그녀가 말한 핵심은 자신이 직장에서 경험한 일과 편견의 대상이 되어 받은 피해가 정서적 건강과 능력에 미친 영향과 관계없이, 전략에 따라 지속적으로 대응했다는 것이다. 그녀는 편견 때문에 발생한 사건들과 그에 대한 자신의 반응 사이에 약간의 공간을 유지하면서 자신이 바라던 경력을 우선시할 수 있었다.

능동적으로 반응을 선택하는 것은 상황으로 인해 발생하는 감정과 접촉하는 것이다. 그다음 신속한 사고를 통해 사전에 반응을 선택하고 직업적 목표에 부합하는지 확인한다.

- 먼저 자문하라. 나는 이 상황에 대해 어떤 감정을 느끼는가?

- 그런 다음 질문하라. 여기서 내 직업적 목표는 무엇인가? 이 프로젝트와 관련해 더 많은 인정이나 지원을 받고 싶은가? 협력적인 동료로 보이고 싶은가? 지금이 발언할 때인가?
- 다음으로 질문하라. 이 상황에서 목표에 부합하는 가장 건설적인 대응은 무엇일까?
- 그러고 나서 선제적으로 할 말과 행동을 계획하는 데 시간을 할애하라. 상황이 얼마나 복잡한지 그 정도에 따라 책상에서 2〜5분 동안 메모를 작성하거나 신뢰할 만한 친구 또는 코치와 함께 전략을 세울 수 있다.
- 마지막으로 연습하여 구체화한 응답을 다음 대화에서 구현하라.

마지막 점검, 아무런 변화가 없을 때

편견에 대처하기 위해 모든 전략을 사용했는데도 외부 환경에서 아무런 일이 일어나지 않을 때도 있다. 진전을 이루기 위해 떠오르는 모든 일을 했는데도 한계 영역이나 피해 영역에서 벗어나지 못할 때도 있다.

그 시점에서 우리는 결단을 내려야 한다. 가능한 한 유해한 상황에서 벗어날 책임은 우리에게 있다. 조직은 포용적이고 공평한 환경을 조성하지 않으면 직원이나 고객을 잃을 수 있다는 사실을 점차 깨닫고 있다. 그러므로 직접 가거나 가지 않음으로써 의사를 표시하고, 당신의 기여도를 높게 평가하는 직장을 찾을 수 있으면, 그렇게 하기 위한 조치를 하라.

대처하는 용기

개인을 위한 성찰

'대처하는 용기' 전략

- 자기 돌봄을 우선시하라
- 경험을 기록하라
- 공동체를 만들라
- 부정적인 힘을 견제하라
- 전략에 맞춰 조정하라

편견 시나리오

은퇴가 가까워지고 있는 당신의 팀에 고등교육을 받았고 성과를 얻기 위해 노력하는 새로운 젊은 관리자가 있다. 그는 때때로 팀 내의 연상 직원들에 대해 가정을 한다. 예를 들어, 당신이 여가 시간에 앱을 개발하는 것을 좋아한다고 하자. 최근에 당신은 회사에서 새로 출시한 앱을 관리하고 싶다고 그에게 말했다. 그러자 그는 "괜찮습니다. 대학을 갓 졸업한 안토니오가 그런 일에 더 익숙해요"라고 했다.

다음 날 당신은 용기를 내 관리자에게 당신이 느낀 감정을 공유하고 당신의 요청을 재고해달라고 한다. 안타깝게도 관리자는 짜증을 내며 대답한다. "저기요, 일을 크게 만들고 싶지 않습니다. 저는 결정을 내렸고, 당신은 제 결정을 받아들이셔야 합니다." 의욕을 잃고 낙담한 당신은 자리로 돌아와 동그라미가 쳐진 은퇴 날짜를 응시한다.

1. 어떤 편견(들)이 작용하고 있는가?

\
\

2. 이런 편견이 당신의 일(성과 모델)에 어떤 영향을 미칠까?

\
\

3. 어떤 '대처하는 용기' 전략을 사용하겠는가? 그 이유는 무엇인가?

\
\

11

대처하는 용기

리더를 위한 응용문제

편견 시나리오

당신은 종교적 신념 때문에 특정 식단을 고수한다. 당신은 호텔업계에서 팀을 이끌고 있고, 이 업계에서는 함께 식사하는 것이 중요한 문화다. 팀은 당신의 식단에 대해 함부로 말하기 시작하더니, 이를 수용하는 것이 얼마나 '불편한지' 경솔한 언행을 일삼았다.

처음에 당신은 이에 맞대응하고 감사도 표현하면서 상황을 진정시키려 노력했지만, 팀원들의 적대감은 커지는 듯하다. 당신에게는 리더로서 권한이 있지만, 자신의 종교적 편의를 위해 직원들을 질책하는 것은 적절하지 않은 것 같다. 팀원들이 당신의 정체성의 한 부분을 존중하지 않는 것 같고, 당신은 무엇이든 해보려 애쓰지만 마음이 갑갑하고 무겁다.

1. 어떤 편견(들)이 작용하고 있는가?

---

2. 이런 편견이 당신의 일(성과 모델)에 어떤 영향을 미칠까?

---

3. 이 상황에서 당신은 어떤 '대처하는 용기' 전략을 사용할 것인가?
   그 이유는 무엇인가?

12

동맹하는 용기

동맹ally은 명사가 아니다. 동맹자allies들은 행동으로 정의된다.[50]

_마키니 킹(미주리대학교 캔자스시티캠퍼스 다양성 및 포용 이니셔티브 책임자)

⌄
⌄

위험에 처했을 때 반응하고 대응하는 것은 자연스러운 일이지만, 당신에게 직접적인 영향이 미치지 **않는** 것에 대해 행동하는 것은 완전히 다른 일이다. 우리에게 직접적인 영향이 없는 싸움에 우리 자신을 내던지는 것은 직관에 반하고 부자연스럽다.

동맹자가 되는 것, 타인을 보호하기 위해 목소리를 내는 것은 용감한 행동이다. 타인의 경험을 이해하고 지원하는 것은 앞서 언급한 감정적 부담과 같은 문제에 있어 큰 차이를 만들어낼 수 있다.

동맹자는 '마음이 안 좋아서 돕는' 사람이 아니다. 동맹은 분노, 분개, 죄책감, 수치심, 연민에 관한 것이 아니다. 동맹자들은 편견의 대상에 비해 상대적으로 힘이 있는 위치에 있을 때 무의식적인 편견을 해결하는 것이 사기와 비즈니스에 중요하다는 것을 알고 있다.

편견이라는 주제를 논의할 때 '특권'은 많은 사람에게 정신이 번쩍 들게 하는 단어인데, 특권이 개인의 노력과 성취를 부정한다고 생각하기 때문이다. 사람들은 이렇게 말할 수 있다. "특권이라고요? 제가 여기까지 오기 위해 얼마나 노력했는지 아십니까? 제가 마법으로 이 자리까지 올라왔다고 생각하세요?" 하지만 여기서 말하는 특권은 이런 것이 아니다.

마라톤에 비유해보자. 완주한 사람들은 모두 어려운 일을 해낸 것이다. 하지만 당신이 의족을 착용하고 마라톤을 완주했다면, 비장애인들에게는 없는 장벽을 극복한 것이다. 나에게 특권이 있다고 해서 내가 이룬 성취가 부정되는 것은 아니지만 다양한 장벽이 존재하는 것은 사실이다. 이 중 일부는 감지하기 힘든 수준이지만 다른 일부는 가혹할 정도다.

우리는 모두 어떤 형태의 특권(과 불이익)을 가지고 있다. 나에게 인종이나 성별에 따른 특권은 없지만, 남자와 결혼했고 고급 학위가 있으며 유주택자라는 점은 특권이다.

특권에 대해 생각하는 또 다른 방법은 성과 모델 측면에서 생각해보는 것이다. 미국의 기업 세계에서 나는 사무실에 있는 유일한 흑인 여성이 되는 것에 익숙한데, 나와 같은 사람을 볼 수 없으니 소속감을 느끼지 못하고 한계 영역으로 걸어 들어갈 수도 있다. 다른 식별자로 사무실에 있는 유일한 여성, 유일한 유색인종, 유일한 재향군인, 유일한 장애인 등 많은 예를 들 수 있다. 당신이 직장에서 다수에 속할 때, 그것은 특권이며 당신이 그곳에서 소속감을 느낄 수 있다는 신호다.

어떤 상황에서 당신에게 상대적인 특권이 있을 때, 그때가 바로 동맹자가 되어야 할 때다.

프로듀서 삼총사인 글로리아 칼데론 켈렛과 노먼 리어, 마이크 로이스가 완벽한 예다. 로스앤젤레스의 쿠바계 미국인 가족이 등장하는 1975년의 오리지널 쇼를 리메이크한 히트 쇼 〈원 데이 앳 어 타임〉에서, 리어와 로이스는 업계에서 몇 안 되는 유색인종 여성 프로그램 총괄책임자showrunner 칼데론 켈렛의 주요 동맹자였다(총괄책임자는 TV 시리즈를 제작할 때 선임 프로듀서이자 가장 등급이 높은 사람이다. 총괄책임자의 91퍼센트가 백인이고 80퍼센트는 남성이다).[51] 첫 시즌 동안 출연진과 제작진은 남자 책임자에게 질문하고 결정을 내려달라고 했다. 리어와 로이스는 계속해서 그들을 칼데론 켈렛에게 보냈다. "백인 남성 동맹자들이 중요하다는 것은 농담이 아닙니다. 백인 남성 동맹자들이 판도를 바꿔놨어요. 시즌 2가 되자 사람들이 제게 묻더군요."

리어와 로이스는 이후 칼데론 켈렛이 연출을 하고 싶어 할 때도 그녀를 옹호했다. 그녀는 다중카메라 기반 텔레비전쇼를 감독한 최초의 쿠바계 여성이 되었다.

그녀는 성공한 후 다른 사람들의 동맹자가 되어 선행을 나눴다. "제 특권을 인정해야 했습니다. 저는 유색인종이지만 백인처럼 생겼고… 억양도 없습니다. 믿기 힘들 정도로 좋은 교육의 기회도 있었죠. 이 일을 하게 되기까지 개인적으로 받은 특권이 있으니 그것을 인정하고 '그러면 다른 사람들을 위해 어떻게 문을 열어줄 수 있을까?'라고 말해야 합니다."

그녀는 이것을 막연한 열망으로만 남겨두지 않고 "도구에 대한 접근이 특권이 되어서는 안 된다"라고 말하며, 급성장하는 영화제작자들이 기술을 개발하는 데 도움이 되는 실용적인 자원을 만들기로 결심했다. 그녀는 버즈피드BuzzFeed, 유튜브와 협력하여 업계에 뛰어들기 위해 알아야 하는 기초 지식을 제공하는 무료 마스터 클래스 '할리우드 101'을 만들고, 학생들이 스토리텔링 기술을 배울 수 있도록 〈원데이 앳 어 타임〉의 대본을 공개했다. 그녀는 전도유망한 라틴계 감독인 스테퍼니 베아트리스와 멀리사 푸메로도 멘토링했는데, 두 사람은 이후 〈브루클린 나인-나인Brooklyn Nine-Nine〉을 연출했다. "저는 두 사람의 미국감독조합Directors Guild of America, DGA 카드에 서명했습니다." 그녀가 말했다. "서명은 상당히 의미 있는 일이었어요."[52]

당신이 누군가를 후원할 때, 당신은 그들의 영향력을 강화하기 위해 당신의 조직 내 지위를 활용한다. 영업을 하는 상황에서 거래를 성사시키는 데 지위가 도움이 되는 경우 영업 관리자가 투입된다. 고객 서비스 담당자는 언제 관리자를 호출하는가? 고객을 만족시키려는 대화에서 권위와 특권이 필요할 때다.

그렇게 생각하면 특권은 "어디에 상대적인 서열이나 우위가 있는가?"라고 묻는 것이다. 그런 다음 그 영향력을 사용해 다른 사람을 고양하고, 능동적으로 행동하고, 초대하고, 다른 사람과 팀을 이루고, 지원을 제공하고, 코치나 멘토, 후원자 역할을 함으로써 동맹자가 되는 것이다.

효과적인 동맹자가 되는 것은 편견에 대처할 때 서사의 중심에 서는 것과는 약간의 차이가 있다. 효과적인 동맹자는 자신이 지원하는 사람의 목소리와 경험을 압도하지 않는다. 그들은 중심에 서지 않고 자신의 두려움이나 죄책감, 고통이 아닌 자신이 협력하는 사람의 발전에 집중하려고 노력한다.

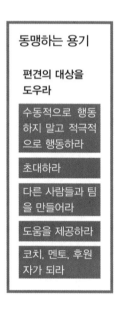

전략1. 수동적으로 행동하지 말고 적극적으로 행동하라

이 장의 도입부에 나온 인용문이 상조하듯이, 동맹자는 적극적인 역할이다. 이것은 중요한 사고방식의 변화다. 많은 지도자가 질문을 받으면 포용적 환경을 강화하는 것이 중요하다고 말하겠지만, 동맹자는 지원에 소극적이지 않다. 이는 동맹자가 10장 '확인하는 용기'의 모든 선략을 수용하고 성찰과 학습에 중점을 두고 협력에 접근한다는 것을 의미한다. 진정한 동맹자는 요청을 기다리지 않고 불평등이라는 도전에 맞서 긍정적인 변화를 일으키기 위해 나선다.

전략 2. 초대하라

당신의 권한을 사용해 다양한 관점을 가진 사람을 더 많이 초대하라. 지니어스길드Genius Guild의 CEO 캐스린 피니는 이렇게 말했다.

> 나는 기회를 찾는 사람보다 기회를 창출할 수 있는 위치에 있는 사람에게 더 큰 책임이 있다고 생각한다. 최근에 기술 분야에 있는 젊고 저명한 백인 남성 친구에게 이렇게 말했다. "당신은 나 같이 생긴 사람은 **절대** 초대받지 못하는 곳에 초대되잖아요. 다음번에 다양성이 없는 '남자 기술자들' 모임에 초대받으면, 당신과 닮지 않은 사람을 초대하세요. 그리고 그곳에 모인 모든 사람에게 당신이 지지하고 기술의 미래라고 믿는 사람이라고 소개하세요. 매우 간단한 일이에요." 그는 기술 분야에서 그 어떤 여성이나 흑인보다 '자신과 다른' 누군가에게 도움을 줄 힘을 가지고 있다. 여기에는 돈도 들지 않는다. 더 많은 힘 있는 사람이 자신이 있는 회의실과 의사결정 자리의 다양성을 높이기 위해 자신의 역할을 할 때다. 이는 사업적으로도 좋은 일이다.

다음은 초대를 위한 전략이다.

- 다음에 컨퍼런스, 패널, 행사에 참석할 때 당신의 멘티나 그런 배움의 기회를 누리지 못할 수도 있는 사람을 초대하라.
- 기조연설자나 주요 역할로 초대받은 경우, 참석 예정자들의 다양성에 대해 문의하라. 다양성이 부족하다면 관점의 다양성을 더할 수 있는 다른 연사를 제안하는 것을 고려하라.
- 많은 조직이 중요한 프로젝트를 서로 직무가 다른 사람들로 구성한 팀에 맡긴다. 만약 당신이 새로운 팀이나 프로젝트에 배정되었다면, 공식적으로든 비공식적으로든 프로젝트에 새로운 관점을 반영할 방법을 생각해보라.

전략 3. 다른 사람들과 팀을 만들어라

편견 문제에서 진전을 이루기 위해 혼자서 노동이나 작업을 할 필요는 없다. 당신이 편견에 확고한 감정을 가지고 있다면 다른 사람들도 마찬가지일 가능성이 있다. 동맹자들끼리 연합을 강화하거나 소외된 사람들의 대의를 위해 당신의 특권과 목소리를 빌려주어 그들의 노력을 증폭시키는 것도 다른 사람들과 팀을 만드는 방법이다. 다른 사람들과 팀을 이뤄 당신의 편견과 그들의 편견에 대해 자세히 알아보고, 당신의 조직이나 공동체의 편견을 탐구하고, 편견의 영향을 많이 받는 사람들과 함께 목소리를 내라.

연구에 따르면, 소외된 사람들이 포용 문제에 대해 목소리를 내면 경력에 피해가 되고, 다수의 구성원이 포용을 주장하면 경력에 도움이 된다고 한다. 이 패턴을 감안하면, 직원 자원 단체와 관련하여 모범적인 관행을 가지고 있는 조직은 정보기관인데, 각 그룹에는 그룹의 구성원이 아닌 임원 후원자가 있다. 이 관행은 옹호의 부담을 직원 자원 단체의 구성원이 아닌 임원 후원자에게 지운다.

- 팀을 만들어 영향력을 발휘한 집단의 일원이었던 때를 떠올려보라.
- 당신에게 직접적인 영향을 미치지는 않지만, 당신의 조직이나 공동체의 다른 구성원에게 영향을 미치는 편견을 생각해보라.
- 그런 영향을 본 다른 사람들이 있는가?
- 그들에게 손을 뻗어 함께 해결책을 강구할 방법을 생각해보라.

전략4. 도움을 제공하라

신중한 용기나 대담한 용기의 개념을 다시 생각해보라. 동맹자가 되는 것에 항상 크고 시끄러운 언행이 동반되어야 하는 것은 아니다. 편견을 경험하는 사람들에게 자신의 말을 경청하고, 자신을 지지해주고, 감정을 토로할 장소를 제공해주는 친구나 동료가 있다는 것은 놀라울 정도로 의미가 있다. 편견에 대처하는 사람들은 의사소통을 위한 안전한 공간이 필요하다. 친구나 신뢰할 수 있는 동맹자로서 지원을 제공할 수 있다면 사람들의 경험에 따라 큰 차이를 만들어낼 수 있다. 물론 당신 역시 상황에 대해 격한 감정을 느낄 수 있다. 협력은 그

럼에도 불구하고 당신의 감정이 아닌 당신이 지지하는 사람들의 감정을 중심에 둘 수 있는 공간을 만드는 것이다.

동료가 어려움을 겪을 때를 생각해보라. 당신은 동료에게 도움을 제공했는가? 그러지 않았다면, 무엇이 당신을 방해했는가? 도움을 주었다면, 어떤 기분이었는가?

다음은 효과적으로 지원을 제공하는 방법에 관한 조언이다.

- 사람들이 거대한 감정을 느끼는 것처럼 보일 때 관찰하고 그 감정을 인정하라.
- 다른 사람들의 아이디어를 경청하고 인정하라.
- 문제 해결이 아닌 이해를 위한 듣기를 시작하라.
- 편견을 해결하는 방법을 함께 브레인스토밍하는 파트너 역할을 한다.

마크

오늘날 내가 살아 있는 것은 도움을 준 동맹자 덕분이다. 나는 33세이던 1993년 버지니아에 살고 있었는데, 그때 동성애가 결국 지나가고 마는 어떤 단계가 아니라는 사실을 마침내 깨달았다. 현실을 마주하는 일은 뼛속까지 뒤흔들어놓을 정도로 충격적이었다. 나는 심각한 우울증을 앓았고, 몇 주 동안 모든 창문을 담요로 가린 채 침실에 틀어박혀 있었다. 우울증은 점차 악화되었고, 어느 날 더는 견딜 수 없다는 생각이 들었다. 그래서 결심했다…… 더 이상 살지 않기로.

나는 스스로에게, 가족에게 부끄러운 일이 되지 않도록 모든 것을 사고처럼 꾸몄다. 마지막 날이 되기 전날 밤, 나는 누군가에게, 아무에게나 말하기로 결심했다. 형에게 전화를 걸었다. 형은 당시 댈러스에 살고 있었다. 내가 전화하자 전화를 받은 형은 캠핑을 떠났다가 잊은 게 있어 막 집에 돌아왔다며 내가 그때 전화를 해서 다행이라고 했다. "나 게이야." 내가 불쑥 털어놨다. 형은 전혀 예상하지 못한 것 같았다. 겨우 한다는 말이 "아냐, 넌 게이가 아니야"였으니 말이다. 나는 내가 정말로 게이라고 말했다. 몇 차례 말을 주고받은 끝에 마침내 형은 현실을 인지하기 시작했고, 그다음 형이 한 말이 내 생명을 구했다. 그는 단지 이렇게 말했다. "내가 그곳으로 갈까? 아니면 네가 여기로 올래?" 나는 즉시 공항으로 가서 댈러스로 날아갔다.

판단이 들어가지 않은 그 몇 마디가 내 생명을 구했다. 사람들의 삶을 변화시키는 데 거창한 용기가 필요한 경우는 많지 않다. 진심을 담은 응원 몇 마디의 영향력은 참으로 놀랍다!

우리는 모두 자신만의 인생 이야기를 가지고 있다. 내 이야기가 다른 사람의 이야기보다 더 중요하거나 덜 중요한 것은 아니다. 사람들은 겉으로 보이는 것보다 훨씬 많은 것을 가지고 있다. 다른 사람의 이야기를 이해하려고 노력하고 우리 자신의 이야기를 나눌 용기를 내면, 많은 것을 배울 수 있다.

이언 매클래런이 했다고 알려진 말이 있다. "친절을 베푸세요. 당신이 만나는 사람은 저마다 힘겨운 전투를 치르고 있으니까요."

전략 5. 코치, 멘토, 후원자가 되라

연구 결과는 명확하다. 편견은 개인적 성공과 직업적 성공에 상당한 영향을 미칠 수 있다. 멘토십과 코칭, 후원은 사람들이 자신의 경력에 대한 부정적인 편견을 극복하는 데 가장 확실한 도움이 될 수 있다. (멘토링, 코칭, 후원의 차이점에 대한 자세한 내용은 7장 '인맥의 힘 활용하기'를 참조하라.) 이런 방식으로 비공식적이거나 공식적인 채널을 통해 기술과 관점을 제공하는 것을 고려하라.

예를 들어, 한 다국적 금융기관은 여성이 고위직으로 승진하지 못하고 있다는 사실을 알게 되었다. 그들은 코칭 이니셔티브를 시작해 먼저 코칭 문화 강화의 중요성에 대해 모든 고위 경영진을 대상으로 교육을 한 다음, 고위 임원들을 높은 잠재력을 지닌 여성들의 코치로 지정해주었다.

나는 특히 후원을 강조하고 싶다. 멘토링과 코칭은 시간을 할애해야 하는 반면, 후원은 다른 사람을 발전시키기 위해 자신의 정치적 자본을 활용해야 하기 때문에, 세 가지 중 가장 큰 위험을 감수해야 하는 노력이다. 후원은 수행하는 데 위험이 따르므로 멘토링이나 코칭보다 후원을 받기가 더 어렵다. 런던경영대학원의 조직개발 교수 헤르미니아 이바라는 이렇게 말했다. "이 중요한 차이점에 관한 증거도 분명하다. 여성은 지나치게 많은 멘토링을 받는 반면, 지나치게 적은 후원을 받는 경향이 있다."[53]

이런 현실은 인종과 장애에도 존재한다. 멘토링은 기술 강화에, 코칭은 경력 전략에 초점을 맞추지만, 전 세계 대부분의 조직에서 실질적으로 승진을 가속화하고 고위직의 다양성 격차를 해소할 수 있는 것은 후원이다.

당신의 마지막 직업적 성취를 떠올려보라. 당신이 그것을 달성하는 데 누가 돕거나 핵심적인 역할을 했는가? 현재 알고 있거나 함께 일하는 사람 가운데 당신의 경험을 통해 도움을 받을 수 있는 사람이 있는가?

다음은 코치, 멘토, 후원자가 되기 위한 조언이다.

- 주변 사람들에게 직업적 목표에 대해 질문하라.
- 그들을 방해하는 것이 무엇인지 물어보라.
- 적절하다고 생각되면, 당신의 경험을 공유하라.
- 피드백과 지침을 제공하라.
- 당신이 어느 영역에서 다른 사람을 향상시킬 수 있는 정치적 자본을 가지고 있는지 생각하라.
- 이런 역할을 수행하기 전에 지원을 받을 사람의 허락을 구하라.

앤

AT&T의 CEO로 지명되었을 때 많은 사람이 내 승진을 옹호하고 있는 것이 분명했다. 나는 경력 전반에 걸쳐 동맹자들로부터 혜택을 받아왔으며, AT&T 역사상 최초의 유색인종 여성 CEO로서 이에 대한 대가를 지불해야 할 책임이 있었다. 나는 일하는 동안 가능한 한 많은 사람에게 동맹자 역할을 하기 위해 많은 시간을 할애했다. 다음은 소외된 사람들을 위해 효과적인 동맹자가 되는 방법에 대한 나의 조언이다.

- 동맹자가 되는 한 가지 방법은 특정 인구나 문화, 성향, 종교 를 추구하지 않아도 그런 외부 조직이나 직원 네트워크, 직원 자원 그룹 등에 **가입**하는 것이다. 나는 남성들에게 'AT&T의 여성' 'AT&T의 여성 기업인' 등의 단체에 가입할 것을 권장 한다. 원하면 누구든지 가입할 수 있다. 익숙하지 않고 어쩌면 불편하기까지 한 어딘가에 참여하는 것은 멋진 일이다. 이것 이 바로 우리가 성장하는 법이다.
- **주변 인맥에 이의를 제기한다**는 아이디어도 강조하고 싶다. 어 떤 집단에 합류하는 것을 고려할 때 의도적으로 자신과 관점 이 다른 사람들로 주변을 채워라. 서로에게 배움을 얻기 위해 자신과 다른 멘티를 선택하라. 그러면 둘 다 더 많은 정보를 얻을 수 있고, 관계가 성장하는 경험을 할 수 있다.
- 생산적인 동맹자가 되고자 하는 모든 리더에게 요청하고 싶 다. **소외된 사람들을 후원하라.** 이미 잠재력이 높은 두 사람을 멘토링하고 있다면 두 사람을 더 찾아라. 두 손을 활용해 옆 으로 뻗고, 뒤로 뻗고, 몇 사람을 더 앞으로 밀어라. 다른 사람 들에게서 위대함을 찾고 그들이 잠재력을 발휘하도록 돕는 것은 다른 어떤 것과도 비교할 수 없는 기쁨을 가져다준다. 당신이 누군가에게 미칠 수 있는 심오한 영향을 과소평가해 서는 안 된다.
- 또 다른 핵심 단계는 **참여**다. 편견을 목격하거나 당신에게 편

견이 있다는 것이 느껴진다면 참여하라. 확실하지 않으면 물어보라. 용기를 내라. 팀을 구성하는 방법, 거버넌스를 운영하는 방법, 성공을 축하하는 방법 등을 물어보고 인맥을 넓히고 다른 사람들과 보다 넓은 곳에 깊이 있게 참여하라. 불편함을 느껴도 괜찮다. 사실 당신이 불편함을 느낀다면 그것은 당신이 당신의 '규범'과 '현 상태'에 도전하고 있다는 신호이기 때문에 좋은 것이다. 하지만 그 느낌을 안에만 담아두지 말라. 행동하라. 자신의 이해와 관점을 발전시키는 것이든, 다른 사람이 똑같이 하도록 돕는 것이든, 작은 것이라도 앞으로 나아가기 위한 일을 하라.

- **목소리를 내라.** 이 주제를 두고 내가 사람들에게 가장 많이 하는 조언은, 다른 사람들의 목소리를 증폭시키라는 것이다. 회의 중 누군가가 방에 있는 유일한 여성이나 유색인종, 또는 젊은 사람이라는 사실을 알게 된다면, 그들이 말을 하고 있는지 또는 그들의 아이디어가 채택되고 있는지 확인하라. 어떤 곳에서 유일한 존재가 되는 것은 매우 어려운 일이다. 무의식적이든 아니든 편견은 '유일한 존재'인 경우 더욱 증폭된다. 사무실에서 가장 어린 사람이든, 유일한 여성이든, 유일한 성소수자이든, 유일한 독신이든, 유일하게 자녀가 없는 사람이든, 유일하게 아이가 없거나 유일한 유색인종이든, 우리는 모두 직장에서 적어도 한 번은 '유일한' 사람이었다고 감히 말하고 싶다. 자신의 위상을 활용해 '유일한' 사람의 목소리를 높여서 '유일함'이 일시적인 상황에 불과하도록 만들어라.

동맹하는 용기

개인을 위한 성찰

'동맹하는 용기' 전략

- 수동적으로 행동하지 말고 적극적으로 행동하라
- 초대하라
- 다른 사람들과 팀을 만들어라
- 도움을 제공하라
- 코치, 멘토, 후원자가 되라

편견 시나리오

당신은 연방정부의 직원이고 당신의 부서는 도시에서 서비스가 부족한 지역과 관련된 프로젝트를 시작하려고 한다. 당신은 이 부서에서 근무한 지 6개월밖에 되지 않았고 여전히 일을 배우고 있나. 관리자와의 면담에서 당신은 이 중요한 프로젝트를 누가 맡게 될 것이라고 생각하는지 물어본다. 그녀는 말한다. "케이샤가 이 프로젝트에 아주 적합하다고 생각합니다. 그녀는 해당 지역 공동체의 언어를 구사합니다."

케이샤는 당신에게 스마트시티를 지원하는 기술과 정책에 관심이 있다고 했다. 사무실에서 유일한 흑인 직원인 그녀는 도심 지역의 흑인 공동체를 위한 프로젝트를 맡아야 한다는 압박감을 느끼며 자신이 열정을 가진 분야에서 경험을 쌓지 못하고 있다고 걱정한다.

1. 어떤 편견(들)이 작용하고 있을까?

_____

_____

2. 편견이 케이샤의 일(성과 모델)에 어떤 영향을 미칠까?

_____

_____

3. 당신은 이 상황에서 어떤 '동맹하는 용기' 전략을 활용하겠는가? 그 이유는 무엇인가?

_____

_____

12

동맹하는 용기

리더를 위한 응용문제

편견 시나리오

당신의 조직은 멘토십(코치나 멘토 되기) 프로그램을 시행하고 있다. 당신은 세 명의 멘티와 매칭되었다. 멘티1은 조직 내에서 당신이 지원하고자 하는 전통적으로 소외된 집단에 속한다. 당신은 그와 배경이 매우 다르고 그와의 대화가 어색할지도 몰라 약간 걱정이 된다. 멘티2는 조직에 새로 입사했으며, 조직의 프로세스를 이전 고용주의 프로세스와 비교할 때 목소리를 크게 냈다. 그녀가 옳을 때도 있다고 생각하지만, 그녀의 접근 방식이 우려된다. 멘티3은 젊은 세대다. 그녀는 부서에서 개인 기량이 가장 뛰어난 사람 중 한 명이지만, 본인은 리더십에 관심이 없다고 밀했다.

1. 당신은 누구를 선택할 것이며, 그 이유는 무엇인가?

_____

_____

_____

_____

_____

_____

2. 어떤 편견이 작용하고 있을까?

_____

_____

_____

_____

_____

_____

3. 어떻게 의사결정 과정에서 편견을 줄일 수 있을까?

_____

_____

_____

_____

_____

_____

UNCONSCIOUS
BIAS

13

옹호하는 용기

이곳 미국은 기존 교리에 감히 반대하는 남녀 혁명가와 반역자의 혈통과 정신을 이어받은 후손들이 사는 곳이다. 그들의 상속자로서 정직한 반대 의견과 불충한 전복을 결코 혼동하지 않기를 바란다.

_아이젠하워(전 미국 대통령)

> ⌄
> ⌄

　옹호하는 용기는 큰 규모의 진전을 이루기 위한 가장 시끄러운 바퀴이자 아마 우리가 생각하는 가장 전통적인 용기일 것이다.

　직장 내 다양성과 포용성을 증진하기 위한 CEO 주도의 최대 공약인 '다양성 및 포용성을 위한 CEO 행동CEO Action for Diversity & Inclusion'은 흥미로운 사례다. "이 공약은 다양성과 포용성을 다루는 것이 경쟁 문제가 아니라 사회적 문제라는 인식에서 비롯되었습니다. 변화가 경영진 수준에서 시작된다는 사실을 인식하고, 세계 유수의 기업 및 비즈니스 조직의 CEO 900명 이상은 개인 및 집단의 목소리를 활용하여 직장의 다양성과 포용성을 증진시키고 있습니다." 개인도 관련 웹사이트를 통해 다양성과 포용성에 대한 서약과 공약을 할 수 있다.

이 공약은 직원이 아닌 CEO에게 책임을 지운다는 점에서 주목할 가치가 있다. 우리는 무의식적인 편견을 완화할 부담을 편견의 대상에 지워서는 안 된다. 〈경영아카데미 저널〉에서 발표한 연구에 따르면, 다양성 이니셔티브를 옹호하는 여성 및 비백인 지도자는 역량 및 성과 평가에서 불이익을 받았다.[54] 모두가 나서서 변화를 옹호하자.

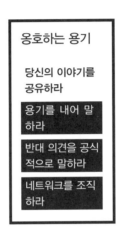

옹호하는 용기

당신의 이야기를 공유하라

용기를 내어 말하라

반대 의견을 공식적으로 말하라

네트워크를 조직하라

전략1. 당신의 이야기를 공유하라

우리는 11장에서 자신의 이야기를 글로 쓰는 것이 편견에 대처하는 데 어떻게 도움이 되는지 논의했다. 많은 사람과 이야기를 공유하면 제도적인 변화를 더 쉽게 이끌어낼 수 있다. 많은 사람이 편견의 영향을 이해하지 못한다. 당신의 경험은 그들이 더 큰 그림을 이해하는 데 도움이 될 수 있다.

이 글을 쓰는 시점에 야스민 압델마지드의 TED 강연 〈당신에게 내 스카프는 무엇을 의미하나요What Does My Headscarf Mean to You?〉의 조회수는 200만 회가 넘었고, 31개 이상의 언어로 번역되었다.[55] 압델마지드는 이민자, 엔지니어, 무슬림, 여성으로서 자기 경험을 공유했다. 영상에 달린 수백 개의 댓글로 그녀가 용기를 내지 않았다면 벌어지지 않았을 토론이 이어졌고, 이후 그녀는 자신의 이야기를 공유한 공로를 인정받아 '올해의 젊은 호주인 상'을 수상했다.

모든 TED 강연, 팟캐스트, 기사, 블로그 게시물, 연구, 편견과 포용에 관한 책은 옹호의 한 형태이며 대화를 진전시킨다. 호기심과 공감은 이야기에서 나오는데, 이 이야기들은 사람들이 통계를 이해하고 그 의미를 실감하는 데 도움이 된다. 실제로 사람들이 편견으로 인해 받는 영향에 대한 개인적인 이야기는 다른 사람들에게 문제를 더 충분히 고려한 다음 행동하도록 영감을 준다.

최근에 중요한 일에 대해 마음을 바꿨던 때를 생각해보라. 마음을 바꾸게 된 계기는 무엇인가? 이야기였는가, 경험이었는가, 아니면 데이터였는가?

다음은 더 큰 맥락에서 이야기를 공유하기 위한 조언이다.

- 소셜미디어 게시물에서 집단의식에 영향을 미쳐 진정한 변화를 촉발한 편견 관련 이야기를 찾아보라. 이야기의 긍정적인 영향은 무엇이었는가?
- 당신에게 적합한 미디어를 통해 편견을 드러내고 해결하는 방법에 대한 당신의 이야기를 공유하라. 사람들이 당신과 당신의 배

288

경 및 관점을 이해하는 데 도움이 되는 인간적인 이야기를 써라.

마크

동성애는 수년 동안 모든 사람에게 숨겨온 내 정체성의 일부다. 나는 먼저 이 사실을 스스로 받아들여야 했다. 그런 다음 가족, 친한 친구, 그리고 결국 함께 일하는 사람들과 공유했다. 앞서 밝혔듯이, 이 중 어느 것도 쉽지 않았다.

내 이야기를 나누는 것은 가족과 친한 친구 등을 대상으로 작게 시작하여 꾸준히 성장한 용기 있는 행동이었다. 이제 나는 무의식적인 편견에 관한 워크숍을 진행할 때마다 내 이야기를 공유한다. 물론 당신도 이 책에서 내 이야기를 읽었을 것이다. 세상에서 빛을 보지 못하는 이야기는 결코 다른 사람들에게 보이지 않는다. 동료에게 사생활에 대해 묻는 것을 아무렇지도 않게 생각할 수 있다. 하지만 그 사람이 자신의 성적 취향이나 성 정체성이 논란이 될까 봐 걱정한다면, 그 간단한 질문도 두려울 수 있다. 내 이야기가 이 일이 얼마나 어려울 수 있는지 보여주었기를 바란다. 이런 어려움에 주목함으로써 우리는 변화를 일으킬 수 있다. 예를 들어, 회사 야유회 초대 공지를 할 때 배우자가 아니라 파트너라고 언급할 수 있고, 회사의 의료보험 혜택에 전통적인 배우자뿐만 아니라 동거 파트너도 포함시킬 수 있다.

당신이 편안하게 생각하는 곳에서부터 시작하라. 용기가 나면 당신뿐만 아니라 당신의 이야기에서 배울 수 있거나 당신의 이야기에서 자신을 볼 수 있는 모든 사람을 위해 당신의 영향력을 확장할 기회를 찾아라.

전략 2. 목소리를 내라

그렇게 함으로써 안전하고 지원을 받는다고 느끼면, 때때로 용기를 드러내는 가장 좋은 방법은 문제를 확인하는 것이다. 목소리를 내는 것은 회의실이나 정수기 주변 등에서 상황에 따라 즉흥적으로 이루어 질 수도 있고, 고위 임원과 공식적으로 만나 문제와 가능한 해결책을 논의하는 것과 같이 대담하게 이루어질 수도 있다.

예를 들어, 최근의 선출직 공무원을 위한 의무 교육 프로그램은 부 하 직원이 명확하게 자주 목소리를 낼 수 있도록 하는 데 중점을 두고 있다. 고위 임원이 전체 사무실이나 조직에 자신이 관련된 문제라도 제기해도 되고, 문제를 제기해도 그에 따른 불이익은 없다고 진심으 로 말한다면 큰 영향을 미칠 수 있다. 고위직 리더들은 피드백을 받고 자 하는 욕구를 명확하게 전달하고, 피드백을 해도 보복당하지 않을 것이라고 직원들을 안심시킴으로써, 직원들이 다른 사람들을 옹호하 고 회사 전체에 도움이 되는 중요하고 필요한 피드백을 제공할 수 있 도록 권한을 부여한다.

신념을 옹호하거나 문제를 파악했던 때를 생각해보라. 무엇 때문에 그것이 쉬웠는가? 또는 어려웠는가? 반응은 어땠는가?

다음은 더 큰 맥락에서 목소리를 내기 위한 조언이다.

- 당신이나 다른 사람이 편견의 대상이 되는 것을 목격하면 한 걸음 물러서서 증거를 찾아라. 편견이 나타난 것은 추세인가, 아니면 이번 한 번뿐인가?
- 하고 싶은 말을 연습하라. 연습은 우리가 감정의 뇌에서 다른 사람들과 논리적으로 연결될 수 있는 사고하는 뇌로 전환하는 데 도움이 된다.
- 당사자를 따로 만나 비공개로 대화하는 것을 고려하라.
- 부드러운 말로 대화를 시작하라.

전략 3. 반대 의견을 공식적으로 말하라

조직문화상 일반적으로 의견 불일치가 허용되지 않을 수 있다. 그러나 사람들에게 적극적인 반대자의 역할을 맡긴 다음 논쟁의 결함을 찾고, 조직이 문제와 어려움을 다른 시각으로 볼 수 있게 해준 것에 대해 보상하거나 인정해줄 수 있다.

'악마의 옹호자devil's advocate' 역할을 공식화하라. 큰 결정을 내릴 때 이 역할은 새로운 관점을 얻는 데 필수적이다. 새로운 제품이나 프로세스를 개발하거나 중요한 전략적 결정 또는 계획을 세우려고 할 때 팀의 누군가에게 적극적인 반대자 또는 악마의 옹호자 역할을 요청하라.

악마의 옹호자는 다음의 임무를 수행해야 한다.

- 계획에서 구멍이나 틈을 찾아라.

- 공감을 통해 주제에 대한 새로운 관점을 고려하라.
- 모든 가정을 철회하라.
- 악마의 옹호자가 단순히 반대를 위한 반대가 아니라 가치를 추가하는 역할인지 확인하라. 확립된 규범의 허점을 찾는 것은 도움이 되지만, **모든 것**에 대해 논쟁하는 것은 도움이 되지 않는다.

전략 4. 네트워크를 조직하라

우리와 그들을 구분하는 집단을 형성하는 것은 원초적 욕구다. 강한 소속감은 집단의 성과를 빠르게 향상시킬 수 있다. 연구에 따르면, 유사한 집단을 하나로 모으기 위한 네트워크를 강화하면 편견이 직업적 성장에 미치는 영향을 방지하는 데 도움이 될 수 있다. 인맥 강화는 경력 개발에 유익한 것으로 입증된 비공식 인맥에 소외된 그룹을 공식적으로 연결하기도 한다.

역사적으로 조직은 이런 인맥을 '직원 자원 집단Employee-Resource Groups, ERGs'이라고 불러왔지만, 다양성과 포용을 추구하는 조직 대부분은 '친화 집단Affinity Group'과 '비즈니스 자원 집단Business-Resource Group'에 대해서도 이야기하고 있다. 각 집단의 기능은 서로 다르다.

직원 자원 집단은 조직의 승계관리pipeline를 통해 다양한 후보자를 승진시키고 그들이 기회에 접근할 수 있도록 한다. 이런 집단은 관리 대상 집단의 대표성을 최대 24퍼센트까지 높일 수 있는 멘토링, 코칭, 후원 활동에 중점을 둔다.

앞서 논의한 바와 같이, 연구에 따르면 소외된 사람들이 자신의 집단을 옹호하면 장기적으로 직업적으로 해가 될 수 있다. 따라서 집단의 구성원이 아닌 임원 후원자를 참여시키는 것이 바람직하다. 직원 자원 집단은 일반적으로 여성, 부모, 재향군인, 장애인, 특정 인종이나 종교의 구성원, LGBTQ+ 등 고유한 관점을 공유하는 직원에게 초점을 맞춘다. 직원 자원 집단은 이 밖의 다른 식별자나 공통 관심사를 중심으로 생길 수도 있다. 효과적인 직원 자원 집단은 교육 기회를 제공하고, 최고의 인재와 함께 공동체를 성장시키기 위한 모집 전략을 탐색하고, 다양한 방식으로 자신들의 목표를 조직의 전략적 목표와 연결시킨다.

비즈니스 자원 집단은 비즈니스를 위한 제품 개발 및 문화적 통찰력에 대한 정보를 제공한다. 예를 들어, 펩시의 아프리카계 미국인 비즈니스 자원 집단은 아프리카계 미국인 커뮤니티에 신제품을 마케팅하는 방법을 조언한다.

사교 클럽과 매우 흡사한 **친화 집단**은 직원들에게 함께 행복한 시간을 보내거나, 살사댄스 등의 취미 활동에 참여하거나, 소프트볼팀과 같은 비공식 조직을 구성하거나, 업무 외 시간에 즐거운 시간을 보낼수 있는 기회를 제공한다.

가능한 경우 세 가지 유형의 집단이 모두 있으면, 사람들은 자신의 목적에 따라 참여할 수 있다. 나는 익명의 문화 관련 설문조사를 관리하는 팀에서 일한 적이 있는데, 그때 동료 중 한 명이 이렇게 썼다. "팀에 자녀가 있는 기혼자가 너무 많아 팀원 간 팀빌딩 활동이 충분하지 않아요. 함께 발야구를 하거나 저녁 시간을 보낼 필요가 있습니다."

그럴듯한 제안이지만 출장 일정이 빡빡한 나는 업무 외 활동에 관심이 없는 팀원 중 한 명이었다. 내 동료는 재미있는 환경에서 팀원들과 결속을 다지기 위한 친화 집단을 찾고 있었던 반면, 나는 임원들과 관계를 강화하고 직업적으로 발전하기 위한 직원 자원 집단에 더 관심이 있었다. 두 가지 유형의 집단이 다 있으면 관심 분야와 관계없이 팀 전체의 관심을 충족시킬 수 있다.

동맹자가 자원 집단에 가입할 수 있을까? 누구나 자원 집단에 가입할 수 있다. 사람들은 다양한 이유로 집단에 참여하며, 동맹자로서 가입하면 큰 공감을 얻을 수 있다. 내 고객 중 한 명은 최근 여러 직원 자원 집단을 시작했으며, 첫 공식 회의에서 장애인을 위한 직원 자원 집단을 옹호하고 자폐 스펙트럼이 있는 자신의 세 아들에 대한 이야기를 공유했다. 그는 직장에서 장애인의 역할과 그들이 할 수 있는 기여에 대해 큰 관심을 가졌으며, 이것이 그가 해당 자원 집단의 임원 후원자였던 이유다. 또 다른 임원 후원자는 자신이 중국에서 입양한 딸과 자신의 외모가 얼마나 다른지 누군가 처음 언급했을 때의 이야기를 공유하고, 그것이 그에게 중요한 문제인 이유를 말했다.

다음은 인맥 구성에 대한 조언이다. 자문해보라.

- 직장 내 공식 또는 비공식 인맥에서 소외감을 느끼는가?
- 우리 팀이 공감할 수 없을 것 같은 경험을 한 적이 있는가?
- 내가 이해받고 지지받는다고 느낄 수 있는 인맥이 직장이나 지역사회에 있는가? 그렇지 않다면 당신이 그런 인맥을 강화할 수 있는가?

앤

나는 AT&T의 직원 자원 집단과 직원 네트워킹이 세계적 수준이라고 믿는다. 우리에게는 다양한 구성 요소를 중심으로 조직된 집단이 24개 이상 있다. 나는 'AT&T의 여성 기업인'과 '아시아 태평양 여성 조직'의 임원 후원자다. 우리 조직에는 재향군인이나 원주민 직원 등에 집중하는 다른 집단도 있다.

이런 커뮤니티와 집단의 모임을 지원하는 것은 어느 리더에게나 중요한 일이다. 이런 조직이 없다면 만들어라. 이미 존재한다면 합류하라.

여성 단체에 대한 가장 큰 오해 중 하나는 여성만 가입할 수 있다는 것이다. 이것은 사실이 아니다! 나는 여성 관련 집단을 통해 최고의 멘토링을 받았다고 이야기한 남성을 다수 알고 있다. 이런 집단은 일상적인 활동을 뛰어넘는 넓은 관점을 제공하고 인맥을 넓혀준다.

또한 당신이 경험해보지 못했던 집단에 가입하면 그들을 지지할 수 있다. 최근에 내 남성 고객 중 한 명은 여성 관련 집단에 합류했다. 여성 집단의 옹호자로서 그의 역할은 값을 매길 수 없다. 해당 집단의 여성들은 물론 다른 남성 동맹자들도 그 CEO가 이 일에 전념하고 있다는 사실을 알고 있기 때문이다.

조직에 이런 유형의 집단이 없다면 시작하라! 몇 명만 있으면 된다. 기술을 이용해 세계적인 커뮤니티를 만들 수도 있다. 눈에 보이는 지원과 옹호를 통해 성공 가능성을 높이려면 처음부터 경영진 후원자를 모집해야 한다.

$$\boxed{13}$$

옹호하는 용기

개인을 위한 성찰

'옹호하는 용기' 전략

- 당신의 이야기를 공유하라
- 목소리를 내라
- 반대 의견을 공식적으로 말하라
- 네트워크를 조직하라

편견 시나리오

당신은 포천 선정 500대 기업의 채용 담당자다. 당신은 다양한 후보를 제안하기 위해 노력하지만, 한 리더는 한결같이 외국 이름이나 낯선 이름을 가진 사람을 거부한다.

1. 어떤 편견(들)이 작용하고 있을까?

2. 편견이 당신의 일(성과 모델)이나 회사(성과 모델)에 어떤 영향을 미칠까?

3. 당신은 이 상황에서 어떤 '옹호하는 용기' 전략을 활용하겠는가? 그 이유는 무엇인가?

13

옹호하는 용기

리더를 위한 응용문제

편견 시나리오

당신은 최근에 성과가 높고 참여도도 높은 팀이 있는 새로운 조직의 리더십 직책을 맡게 되었다. 그런데 예산을 검토하면서 동일한 경력과 성과를 내는 팀원들이 매우 상이한 보상을 받고 있다는 사실을 알게 된다.

1. 어떤 편견(들)이 작용하고 있을까?

_____

_____

_____

_____

_____

_____

2. 편견이 팀의 일(성과 모델)이나 당신의 일(성과 모델)에 어떤 영향을
미칠까?

_____

_____

_____

_____

_____

3. 당신은 이 상황에서 어떤 '옹호하는 용기' 전략을 활용하겠는가?
그 이유는 무엇인가?

_____

_____

_____

_____

_____

8가지 시나리오를 검토하고 16가지 용기 전략을 적용하는 방법에 대해 생각해보았으니, 이제 당신이 직면한 실제 상황을 떠올려볼 수 있겠는가?

상황의 구성 요소를 정리하라. 어떤 편견(들)이 작용하고 있으며, 그 편견이 당신의 일과 그 상황에 있는 다른 사람들의 일에 어떤 영향을 미치는가?

당신은 이 상황에서 어떤 용기 전략을 활용하겠는가? 그 이유는 무엇인가?

_____

_____

_____

_____

_____

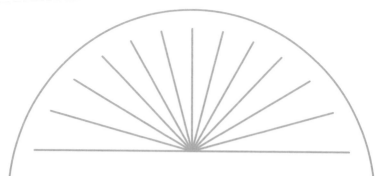

다양성은 한 달이나 두 달,

6개월 안에 바뀌지는 않는다.

그런 변화는 1년, 2년, 5년 후에나 나타난다.

이렇게 오랜 시간이 걸리는 게임이기 때문에

참여하려는 회사가 거의 없다.

리더는 "나는 오랜 시간이 걸리는 게임을 하고 있고,

멈추지 않을 것"이라고 소통해야 한다.[56]

_이보영 (우버의 다양성 및 포용성 책임자)

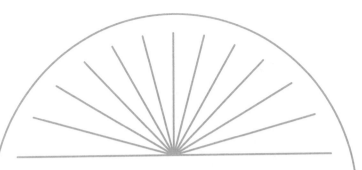

PART

4

Apply Across the Talent Lifecycle

인사 잘하는 조직이 살아남는다

인재관리 전반에 적용하기

리더이자 관리자로서 우리는 무의식적인 편견이 우리 안에 내재하고 있으며 내부 거버넌스, 의사결정 시스템, 조직 전체의 프로세스에도 존재한다는 사실을 깨달아야 한다. 편견은 인재관리의 주요 단계에 널리 퍼져 있을 수 있고, 사전에 해결하지 않으면 세계적인 성과를 달성하는 고성과 팀으로 발전하는 데 방해가 된다. 강력한 팀을 만들고 강화하는 데 가장 중요한 측면 중 하나는 조직 내에 강력한 인재 발굴 시스템을 만드는 것이다. 인재관리의 관점에서 당신이 필요로 하는 의지와 기술을 갖춘 최고의 인재들이 당신의 브랜드에 매력을 느끼고 당신과 일하는 데 흥미를 느끼도록 만드는 마케팅, 채용, 인력 배치 프로세스라고 생각하면 된다. 현재 당신의 접근 방식에 편견이 존재하는가? 채용 공고에 장소와 날짜가 포함되어 있는가? 업계의 인재 경쟁에서 승리하고 있는가? 인재 발굴 시스템이 현재 필요한 인재뿐만 아니라 미래에 필요한 인재를 반영한다고 생각하는가?

누군가가 당신의 팀에 합류하기로 했다면 어떻게 그들이 발전하도록 돕고 있는가? 교육, 학습 및 지원에 대한 당신의 접근 방식은 무엇인가? 당신의 조직은 멘토십에 어떻게 접근하는가? 사람 자체에 초점을 맞추고 있는가? 아니면 업무상 보여지는 모습work persona에 초점을 맞추고 있는가? 직원들은 얼마나 참여하고 있는가? 잠재력이 높은 인재를 어떻게 알아보는가? 시대에 뒤떨어진 접근 방식을 취하고 있는가? 잠재력이 높다고 간주되는 인재가 현재와 미래에 필요한 다양한 리더십 특성을 보여주는가?

이런 질문에 대한 답변에는 편견이 내포되어 있을 개연성이 크지만, 조직문화가 시장의 속도에 맞춰 진화하고 기존 경쟁자나 신흥 경쟁자보다 앞서나가기를 원한다면 탐색할 가치가 있는 질문들이다.

경력 발전은 어떤가? 어떤 직원들이 잠재력이 높은 직원 목록에 있는가? 그 목록은 다양하다기보다 동질적인가? 승계 전략을 세우는 데 어려움을 겪고 있는가? 아니면 당신이 선택한 후보자들이 조직 내 동일한 부서 출신인 경향이 있는가? 당신의 회사에는 성공한 리더의 전형이 있는가? 그것은 당신이 현재 경쟁하고 있는 시장을 반영하고 있는가? 미래의 경쟁에 대비하는 데 현재의 승계 전략이 가장 적합한가? 인재 회의는 어떻게 진행되고 있는가? 모든 사람이 동등한 목소리를 내는가? 아니면 일부 사람들의 목소리가 다른 목소리보다 우세한가? 그래야만 하는가? 당신을 좌절시키려고 이런 수사학적 질문을 하는 것이 아니다. 당신의 의사결정 시스템과 구조에 내장된 편견의 가능성과 개념을 표면화할 수 있도록 돕기 위한 것이다. 인력의 활력이 성공의 열쇠다. 조직이 인재를 지원하고 관리하는 방법을 의도적으로 살펴보고 주기적으로 재검토하지 않으면 편견이 지배하며, 이는 조직이 앞으로 나아가고 혁신하고 변화하는 데 방해가 될 수 있다.

나는 최근에 고객인 한 의료기술 회사와 다양성 및 포용 전략에 관한 작업을 했다. 전략 세션은 특히 인재관리와 '다양성 및 포용 협의회'라는 두 가지 사항에 중점을 두었다. 세션 전에 나는 이 조직에서 진정으로 포용을 옹호하는 학습 및 개발 담당자와 여러 차례 통화했다. 그녀는 회사가 다양성과 포용 측면에서 진전을 이루고 건전한 전략을 보장하기를 간절히 바랐다.

그녀와의 통화와 전략 세션에서 한 가지 눈에 띄었던 점은, 할당제는 전략이 될 수 없다는 말을 그녀가 반복해서 했다는 것이다. 나는 그녀에게 더 자세히 말해달라고 요청했다. 그녀는 몇 년 전에 다양성 및 포용 전략을 강화하기 위해 컨설턴트를 고용했다고 한다. 컨설턴트는 경영진에게 그녀의 권고 사항을 브리핑했는데, 그녀는 회사가 인종과 성별마다 할당을 설정하고 이를 충족하기 위해 적극적으로 노력해야 한다고 주장했다. 경영진의 반응은 좋지 않았다.

이는 다양성 및 포용 전문가들과 해당 분야가 얼마나 진화했는지를 보여준다. 리더들에게 다양성과 포용성, 인재관리에 대해 질문하면, 대부분 기본적으로 적극적 우대조치affirmative action와 할당제를 언급한다. 하지만 이런 조치는 종종 다수에 해당하는 사람들의 원시적 뇌를 자극하게 된다. "할당제 때문에 제가 교체되어야 하는 건가요?" 결국 '다양성을 위해 채용된 것'으로 보이는 직원들은 매우 제한적인 대우를 받고 불리한 입장에 놓이게 된다.

또 다른 문제는 할당제가 바닥이 아닌 천장이 되어버리는 경우가 많다는 것이다. 이는 역할에 가장 적합하고 능력이 있어서가 아니라 '다양성을 충족하기 위해' 고용하는 토크니즘tokenism(형식주의)으로 이어질 수 있다. "보세요! 여성도 있고, 흑인도 있고, 재향군인도 있습니다." 누군가가 당신에게 "다양성을 충족하기 위해 채용되었다"라며 당신이 교육과 경력에 투자한 많은 시간과 에너지를 무시한다면 얼마나 제한적일지 상상해보라.

미국을 제외한 대부분의 국가에서는 직원에 대한 인구통계 데이터를 수집하는 것도 허용되지 않는다. 미국에서도 이 데이터는 확고한 목표가 아닌 기준점으로 사용된다. 고용할당제는 거의 사라졌지만, 리더들은 다양성 채용 이니셔티브를 고려하고 투크니즘two-kenism(특정 집단에 속한 사람이 적어도 두 명은 있는 경우 다양성 목표를 달성했다고 보는 발상—옮긴이)으로 우회하는 등 형식주의는 여전히 남아 있다. 이런 사고방식과 접근 방식은 제한적일 수 있다.

우리는 자기 인식, 개방성 및 성장의 원칙을 인재관리에 어떻게 적용할 것인가를 중점적으로 논의한다. 다양성과 포용성은 높은 성과를 내는 조직을 유지하는 데 매우 중요하다. 리더는 4부에서 설명하는 전술을 통해 직원들이 자신의 가치를 인정받고 존중받으며 소속감을 느낄 수 있는 고성과 영역을 강화하는 리더십 행동, 인적관리 프로세스, 조직문화를 강화할 수 있다.

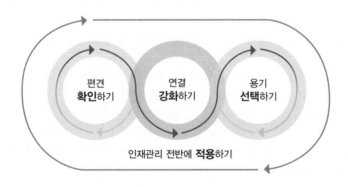

프레임과 리프레임

프레임	리프레임
인재관리는 인사 법률 및 정책으로 규정되어 있다. 나는 리더로서 정책을 따르기만 한다.	인재관리는 인사 법률 및 정책에 따라 결정된다. 나는 리더로서 인재관리의 모든 단계에서 직원의 경험에 영향을 미칠 수 있다.

목적의 원칙

우리는 성찰, 취약성, 공감, 호기심, 용기를 통해 성과가 높은 팀을 만들었다. 그러나 당신은 리더로서 다양성과 포용성이 리더십 목적과 접근 방식의 중요한 구성 요소라는 데 동의해야 한다. 동의한다면, 다음은 인재관리 전반에 걸쳐 그 목적을 적용하기 위한 로드맵이다. 인재관리는 사람들에게 영향을 미치는 팀과 조직의 프로세스와 의사결정으로 구성된다.

인생에서 가장 좋은 일이 대부분 그렇듯이, 다양성과 포용성을 우선적으로 다루는 것은 말처럼 쉽지는 않지만 불가능하지도 않다. 배운 것을 적용하고, 지금까지 당신의 반응을 되돌아보고, 새로운 일을 시도하는 데 용기가 필요할 것이다. 그러나 용기 있는 행동은 당신의 원대한 리더십 목적에 부합할 것이며, 당신과 팀의 성과에 긍정적인 영향을 미칠 것이다.

인재관리에는 채용 여부, 맡은 프로젝트, 승진 여부 등 개인의 경력 전반에 걸쳐 발생하는 결정 지점이 포함된다. 이 모델은 산업과 조직에 따라 조금씩 다르므로 수많은 변형이 존재한다. 한 컨설팅 회사는 인재관리 프로그램에 컨설턴트들이 고객사에 배정되어 일하는 프로젝트뿐 아니라 내부 프로젝트까지 포함하고 있었다. 이 경우 선별은 기본적으로 두 단계에 걸쳐 이루어진다. 첫 번째는 회사에 채용될 때, 두 번째는 고객사에서 일할 때다. 우리는 우리의 목적을 달성하기 위해 인재관리를 채용, 기여와 참여, 승진의 세 가지 범주로 나눠서 생각해볼 것이다.

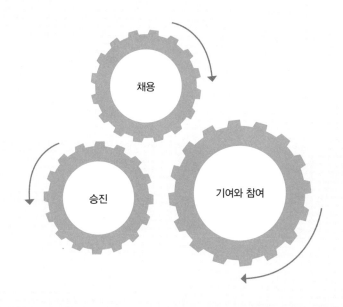

인재관리는 일반적으로 하나의 연속적인 주기로 본다. 예를 들면, 사람들은 조직에 채용되어 몇 년 동안 일하고 승진한 다음 그 조직을 떠나 새로운 조직으로 수평 또는 상향 이동해 다시 시작한다. 우리의 목적을 위해 이 세 가지 범주를 상호 의존적이라고 생각하라. 이들은 서로를 돌리는 톱니바퀴다. 직원 복리후생은 경력의 한 시점에서는 중요하다고 생각하지만, 시간이 지나면서 바뀌기도 한다. 특정 조직에서 부여하는 발전 기회는 직원 참여와 시장 내 조직의 평판에 영향을 미치며, 궁극적으로 지원자들에게 영향을 미친다. 인재관리의 구성 요소와 각 구성 요소의 의사결정, 정책, 절차 및 규범은 본질적으로 서로 연결되어 있다.

물론 고려해야 할 사항이 **많은** 것은 인정한다! 조직의 인재관리 전체를 혁신하자는 말이 아니다. 그보다는 리더로서 인재관리의 각 구성 요소와 모델의 각 부분에서 발생하는 결정 사항을 이해한 다음, 어느 부분을 최적화할 수 있는지 생각해보기를 바란다. 인재관리에 존재하는 편견을 완화하려고 시도할 때, "어떤 구성 요소부터 시작해야 하는가?"라는 질문을 종종 받는다. 조직은 채용을 확대하는 것, 이사회를 다양화하는 것, 여성 리더십 파이프라인 프로그램을 강화하는 것 중 어디에 집중해야 하는지 알고 싶어 한다.

어느 구성 요소부터 시작할지는 당신이 있는 조직의 인재관리에 따라 다르다. 조직의 강점과 기회는 무엇인가? 조직의 정량적·정성적 데이터로 성과 격차가 어디에서 나는지 알 수 있는가? 그런 자료가 있는가? 그렇지 않다면 어떻게 얻을 수 있는가?

당신의 조직은 다양한 지원자를 채용하며, 블라인드 이력서 검토(이름, 성별 등 모든 신원 데이터를 제거한다), 패널 인터뷰, 공동 채용 결정 등을 시행하고 있다고 가정해보자. 그러나 직원 참여 데이터를 보면 재향군인, 유색인종, 여성의 참여가 낮다. 신입 사원을 2년 이상 유지하는 데 어려움을 겪고 있다면, 거기서부터 시작할 수도 있다. 당신이 상당히 동질적이고 직원 참여, 유지, 고객 충성도가 높아서 눈에 띄게 성장하는 가족기업을 운영하고 있다면, 반대로 다른 곳에서부터 시작해야 한다.

두 시나리오 모두 당신이 어디에 노력을 기울여야 하는지 알려준다. 첫 번째 상황에서는 직원의 경험과 기여 및 참여 구성 요소부터 시작해야 하며, 두 번째 상황에서는 현재 눈에 띄게 성장하고 있다는 점을 고려해 특별히 채용 프로세스에 초점을 맞출 수 있다. 현재 어떤 상황에 있든, 가장 먼저 할 것은 현재 당신의 상태를 파악하고, 당신의 인재관리 프로세스에서 편견이 성과에 가장 큰 영향을 미치는 지점을 파악하는 것이다.

앤

많은 사람이 경력 개발을 하다가 개별 기여자 역할에서 직접적으로 감독할 책임이 있는 역할로 전환할지 결정해야 하는 상황에 직면한다. 이것이 간단한 일이며 누구나 사람을 관리하고 싶어 할 것이라고 가정하는 경우가 많다. 하지만 이는 진실과는 거리가 멀다. 팀을 관리하는 리더 지위를 포함하는 진로에 관심이 있는 경우 먼저 프로젝트, 특별 과제, 회의나 집단 대화 등의 상황적 환경을 통해 리더십 기회를 모색해볼 것을 권장한다. 리더십을 개발하고 확고히 하려면 연습과 경험이 필요하다. 누구나 알다시피, 리더가 된다는 것은 사람에 관한 일이다. 사람들에게 영감을 주고 사람들을 코칭하고 발전시키는 일이다. 그렇다! 리더십은 정적인 관행이 아니다.

궁극적으로 리더는 직원, 팀, 조직 전체를 위해 인재관리를 충분히 이해하고 강화하고 지원해야 한다. 리더십의 핵심 목표는 적절한 때에 적절한 팀을 현장에 배치하는 것이다. 여기에는 적절한 사람에게 적절한 역할을 맡기는 일도 포함된다. 변화의 속도가 빨라지고 역동적으로 진화하는 시장에서 리더는 조직이 현재뿐만 아니라 미래에도 성공할 준비가 되어 있는지 지속적으로 확인하고 재조정해야 한다.

마지막으로, 인적자원 관련 의사결정이나 절차에 합법성은 충분하지만 상상력이 부족해 어려움을 겪는 조직이 많다. 이 부분과 관련해서는 인재관리에서 고려해야 할 모범 사례와 질문들을 간략히 살펴보았다. 개선은 관습에 얽매이지 않고 창의적으로 행동할 기회다. '교차성intersectionality'은 변호사 킴벌리 윌리엄스 크렌쇼가 민권소송을 변호하면서 만든 용어로, 그전에는 존재하지 않았던 단어다.[57] 오늘날 교차성은 사회적 범주화와 인종, 계급, 성적 취향, 성 정체성과 같은 식별자 사이에 상호연결성이 있다는 개념으로, 다양성과 포용성 이니셔티브를 정의하는 세계적인 용어가 되었다. '증폭amplification'이라는 개념 역시 오바마 행정부의 고위직 여성들이 구상하고 실행하기 전에는 존재하지 않았다. 이제 증폭은 조직에서 전통적으로 소외되었던 여성의 기여를 인식하기 위해 광범위하게 사용된다.

훌륭한 팀을 만드는 요소에 관한 구글의 대규모 연구는 관리자를 위한 심리적 안전 목록과 같이 단순하지만 심오한 전략으로 이어졌다. '애자일 agile 팀'이라는 아이디어는 조직이 전통적인 명령과 통제 체계를 기꺼이 거부할 때에만 실현 가능하다. 빌앤드멀린다게이츠재단은 52주의 유급 육아휴가를 제공한다. 세일스포스의 CEO 마크 베니오프는 조직 내 성별, 인종 및 민족에 따른 임금 격차를 해결하기 위해 2년 동안 600만 달러를 투자했다.

물론 이런 전략 중 일부는 예산이 필요하기 때문에, 조직이 직면하고 있는 재정적 현실에 비춰볼 때 광범위하고 전면적인 결정을 내리는 것이 어려울 수 있다. 그러나 많은 포용적 리더십 행동과 전략은 비용이 거의 또는 전혀 들지 않는다. 우리는 우리의 상상과 우리가 허용하지 않는 것에 의해 묶여 있는 것이다. 직급이 어떻든 당신은 리더로서 영향력을 지니고 있으며, 그 영향력을 발휘해 조직 전체의 가능성을 높일 수 있다.

UNCONSCIOUS
BIAS

14

채용

끝내주는 전화 인터뷰를 몇 번이나 했는지 모른다. 그런데 내가 직접 가면, 한 남자가 들어와 말 그대로 나를 위아래로 훑어보고는 걸어나갔다. … 그 사람은 멋진 직원을 놓쳤고, 스스로 피해를 당한 셈이다. 비만인 사람에 대한 그의 혐오가 그 자신에게 손해를 끼친 것이다.

우리 같은 사람들을 밀어내면 인재풀을 제한하는 것이다. 왜냐하면 우리는 대부분 다른 집단의 사람들과 마찬가지로 굉장한 사람들이기 때문이다. 우리를 채용하는 것이 좋다. 우리는 훌륭한 사람들이다. 매일 계단이 아닌 엘리베이터를 탄다고 내가 열등한 직원인 것은 아니다. 그렇다고 내가 성과를 더 적게 내는 것도 아니다. 그렇다고 내가 조직에 덜 유용한 것도 아니다.[58]

_리사 러브(PBS의 에미상 수상작 〈사이걸스(SciGirls)〉의 조정 프로듀서)

⌄
⌄

채용은 모집, 채용 및 면접, 직원 복리후생 등으로 구성된다. 여기에는 채용 공고가 어떻게 나는지, 직무 설명에 어떤 정보가 포함되어 있는지, 면접은 어떻게 누구에 의해 진행되는지, 면접 과정은 어떻게 구성되는지, 최종 결정은 어떻게 이루어지는지 등의 질문이 포함된다. 급여는 어떻게 결정되고, 누구에게 어떤 혜택이 제공되며, 협상은 이렇게 진행되는지 등의 보상 관련 문제도 채용의 한 부분이다.

채용		
모집	**채용 및 면접**	**직원 복리후생**
• 파트너십 기회를 검토하라 • 일의 미래를 생각하라 • 직감이 아닌 데이터를 채용 기준으로 사용하라 • 직무 내용을 최대한 자세히 기술하라	• 숙련된 채용 패널을 갖춰라 • 이력서 보완을 허용하라 • 직무에 맞춰 면접을 조정하라	• 직원 복리후생 프로그램에 대한 '포용 감사'를 실시하라 • 급여 감사도 포용 감사에 포함하라 • 유연근무와 협상을 허용하라 • 데이터를 신뢰하라 • 모두에게 신호를 보내라 • 스스로 점검하라

복리후생은 일단 조직에 채용되고 나서 고려할 문제라고 생각할 수도 있지만, 특정 지원자가 조직에 지원할지, 면접을 볼지, 일자리 제의를 수락할지 결정하는 요소일 수 있다. 예를 들어, 인턴십이 유급인지 무급인지 등 간단해 보이는 결정이 지원자 풀에 큰 영향을 미칠 수 있다. 육아휴직, 건강보험, 유연근무제, 정식 경력 개발의 기회 같은 혜택은 많은 지원자에게 중요한 고려 사항이다. 취업비자 지원 여부는 세계 인재들에게 해당 조직이 가능한 선택지인지 결정하게 하는 요소다. 이주 지원 정책이나 간병 등 생의 전환점을 지원하는 방법, 어떤 이유로든 일시적으로 직장을 떠났다가 돌아와야 하는 사람들을 위한 진입로 및 진출로, 장애 지원, 안식년 허용 여부 등을 평가하는 것도 중요하다. 때때로 이런 정책들이 일부 집단에 불균형적으로 큰 영향을 미친다.

모집

많은 관리자가 채용을 인사팀의 일이라고 생각하지만, 성과를 개선하기 위해 인력을 다양화하려면 보다 적극적인 역할을 해야 한다. 앞서 밝혔듯이, 편견은 우리의 의사결정에 영향을 미친다. 채용과 고용은 사람들의 경력을 두고 내리는 중요한 결정 중 하나다.

'모집'은 직책이 어떻게 광고되는지, 채용 공고 대상이 누구인지, 정보가 어떻게 배포되는지에 초점이 맞춰져 있다. 우리가 고객으로부터 들은 한 가지 공통적인 문제는 모집 공고가 끌어당기는 채용 풀이 제한되어 있다는 것이다(연구 결과로도 확인되었다). 예를 들어, 재직 중인 직원에게 의존해 후보자를 추천받거나 특정 대학이나 웹사이트에서만 광고하는 경우 제한된 네트워크 내에서만 채용하는 셈이다. 오랜 기간 동일한 채용 전략을 유지했다면 지원자 풀을 넓히거나 다양화하지 않은 것이다. 다음 네 가지 전략으로 인력 풀을 확대할 수 있다.

파트너십 기회를 검토하라

채용 시 리더들이 하는 가장 일반적인 불평 중 하나는 자격을 갖춘 다양한 후보자로부터 지원서를 받지 못하니 선택의 여지가 없다는 것이다. 게다가 채용 과정에서는 성적 취향, 결혼 여부, 나이, 인종 등 많은 식별자에 대해 논의할 수 없다.

리더들은 이렇게 말할 것이다. "어떻게 동성애자 직원을 더 많이 고용할 수 있습니까? 사람들에게 동성애자인지 물어볼 수도 없고… 안 그렇습니까? 그런 질문을 할 수도 없는데, 어떻게 다양성을 높일 수 있나요?" 채용 과정에서 불필요한 질문을 하지 않고 지원자 풀을 확장할 수 있는 비교적 쉽고 접근 가능한 방법으로 파트너십이 있다.

흑인 대학들과 협력하는 것은 모범적인 관행이지만 다른 소외된 집단의 사람들을 모집하는 데는 잘 사용되지 않는다. 교육기관과 접촉해 1세대 대학생, 군인 출신 학생, 성소수자 조직, 장애 서비스 사무소에 홍보하는 방법도 있다. 지원자 풀을 더욱 다양하게 만들기 위해 일을 하면서 학교에 다닐 수 있는 인턴십이나 협동 프로그램을 도입하는 것을 고려하라.

신입 사원 후보자를 찾고 있는 것이 아니라면? 종교, 성적 취향, 성정체성, 인종, 성별 등을 지지하는 각종 옹호 단체, 동창 조직, 친목 단체, 재향군인국, 기타 재향군인 복무 기관, 대사관 등과 파트너십을 맺을 수도 있다.

채용을 위해 고안한 직원 추천 프로그램이 의도치 않게 후보자의 다양성을 해칠 수도 있다. 채용 전략의 일부가 아니라면 재직 중인 직원을 통해 채용을 진행하는 것은 기존 지원자 풀을 영속화하는 것일 수도 있다. 추천 프로그램이 있는 경우 직원 자원 단체와 협력해 추천 프로그램의 범위를 확장하라.

일의 미래를 생각하라

일부 조직은 여전히 전통적인 고용 모델을 고집하며 다양하고 젊은 후보자를 채용하는 데 어려움을 겪는다. 재택근무에 관해 물었다가 후보에서 제외되었다는 끔찍한 이야기도 들었다. 하지만 왜 그랬을까? 일의 미래는 좋든 나쁘든 긱 이코노미gig economy를 중심으로 강화될 것이다. 디지털 유목민은 프로젝트 기반 업무와 일의 유연성을 추구한다. 정규직이나 조직 내에서 성장할 능력을 찾는 사람들조차 조직에 기여하는 동시에 어디에서나 살 수 있고 일할 수 있는 능력을 우선시하고 있다. 미래의 일이 어떤 모습일지 시야를 넓히고, 이를 염두에 두고 채용을 진행하라.

일부 기업은 다양한 인력이 존재하지 않는데도 조직의 인구가 해당지역의 인구를 반영한다고 주장한다. 새로운 업무 모델을 사용하면이 문제를 피할 수 있다. 미국 국방부 군수국DLA은 미군이 중요한 기능을 수행하는 데 필요한 장비와 서비스를 제공하는 연방 기관이다. 이들은 몇 년 전 채용 공고에서 주소를 없애기로 결정했다. 군수국에서 일하면 어디서나 살 수 있고 어느 업무에든 지원할 수 있다는 의미다. 그들은 지원자 풀을 넓히기 위해 의도적으로 이런 결정을 내렸고, 이는 효과적이었다.

조직의 업무 중 외부에서 수행 가능한 업무가 있는지 고려하고, 다른 지역의 지원자에게 직위를 개방하는 것을 고려하라. 외주를 맡길수도 있고, 외주업체를 통해 채용을 할 수도 있다.

직감이 아닌 데이터를 채용 기준으로 사용하라

전에 채용 담당자였던 내 고객이 팀 내 공석을 채우려던 한 관리자의 이야기를 들려주었다. 그 관리자는 신입 사원이 특정 학교에서 특정 학위를 취득한 사람이어야 한다고 주장했다. 채용 담당자는 "이유가 있느냐"라고 물었다. 관리자는 학교의 명성 외에 다른 이유를 설명하지 못했다.

채용 담당자는 높이 평가받을 만한 행동을 했다. 관리자에게 이렇게 말한 것이다. "학교는 잠깐 보류하고 시야를 넓혀보는 게 어떨까요? 채용 직무는 어떤 일이고, 당신은 어떤 역량, 어떤 태도를 가진 사람을 찾고 있습니까? 현재 당신의 팀에서 효과적으로 작동하는 것은 무엇인가요?"

그런 다음 팀원들의 이력서를 분석했는데, 해당 학위를 소지하고 있거나 해당 학교에 다닌 사람이 아무도 없다는 사실을 발견했다. 그는 데이터를 가지고 관리자에게 가서 이렇게 말했다. "이것이 당신이 만족하는 현재 팀원들의 이력이며, 당신이 찾고 있는 것입니다. 그러니 특정 학교의 특정 학위를 가진 지원자를 채용하기보다 당신이 찾고 있는 역량을 잘 반영한 직무기술서를 작성하는 게 어떨까요?" 그들은 기존의 조건이라면 제외되었을 재능 있는 팀원을 채용할 수 있었다.

그 관리자는 머릿속에 한 가지 생각이 있었고(**이 학교는 훌륭하고 다른 학교는 그렇지 않다**) 이를 지지하는 정보만 받아들이는 확증 편향을 가지고 있었다. 그가 특정 학위에 대해 지니고 있던 모호한 인식은 뇌가 선택한 지름길이었을 뿐, 팀의 고성과 역량이라는 실제 사실에 근거한 것이 아니었다. 채용 담당자가 사실 파악을 위해 깊게 파고드는 과정에서 지원자 풀을 넓힐 수 있었던 것이다.

당신의 지원자 풀은 어떤가? 당신의 팀에게 성공이란 무엇인가? 직원들을 대상으로 인터뷰를 실시해 지원자가 어디에서 직무에 대해 알게 되고 무엇에 흥미를 느끼는지 이해한 다음 데이터를 문서화해 당신의 선입견이 확증 편향에 의해 강화되지 않도록 하라.

직무 내용을 최대한 자세히 기술하라

많은 조직이 매년 해묵은 직무기술서를 사용한다. 직무기술서는 10년 동안 바뀌지 않았지만 업무는 바뀐다. 직무기술서를 정기적으로 업데이트해 필요한 역량을 적절하게 전달하라. 그렇게 하면서 자격 요건의 범위를 지나치게 좁게 설정해 지원자 풀을 제한하지 않도록 조심하라.

인재 전문가 조시 버신과 토마스 차모로프레무지크는 다음과 같이 설명한다. "가장 유능한 사람을 승진시키는 데 그치지 않고 당신을 원하는 곳으로 데려다줄 수 있는 사람에 대해 더 많이 생각하기 시작하면 회사는 번창할 것이다."**59**

직무기술서의 자격 요건을 고려할 때 한 번 더 질문하라. **해당 이력이 이 역할에 필요한 조건인가, 아니면 필요하다고 가정한 것인가?**

예를 들어, 군복무는 민간 부문의 직무와 치환하기가 매우 어렵다. 민간 부문의 직무기술서가 작성되는 방식을 살펴보라. '10~15년의 고위 관리 경력 또는 그에 상응하는 군 경력' 같은 자격 요건을 나열하는 경우는 거의 없다. 조직은 더 많은 군인 출신 지원자를 원하면서 군 경력은 인정해주지 않는다.

마지막으로 직무기술서의 언어를 고려하라. '록스타rockstar'나 '닌자ninja'와 같이 성적 특징을 반영한 용어, '수비수'나 '강타자' 등의 스포츠 용어, 조직 외부에서는 의미가 없는 전문 용어나 줄임말 사용을 삼가라. 이런 언어의 사용이 의도치 않게 지원자를 제한할 수 있다. 대부분의 조직은 자신들이 동등한 기회를 제공하는 고용주이며, 차별을 하지 말라는 고용평등기회위원회EEOC의 규정을 준수한다고 선언한다. 구직자의 3분의 2는 회사의 다양성을[60] 평가하므로 직무 설명에서 우선순위를 솔직하게 밝혀야 한다. 규정을 준수하는 것을 넘어 조직의 가치와 다양성, 형평성, 포용에 대한 공약을 직무기술서에 포함하고, 이것이 조직에 중요한 이유를 설명하라.

앤

많은 사람이 직원 채용 시스템의 중요성을 과소평가한다. 어떤 조직이든 활력이 성공의 열쇠이며, 활력을 갖기 위해서는 직원 채용 파이프라인에 지속적으로 집중해야 한다. 나는 파이프라인을 차단하고 기존 직원을 고수하는 실수를 저지르는 조직들을 봐왔다. 이런 이분법적인 접근 방식에는 문제가 있다. 시대는 바뀌고 기술도 변하며 시장도 바뀌고 고객의 선호도 변한다. 당신의 경쟁자 역시 변화한다. 당신은 조직의 경쟁 차별화 요소가 제품이나 서비스, 가격이나 경험이라고 생각할지 모른다. 핵심은 적절한 문화에 의해 권한을 부여받은 적절한 사람 없이는 그 어떤 것도 가능하지 않다는 점이다. 조직의 경쟁우위는 바로 사람이다. 게다가 시장의 모든 부문이 초경쟁적인 것과 마찬가지로 인재 경쟁 또한 치열하다는 사실에는 의심의 여지가 없다. 누구나 자신의 팀원이 최고의 인재이기를 바라며, 이를 위해서는 자신이 보유한 인재가 팀에 필요한 사람인지 확인하는 데 집중해야 한다.

리더는 조직의 인력 채용 과정이 인력에 대한 조직의 비전과 일치하는지 확인해야 한다. 여기에는 채용 장소와 방법뿐만 아니라 채용 이유도 포함된다. 미래의 직원을 위해 개발하는 가치 제안은 고객을 위해 개발하는 가치 제안만큼이나 중요하다. 둘은 서로 얽혀 있다.

누구나 알다시피, 무의식적인 편견은 최고의 인재를 유치하고 채용할 가능성에 큰 타격을 줄 수 있다. 어제와 오늘의 최고 인재가 미래에도 최고의 인재란 법은 없다. "기술이 아니라 의지가 있는 사람을 고용하라"라는 격언을 얼마나 자주 듣는가? 글쎄, 나는 기술과 의지가 모두 있는 사람을 고용해야 한다고 주장하고 싶지만, 기술의 경우 보다 광범위하게 전략적으로 생각해야 한다. 과거에 기술은 정량적 지식을 나타냈고 인간적 기술에는 큰 가치가 부여되지 않았다. 우리는 의지, 하드스킬, 소프트스킬, 태도를 모두 요구해야 한다. 다양한 인재가 모일수록 결과는 더 좋아지고 혁신적일 것이다. 따라서 조직이 직원들에게 선구적이기를 원하는 만큼 조직의 리더십과 인사 관행 역시 선구적이어야 한다.

물론 이 모든 것이 하룻밤 사이에 이루어지는 일은 아니며, 성공하려면 지속적인 내부 투자와 외부 투자가 필요하다. 브랜드에 투자한다고 생각하라. 고객에게 회사를 보여주고 회사의 정체성을 나타내려면 브랜드가 필요한 것처럼, 조직의 미래 인력을 대표할 사람들을 위한 브랜드도 필요하다. 조직의 채용 브랜드는 시장과 캠퍼스에서 회사의 존재, 회사가 제공하는 복리후생, 회사에서 일한 적이 있거나 면접을 본 적이 있는 사람들의 피드백 등에 의해 형성된다.

마크

고객과 함께 일하며 얻은 경험에 따르면, 포용을 중시한다고 말하면서 이를 실현하기 위해 노력하지 않는 조직은 직원들의 참여가 아닌 냉소주의와 회의주의를 낳는다. 반면, 포용의 가치를 실현하고 포용을 인재관리와 직원 경험 전반에 명확히 반영하는 조직은 훨씬 성공적이다. 궁극적으로 포용은 연례보고서나 웹사이트의 아름다운 문구로 존재할 뿐만 아니라 모든 직원의 행동과 태도에서 나타나야 한다. 코비 박사가 말했듯이 "태도로 인해 발생한 문제는 말로 해결할 수 없다".

채용 관행과 인재관리를 수행하는 모든 단계에 '포용이 반영되어 있는지' 자문해보라.

채용 및 면접

안타깝게도 채용 프로세스의 대부분은 실제 성과와 관련이 없다. 돌리 추그는 저서 《상처 줄 생각은 없었어》에서 면접 시간의 대부분이 사실상 엘리트 취미와 학교에 대해 이야기하는 데 소비된다는 대형 컨설팅 회사의 연구를 인용했다.[61] 골프, 조정, 아이비리그에 관한 많은 대화가 오가지만, 업무 매트릭스, 직무, 기술에 관한 이야기는 별로 하지 않는다. 채용 결정은 업무 수행 능력이 아니라 이런 대화 내용을 기반으로 이루어졌고, 이는 다양한 후보자를 위한 기회의 형평성에 분명한 영향을 미칠 것이다.

채용 과정은 매우 주관적일 수 있다. 데이터에 따르면, 왼손잡이는 자신의 오른쪽에 앉은 후보자보다 왼쪽에 앉은 후보자를 좋아할 개연성이 크다.[62] 따뜻한 음료를 선택한 후보자에게 온기를 느끼고, 차가운 음료를 요구하는 후보자에게 냉기를 느낀다. 자기 인식에 관해 배운 것을 활용하는 것이 중요하다. 좋은 채용은 다양한 후보자와 상호작용할 때 일어나는 감정을 인식하는 데서 시작한다. 부정적인 감정이 느껴진다면, 편견에서 비롯된 것은 아닌지 확인하라. 다음은 채용과 선발 과정에서 발생하는 부정적인 편견을 완화하기 위한 몇 가지 전략이다.

숙련된 채용 패널을 갖춰라

일대일 면접에서 벗어나라. 우리는 우리의 본능과 결정이 편견에 의해 좌우된다는 사실을 알고 있다. 이를 염두에 두고 다양한 관점을 지닌 사람들과 협력해 편견을 완화하라. 채용 담당자 대상으로 편견, 효과적인 면접 기술, 역량과 기술을 판단하는 능력을 계발할 수 있는 교육 프로세스를 이수하게 하라. **여러** 채용 담당자가 면접에 참여하고 협력하게 하라. 조직의 규모와 범위에 따라 그 수는 다를 수 있다. 많은 조직에서 패널은 채용 관리자나 그가 보고하는 사람, 그가 협력할 수 있는 동료 관리자, 그의 직속 상사 또는 직속 상사의 동료 등 세 명으로 구성된다. 부하 직원을 대동하는 경우도 있는데, 이는 의사결정 과정에서 모든 목소리가 중요하다는 것을 보여주는 강력한 표현이 될 수 있다. 시간이 지남에 따라 경험이 왜곡되지 않도록 면접 직후에 내용을 보고해 프로세스를 완료하라. 면접과 보고 사이의 시간이 길어질수록 실제로 일어난 일보다 면접을 통해 느낀 것에 더 의존하게 된다.

마크

1992년 프랭클린국제연구소에 처음 입사했을 때 채용의 마지막 단계는 회사 내 다양한 분야의 여러 사람과 두 부분으로 구성된 패널 인터뷰를 하는 것이었다. 패널은 학습 및 개발 부서뿐만 아니라 운영, 영업, 물류, 재무 등 다양한 분야의 사람들로 구성되어 있었다.

당시에 한 워크숍을 진행하는 데 필요한 자료와 준비 시간이 주어졌다. 준비가 되었다고 느꼈을 때, 회사 사무실로 들어가 고객들이 선택한 워크숍에 관해 30분간 발표했다. 그런 다음 다양한 패널이 전체 과정의 모든 측면에 대해 실제 참가자가 할 만한 질문을 던졌고, 나는 대답했다.

이후 패널들이 만나 서로 피드백을 나눴다. 그런 다음 채용 결정에 대해 합의했다. 나는 한 명의 면접관과 이야기하는 것보다 패널 인터뷰가 더 편했다. 내 미래가 한 사람의 손에 달려 있지 않다는 사실에 위안을 얻었다. 또한 조직의 여러 측면에 대해 더 큰 통찰력을 얻을 수 있었다. 어떤 의미에서 그것은 내게 패널들을 '인터뷰'하게 해준 것이었다. 소집단 속에서 조직문화를 조금이나마 경험할 수 있었다. 결정은 한 사람이나 종이 한 장에 의해 내려지지 않았다. 패널 인터뷰는 보다 나은 관점을 제공하고 편견을 완화할 수 있으며, 후보자가 조직문화에 얼마나 잘 맞는지, 후보자가 직무에 필요한 기술을 가지고 있는지 확인할 수 있는 기회를 제공한다. 또한 후보자에게도 통찰력을 제공한다.

이력서만으로 평가하지 말라

이력서는 제한적일 수 있다. 이력서가 개인의 경험보다 작문 능력이나 이력서 작성 전문가에게 비용을 지불할 능력을 나타내는 경우도 많다. 이력서는 개인의 이력과 교육에 관한 사실적 기준을 제공하지만 개인의 재능, 능력, 가능성을 이력서보다 더 잘 보여주는 대안이나 보완적 요소도 있다.

코딩 같은 기술 직책의 경우 점점 더 많은 조직에서 단순한 이력서보다 샘플 프로젝트를 제출할 것을 요구하고 있다. 우리는 이 관행을 다른 비기술적 직무로도 확장할 수 있다. 내 고객사 중에는 컨설턴트 지원자에게 실시간으로 발표할 준비를 하고 면접에 오라고 요청하는 회사도 있다. 프로젝트 관리직 지원자에게 프로젝트 시나리오에 접근하는 방법을 설명해달라고 요청하는 회사도 있다. 선행 작업을 제출하는 것도 이력서를 제출하는 것과 동일한 효과를 낼 수 있다. 디자인 포트폴리오, 작업 샘플, 영상은 관련 분야에서는 이미 일반적이다. 이런 요소들이 다른 직무에는 어떻게 적용될 수 있을지 창의적으로 생각해보라.

성과 기반 면접은 공정한 경쟁의 장을 만드는 또 다른 전략이다. 지원자는 권위 있는 학위나 일류 스펙의 이력서를 가지고 있지 않더라도, 유일하게 중요한 자신의 일을 통해 잠재력을 보여줄 기회가 있다.

직무에 맞춰 면접을 조정하라

'면접'이라는 단어를 들으면 당신도 내가 생각하는 것과 유사한 이미지를 떠올릴 것이다. 지원자는 정장을 입고, 이력서 사본을 손에 들고, 약속된 시간에 사무실에 나타난다. 면접을 보러 사무실이나 회의실로 안내받기 위해 안내 데스크에서 대기한다. 그런 다음 출신 배경, 직무에 관해 아는 것, 해당 직무를 원하는 이유, 접근 방법에 대한 질문에 답한다. 전통적인 사무실에서 일하는 사람들에게는 이런 면접이 적합한 형식이다. 그러나 전통적인 직업이 아닌 경우, 면접을 직무에 맞게 조정하는 방법에 대해 생각해보라. 관리인을 뽑을 때는 야외에서 도보 면접을 진행하고, 교육자를 뽑을 때는 교실에서 면접을 할 수도 있다. 후보자를 해당 역할을 수행하는 환경에 두면 후보자는 최선을 다할 수 있고 당신은 그들이 실제로 역할을 어떻게 수행하는지 볼 수 있다.

직원 복리후생

직원 복리후생 프로그램에 대한 '포용 감사'를 실시하라

복리후생에 대해 포용 감사inclusion audit를 실시하는 조직도 있다. 지난 10년간 우리는 '출산휴가'가 '육아휴가'로, 다시 '양육휴가'로 전환되는 등 복리후생의 진화를 목격했다. 이런 명칭 자체가 더 많은 개인과 상황에 혜택을 제공하고 있다. 또한 많은 조직이 법에서 요구하는 것보다 긴 양육휴가와 유급휴가를 제공한다. 건강보험이 피부양자

(배우자 또는 동거인)에게 적용되는 것도 마찬가지다.

복리후생에는 간호나 모유수유를 위한 적절하고 편안한 시설에 대한 접근성, 유급휴가, 유연한 근무 일정, 재택근무 정책 같은 공식적인 것들도 포함된다. 나는 다양한 종교와 문화에서 기념하는 휴일을 광범위하게 포함하기 위해 공휴일 일정을 조정하는 회사도 보았다. 여기에는 건강 및 웰니스 프로그램, 사회적 책임, 나눔 프로그램과 같이 보다 비공식적인 혜택도 포함된다.

손익계산서의 관점에서는 매년 복리후생비를 낮추는 방법을 찾는 것이 중요할 수 있다. 그러나 어떤 격차가 존재하고 이런 격차가 채용과 직원 유지, 손익에 어떤 영향을 미치는지 알아보기 위해 포용 감사를 실시하기를 권한다.

급여 감사도 포용 감사에 포함하라

아마도 가장 두드러진 복리후생은 보상일 것이다. 나보다 더 전문적인 지식을 가진 많은 사람이 성별과 인종 간 임금 격차에 대해 조사하고 저술했다. 조직의 인재관리 제도를 검토하려면 직원 복리후생에 대해 포용 감사를 실시할 때 급여도 포함하는 것이 좋다. 내 경험에 따르면, 조직은 성별이나 인종 간 임금 격차가 언급될 때 대수롭지 않게 여긴다. 경영진은 직원들이 경력과 직함, 결과에 따라 보상을 받아야 한다고 주장할 수도 있다. 사적인 사항이라는 이유로 또는 업무 기밀이라는 이유로 완전히 입을 닫아버릴 수도 있다. 그러나 정말 임금 격차가 존재하는지 알아볼 수 있는 유일한 방법은 데이터를 검토하는 것이다. 프랭클린코비사는 동일 노동에 대한 동일 임금을 보장하기 위해 급여 감사를 정기적으로 실시하고 있다.

유연근무와 협상을 허용하라

2018년에 캘리포니아 멘로파크에 있는 글로벌 인력 회사 로버트 하프Robert Half는 남성의 68퍼센트와 여성의 45퍼센트가 급여를 협상했다는 사실을 발견했다. 여성이 임금을 올려달라고 요구할 가능성이 낮다는 사실은 이미 많이 다뤄진 바 있다. 하지만 내가 보기에 현실은 그것보다 더 복잡하다. 2019년 1월에 발표된 연구에 따르면, 기회가 주어지면 여성도 남성만큼 급여를 협상할 가능성이 높지만, 여성에게는 그런 기회가 자주 주어지지 않는다고 한다.

호주의 연구자들은 표본에서 남성이 훨씬 높은 비율로 임금 협상 기회를 받는다는 사실을 발견했다(남성은 49퍼센트, 여성은 35퍼센트). 이것은 여성이 급여 인상을 먼저 요구하지 않는 것이 문제가 아니라는 사실을 보여준다. 여성은 협상이 가능하다는 신호를 받을 가능성이 낮다.[63]

2018년 연구원들은 여성도 남성만큼 자주 임금 인상을 요구하지만 실제로 임금 인상에 성공할 가능성이 적다는 사실을 알아냈다. 따라서 여성의 경우 임금을 인상해주는 기준이 더 높다고 추측할 수 있다.[64] 성별 간 또는 다른 측면에서 존재하는 임금 격차에 관한 대화에서 나는 임원들로부터 이런 말을 들었다. "누군가에게 협상하는 방법을 가르치는 것도 제 책임인가요? 그들이 스스로 옹호하지 않는 것은 제 잘못이 아닙니다." 이런 관점도 이해하지만, 우리의 목표가 높은 성과와 인재관리상의 편견 완화라면, 우리는 생각하는 것보다 더 많은 것에 책임이 있다. 협상과 보상 측면에서 어떻게 공정한 경쟁의 장을 만들 수 있을까?

데이터를 신뢰하라

보상의 차이를 설명하려는 본능이 발동할 수 있다. 예를 들어, 두 사람의 업무가 완전히 같지 않다거나 한 사람이 다른 사람보다 2년 더 오래 일했으므로 장애 유무와는 상관없다고 말할지도 모른다. 학력이나 배경을 근거로 지위를 인지하거나, 장애가 있다는 이유로 차별적인 언어를 사용하거나, 누가 더 함께 일하기 쉽고 편한지에 대한 고정관념을 지녔을 수도 있다.

따라서 급여 감사에서 임금 격차가 있는 것으로 드러나거나, 어떤 집단이 다른 집단에 비해 승진이 오래 걸린다거나, 입사 및 퇴사 인터뷰 시 협상 방식에 차이가 있는 경우 이 정보를 액면 그대로 받아들여야 한다. 무언가 이유가 있는 것이다.

모두에게 신호를 보내라

협상이 가능하다는 신호를 보내기 위해 몇 가지 간단한 작업을 수행할 수 있다. 제안을 서면으로 제공할 때 후보자가 응답할 수 있는 시간을 최소 24시간 제공하라. 어떤 질문이나 우려 사항에도 답변할 수 있음을 알려라. 후보자가 다른 제안을 하면 그들에게 주장할 기회를 주어라. 그들은 왜 더 좋은 제안이 당연하거나 필요하다고 믿는가? 그런 다음 가능한 것들에 대해 창의적으로 생각하라. 후보자가 요구하는 급여를 충족시켜줄 예산이 없다면 다른 복리후생이 있을 수 있다. 가능성을 열어두어라.

스스로 점검하라

채용 패널 전략은 급여 협상에도 적용된다. 인사팀과 동료를 데려오고 글래스도어 같은 플랫폼에서 실시한 연구 조사를 보여주면서, 급여 인상 요구에 대한 당신의 응답이 단순히 본능적인 반응이 아니라 역량과 시장 시세, 조직 표준에 기반한 정확한 응답이 되도록 하라.

채용

개인을 위한 성찰

이 장과 다음 두 장의 도구는 인재관리에 대한 감사 프로세스에 대해 설명한다. 인적자원 전문가가 아닌 경우 일반적인 인재관리의 범위를 넘어 창의력을 발휘해 경계 밖에서 생각하라. 그런 다음 팀원들과 경영진이 변화를 고려하도록 유도하라.

1. 모집이나 고용 또는 복리후생과 관련한 당신의 경험을 돌아보라. 결정이 편견을 기반으로 내려졌을 가능성이 있는 경우를 개인적으로 경험했거나 목격한 적이 있는가? 있다면 그런 결정이 당신과 관련된 다른 사람들에게 어떤 영향을 미쳤는가?

---

2. 성과라는 렌즈를 통해 볼 때 편견의 가능성은 어떻게 완화되는가?

_____

_____

_____

_____

_____

3. 편견 때문에 이루어진 채용이나 고용, 혜택의 분배가 어떻게 직원
   들의 사기, 재량적 노력, 직원 유지에 악영향을 미칠 수 있는가?

_____

_____

_____

_____

_____

14

채용

리더를 위한 응용문제

팀원을 채용하거나 혜택을 분배할 때의 문화와 관행을 떠올려보라.

1. 이 과정에서 작동할 수 있는 편견을 나열하라.

2. 공감과 호기심이 어떻게 그런 관행이 초래하는 비용에 대해 새로 운 통찰을 제공할 수 있는가?

3. 변화를 일으키려면 어느 부분에서 용기를 내야 할까?

UNCONSCIOUS
BIAS

15

기여와 참여

포용적인 온보딩 경험은 의자 앉기 게임에 새로운 사람이 들어오는 것과 같다. 음악을 멈추고 의자를 추가하지 않고는 새로운 사람을 맞이할 수 없다. 의미 있는 경험을 만든다는 것은 속도를 늦추고 상황을 정돈한 다음 신입 직원을 포용하는 것을 의미한다.[65]

_소냐 기텐스오틀리(아사나의 다양성 및 포용 책임자)

∨
∨

기여와 참여는 조직에 채용된 이후에 초점이 맞춰져 있는데, 여기에는 직원의 온보딩, 참여, 유지 전략이 포함된다. 온보딩 프로세스는 무엇이며, 경력 분야와 근무지, 사람에 상관없이 일관된 온보딩 프로세스가 적용되고 있는가? 멘토링과 코칭 기회가 주어지는가? 과제는 어떻게 주어지고 팀은 어떻게 구성되는가? 조직에는 어떤 종류의 네트워크가 존재하는가? 조직은 직원 참여와 유지 데이터를 살펴본 다음 해당 데이터를 개선하기 위하여 사전에 전략을 시행하는가?

마크
한 연방 기관의 잠재력이 높은 리더들과 함께 일하는 동안 조직의 '적합성'이라는 주제가 거론되었다. 우리는 인재관리 전반에서 무의식적 편견을 경험할 수 있는 채용, 승진, 업무 할당, 팀 내 역학관계에서 조직의 적합성에 초점을 맞추는 것에 어떤 위험이 따르는지 논의했다. 적합성은 간단하지만 매우 큰 의미를 지닌 단어다.

누군가가 물었다. "적합성에 초점을 맞추는 게 왜 잘못된 건가요? 직원들이 조직의 가치관에 부합하는 것이 중요하지 않나요?" 아주 좋은 질문이다. 우리는 정답이 무엇인지 듣지 않고 자기가 떠올린 아이디어를 더 잘 받아들인다. '적합성'은 적합성에 대한 직감으로 좋은 결정을 내릴 수 있다고 강력히 믿는 일부 사람들에게 감정적인 무게를 지닌 단어다. 흥미로운 대화가 이어졌다. 우리는 궁극적으로 이런 결론에 도달했다.

'적합성'이 개인의 가치와 신념이 조직의 문화, 핵심 가치, 사명과 일치하는 것을 의미할 때 성공 가능성은 커진다. 그러나 적합성이 집단 내 편견에 개인의 특성을 맞추기 위해 사용되거나, 누군가가 파도를 일으키거나 획기적인 행동을 하지 못하도록 하는 데 사용된다면 잠재적인 위험 신호일 것이다. 우리는 '우호적agreeable'이라는 용어를 쓰는 데 동의했다. 문화적 적합성은 중요하지만, 우호성은 덜 중요하다. 동일한 기본 신념과 가치를 공유하면서도 고유한 방식으로 문제에 접근하며 다양하고 신선한 관점을 제공하는 사람은 최고의 직원이 될 수 있다.

기여와 참여

온보딩

• 누구나 안내가 필요하다

• 공식적인 프로세스를 강화하라

직원 복리후생

• 사내 설문조사를 활용하라

• 게임의 요소와 득점판을 사용하라

• 포용성을 외부로 확대하라

• 승리를 전하라

온보딩

내가 조지워싱턴대학교의 신입생이었을 때, 캠퍼스에 있던 라틴계 여학생 클럽은 라틴계 학생들이 집에서 만든 타코와 푸푸사를 살 수 있는 곳, 익숙한 음식을 파는 식료품점, 머리 하는 곳, 라틴계 사람들을 만날 수 있는 지역 행사가 열리는 곳을 알려주는 작은 안내서를 출간했다. 뉴욕에서 워싱턴 D.C.로 온 나는 이 안내서 덕분에 백인이 압도적으로 많은 학교에서 환영받는 기분이었다. 마찬가지로 조직의 신입 사원 역시 새로운 팀에 유대감을 느끼고 익숙하지 않은 환경에서 방향을 잡을 수 있게 도와주는 공식 또는 비공식 안내가 필요하다.

대부분의 조직에는 고유한 온보딩 프로세스가 있지만, 모든 신입 직원이 일관된 온보딩 경험을 하는 것은 아니다. 정확한 프로세스를 고수하는 팀도 있고 자리를 안내해주는 것으로 프로세스를 완료했다고 간주하는 팀도 있다. 핵심은 서류상으로만 강력한 온보딩 프로세스가 아니라 팀과 사람들 사이에 존재하는 '서류에 없는' 온보딩 프로세스를 확인하는 것이다.

인재관리의 모든 구성 요소에 대해서도 같은 말을 할 수 있지만, 내 경험에 따르면 가장 강력한 변화가 발생하는 지점은 다양한 직원에게 중요한 변곡점이 될 수 있는 온보딩이다. 채용 관리자와 지원자 모두 이 시점에 도달하기 위해 열심히 노력했으므로, 비공식적이고 일관성이 없는 온보딩 프로세스나 온보딩 프로세스의 부재가 진전에 방해가 되지 않도록 하라.

누구나 안내가 필요하다

라틴계 여학생 클럽이 안내서를 만들었던 것처럼 신입 사원이 새로운 환경, 그중에서도 특히 조직의 프로세스를 탐색하도록 도와라. 초기에 관계를 강화할 수 있는 기회에 특별히 주의를 기울여라. 회사 문화의 안팎을 배울 수 있도록 돕는 명령체계 외부의 '안내자'와 신입 사원을 연결하는 프로세스를 도입하라. 다양한 채용을 위한 직원 자원 단체의 구성원이나 그런 그룹 중 하나의 구성원이 안내자가 될 수 있다.

공식적인 프로세스를 강화하라

일부 조직은 거의 전적으로 동료나 팀의 비공식적인 온보딩 프로세스에 의존하는데, 무언가가 비공식적일 때는 편견이 작동할 수 있다. 공식적으로 벤치마킹하고 일정을 세워라. 신입 사원과 관리자를 위한 간단한 목록을 만들라. 신입 사원 환영회, 기초 교육, 온라인 데이터베이스 등 적절한 조직 구조를 강화하라.

나는 훌륭한 인재를 유치하고 채용하는 데 집중하면서 인재를 유지하는 데는 실패하는 조직들을 봐왔다. 인재 온보딩은 신입 사원이 올바른 도구와 기술을 갖추도록 교육하거나 보장하는 것 이상을 의미한다. 온보딩은 팀과 문화적 동화에 관한 것이기도 하다. 새 팀원이 해야 할 일에 지나치게 초점이 맞춰져 있지만, 어떻게 그 일을 할 수 있는지, 누가 도와줄 수 있는지에 대한 도움은 없는 것이 현실이다.

우리가 사업 전반에 적용한 접근 방식은, 다른 회사에서도 활용한 바 있는 신입 사원 프로그램이다. 수년에 걸쳐 우리는 리더십 개발, 기술 개발, 재무 리더십, 데이터 분석, 사이버 보안, B2B 영업 개발 등 영역 전반을 아우르는 프로그램을 만들었다. 일반적으로 6개월에서 수년까지 지속되는 프로그램들을 통해 직원들은 교육, 팀 활동, 멘토링, 개발에 집중할 수 있을 뿐만 아니라 직원 경험의 초기 단계에서 비즈니스에 대해 보다 광범위한 전략적 관점을 제공받게 된다. 일부 프로그램은 직원들이 경력 초기에 다양한 경험과 사람에 노출될 수 있도록 수개월에서 수년 동안 진행된다. 이런 프로그램은 참여하는 동안 훌륭한 경험을 제공할 뿐만 아니라, 프로그램을 수료한 사람들에게 후속적인 관계망도 제공해야 한다. 이런 직원 집단은 인력의 주요 구성원이 되기 때문이다.

모든 리더는 직원 개발, 참여, 유지에 시간을 할애해야 한다. 이것들은 모두 불가분의 관계로 얽혀 있다. 생각해보자. 내가 성장하고 배우는 환경에 있지 않거나 참여하지 않는 환경(즉, 내가 그다지 신경 쓰지 않고 결과에 이해관계가 별로 없는 환경)에 있다면? 팀에 대한 충성심도 없는데, 실력을 제대로 발휘할 수 있을까? 진심으로 비즈니스의 발전에 기여하고, 혁신하고, 집중할 수 있을까? 당연히 그렇지 않다.

인력 개발과 참여, 유지의 핵심은 다음과 같다. 모든 상황에 적용될 수 있는 해결책은 없다. 다양한 후보자를 고용했지만 다양성을 육성하지 못하고 있다면, 무의식적 편견이 그들에게 불리하게 작용하지 않도록 하라. 그런 편견들은 방해가 된다. 그것을 어떻게 알 수 있는가? 데이터를 보라. 필요한 부분에서 진전이 이루어지고 있는가? 당신이 원하는 부분에서 진전이 이루어지고 있는가? 그렇지 않다면 그 이유를 찾아라. 그다음 이를 해결하기 위해 의지를 갖고 철저히 후원하라.

직원 참여와 유지 전략

2000년대 초 불황기에는 많은 조직이 허리띠를 졸라맸다. 필요한 것만 놔두고 학습과 개발, 직원 참여를 목표로 하는 이니셔티브 등 모든 것을 제거했다. 그 결과 많은 조직에서 인재 육성이 정체되었고, 경제가 회복되면서 프랭클린코비사 같은 회사에 직원 참여와 유지 전략 강화에 대해 지원을 요청하는 고객이 쏟아져 들어왔다. 경제가 회복되고 실업률이 감소하자 직원 경험에 대한 기준이 높아졌다. 프랭클린코비사의 성과 모델에 비춰 말하면 직원들이 가치를 인정받고, 존중받고, 소속감을 느끼는 고성과 영역을 요구하고 있는 것이다.

고성과 영역에 대해 살펴보았으니 이제 우리는 고성과 영역에 있는 게 어떤 것인지 알고, 리더로서 고성과 영역을 어떻게 강화해야 하는지도 알고 있다. 직원이 고성과 영역에 있는지 측정하는 또 다른 방법은 참여 수준Levels of Engagement 모델을 활용하는 것이다.

다가오는 프로젝트를 떠올려보라. 참여 수준 모델을 기준으로 해당 프로젝트를 어떻게 평가하겠는가? 자발적인 협력, 진심 어린 헌신, 창의적인 흥분이 느껴지는가? 아니면 무관심한 준수, 분노에 찬 순응, 또는 반항이나 그만두고 싶은 충동이 느껴지는가?

참여 수준은 의도적으로 선택된다. 점선 아래의 사람들은 참여하지 않으며, 준수하거나 준수하지 않을 수도 있다. 점선 위로는 적극적인 협력에서 창의적인 흥분에 이르기까지 다양한 수준으로 참여가 이루어진다. 직원 참여 및 유지 전략을 고려할 때 한계 영역이나 피해 영역에 있다면 점선 위로 올라가는 것은 불가능하다. 우리의 목표는 사람들이 점선 위 수준에서 훨씬 더 자주 참여할 수 있는 조건을 만드는 것이다. 그렇다면 어떤 직원 참여 및 유지 전략이 포용감을 형성할까?

사내 설문조사를 활용하라

앤이 앞서 언급했듯이, 피드백은 선물이다. 많은 조직에서 매년 직원 참여 설문조사나 문화 평가를 실시한다. 일반적으로 이런 커뮤니케이션 캠페인에는 사람들에게 응답을 촉구하고 결과를 공개하며, 바람직한 결과를 얻어야 하는 책임이 있는 위원회가 존재한다. 이런 규모의 노력은 문제 행동이나 리더십에 대한 조직의 경향을 지적하고 조직의 강점을 강조할 수 있지만, 범위에 따라 소규모 조직에서는 실행하기 번거롭고 어려울 수 있다. 또한 그런 설문조사를 실시하는 결정은 일반적으로 모든 리더가 아니라 경영진이나 최고인사책임자의 몫이다.

소규모의 사내 설문조사를 통해 리더로서 어떻게 지속적으로 피드백을 받을 수 있을지 생각하라. 프로젝트가 끝날 때, 새 분기가 시작될 때, 새로운 역할을 맡은 달에 팀에 2~5개의 질문으로 구성된 설문지를 보내라. 당신이 고성과를 창출하는 환경을 만드는 데 진지하다는 것을 분명히 하고, 성과와 시행할 수 있는 것들을 투명하게 밝혀라. 예를 들면, 프로젝트 종료 시 팀에 다음을 같은 질문을 할 수 있다.

1. 당신의 프로젝트 참여도는 어떠했는가?

2. 창의적인 흥분을 느끼지 못했다면, 당신을 한 단계 위로 끌어올리기 위해 내가 할 수 있는 것은 무엇이었는가?

3. 소속감이나 인정, 존중을 느꼈는가? 그랬거나 그렇지 않았다면, 그 이유는 무엇인가?

다음과 같이 날카로운 질문을 할 수도 있다.

1. 이 프로젝트의 결과에 만족하는가?

2. 프로젝트에 당신의 목소리가 반영되었다고 느꼈는가?

3. 당신의 기여는 충분히 인정받았는가?

이 책의 모든 전략과 마찬가지로, 이 아이디어도 당신의 리더십 스타일과 조직문화에 맞게 조정하라. '열린 문'은 정책이 아니라 문일 뿐이라는 사실을 기억하라. 직원들이 더 적극적으로 참여하기를 원한

다면, 그들의 경험을 더 적극적으로 요청해야 하고, 들은 것을 구현할 만큼 충분히 유연해야 한다.

게임의 요소와 득점판을 사용하라

거의 10년 전에 공공 부문에서 민간 기업인 프랭클린코비사로 이직했을 때 나는 많은 차이점이 있을 것이라는 말을 들었고, 변화에 대비했다. 나는 글로벌 고객의 파트너 역할을 수행하는 영업 팀원으로서 매출 진행 상황을 추적하고 동료들의 성과와 내 성과를 비교할 수 있는 득점판을 매일 받는다.

베스트셀러《성과를 내고 싶으면 실행하라The 4 Disciplines of Execution》의 저자이자 동료 크리스 맥체스니는 "승리보다 사기와 몰입도를 높이는 것은 없다"라고 말한다. 공공 부문에서는 리더가 나에 대해 어떻게 생각하는지에 따라 내 성공 수준이 측정되고는 했다. 그렇다고 공공 부문이 성과를 정량화할 수 없다는 말은 아니다. 당연히 공공 부문에서도 성과를 정량화할 수 있고, 그것이 점점 더 요구되는 추세다.

프랭클린코비사에 입사하고 나서 나는 처음으로 내 승리 여부를 내가 통제할 수 있다는 느낌을 받았다. 승리는 매우 공개적이었고, 매우 명확하게 내 성과에 달려 있었으며, 일일 득점판은 나에게 보드 위로 올라가기 위해 경쟁을 치르는 게임과 같았다. 직장 생활을 시작한 초기에 나는 누가 이기고 지느냐가 대부분 경영진에 달려 있으며, 나는 너무 어리고, 뚱뚱하며, 임신한 몸이고, 흑인이며, 독선적이라서 승리할 수 없다고 생각했다.

팀이 승리할 수 있는 게임을 만드는 방법을 생각해보라. 크리스는 실행 단계에서 직원들이 '승리할 수 있는 게임'을 할 때 적극적이며, 이런 게임을 만드는 데 자신이 일조했다면 훨씬 적극적으로 임한다고 말한다. 당신의 팀은 자신들이 무슨 게임을 하고 있는지 알고 있는가? 당신은 득점판의 점수를 정량적으로 매기고 있는가?

득점판은 방정식에서 선호도와 판단을 제거한다. 예를 들어, 대중 연설 교육을 받기 전에 누군가 나에게 기조연설에서 "음…"을 몇 번 했느냐고 물으면, 한두 번이라고 대답했다. 실제로 세어보니 **24번** 정도였다. 승리할 수 있는 게임을 만들어 주관성을 제거한다면, 누군가에 대한 감정이 아니라 그들이 달성한 결과를 근거로 성과를 측정할 수 있다. 업무를 게임화하면 직원들이 승리가 어떤 것인지 알 수 있고, 이를 위해 노력할 수 있다. 성공은 더 이상 특정 리더의 선호와 같은 주관적인 기준에 좌우되지 않게 된다.

포용성을 외부로 확대하라

우리는 조직의 리더십에 반영된 자신의 모습을 보는 것이 얼마나 큰 힘이 되는지에 대해 이야기한 바 있다. 또한 직원들은 다문화 마케팅 이니셔티브나 지속 가능성 이니셔티브, 직원 자원봉사 프로그램, 자선단체 기부를 포함한 기업의 사회적 책임 프로그램 등 조직이 수행하는 일에 자신이 반영되기를 원한다. 포용 목표를 조직 외부로 확장하면 목표에 대한 당신의 의지가 확고해진다. 이는 조직이 직원들의 눈에 진정성 있는 조직으로 보이게 하며, 직원 참여와 유지에도 도움이 된다.

승리를 전하라

리더들은 자신의 비전을 잘 표현하지 않는 경향이 있다. 다양성과 포용성을 포함한 조직 전략에서 특정 이니셔티브에 대한 의지에 이르기까지 모든 것에 대해 소통이 부족하다.

최근에 나는 고객사의 최고인사책임자가 무의식적 편견 강의를 전략적으로 도입할 수 있도록 돕고 있었는데, 그녀는 다양성과 포용성이 경영진의 우선순위라는 것을 직원들이 믿지 않는다고 했다. 나중에 그녀가 이사회에 회사의 포용 전략을 브리핑했는데, 이사들이 감명을 받아 자신들이 활동하는 다른 이사회에 해당 전략을 공유해도 되는지 물었다고 한다. 나는 그녀에게 물었다. "이 일이 왜 비밀인가요? 직원들은 왜 이런 일이 일어나고 있는지 모르죠?" 직원들은 자신이 본 것에 대해서만 반응할 수 있다. 특히 직원들이 리더십 직급에서 자신과 비슷한 사람을 보지 못하거나 특정 관리자가 자신의 의견 또는 다양성을 지지하지 않는다는 이유로 조직을 떠나고 있다면, 문제를 효과적으로 해결하기 위해 조직의 전략적 차원에서 이를 인식해야 한다.

기여와 참여

개인을 위한 성찰

1. 기여와 참여에 대한 당신의 경험을 돌아보라. 개인의 기여 능력을 평가할 때 편견이 개입한 경우를 개인적으로 경험하거나 목격한 적이 있는가? 그렇다면 그것이 당신과 관련된 다른 사람들에게 어떤 영향을 미쳤는가?

2. 성과의 렌즈를 통해 보는 것이 기여 및 참여와 관련된 편견을 어떻게 완화하는가?

3. 업무 할당, 작업 프로세스, 도구 및 장비의 배포 또는 일상적인 작업 흐름에 편견이 개입한다면 직원들의 사기, 재량적 노력, 직원 유지에 어떤 악영향을 미칠 수 있는가?

15

기여와 참여

리더를 위한 응용문제

팀이 일상적인 작업 흐름에 기여하고 참여하는 방식에 관련된 문화
와 관행을 떠올려보라.

1. 작용할 수 있는 편견을 나열하라.

_____

_____

_____

_____

_____

2. 편견이 초래하는 악영향에 대해 공감과 호기심이 어떻게 새로운
   통찰을 제공해줄 수 있을까?

_____

_____

3. 변화를 일으키려면 어느 부분에서 용기를 내야 할까?

UNCONSCIOUS
BIAS

16

승진

중요한 것은 얼마나 알고 있느냐가 아니라 다른 사람들이 알고 있는 정보에 얼마나 접근할 수 있느냐다. 중요한 것은 팀 구성원의 지능 자체가 아니라 당신이 그들의 지능을 얼마나 많이 끌어내고 사용할 수 있느냐.

_리즈 와이즈먼(《멀티플라이어》의 작가)

⌄
⌄

인재관리의 승진 단계에서의 결정은 성과 관리, 조직 내 모든 범위의 발전 기회, 승진, 후원, 승계 계획과 관계가 있다.

승진	
성과 관리	**승계 계획**
• 조기에 자주 연결 고리를 형성하라 • 함께 목표를 설정하라 • 성장할 수 있는 업무를 부여하라	• 후보자 명단을 항상 지니고 다녀라

성과 관리

대부분의 조직이 일선 관리자의 역할을 소개할 때 시간 준수, 근퇴, 보상, 직원 복리후생, 질문할 수 있는 것과 질문할 수 없는 것, 연간 성과 평가 등 모든 관련 규정과 절차도 함께 소개한다. 그러나 대부분의 리더는 성과 관리가 연간 성과 평가 이상의 것이라는 사실도 알고 있다. 직원들은 피드백을 통해 성장하지만, 편견이나 편견에 대한 인식은 침묵 속에서도 퍼질 수 있다. 즉, 지속적인 성과 관리(피드백, 코칭, 명확한 기대치)가 없는 상태에서 연간 성과 평가의 결과가 좋지 않은 경우, 직원들은 부정적인 평가 결과가 편견에 근거한 것이라고 생각할 수 있다.

한편으로 우리 뇌의 인지적 지름길에 대해 알고 있는 것을 고려할 때, 관리자로서 성과 관련 대화를 지속적으로 하지 않는다면, 당신은 연간 성과를 평가할 시기가 마침내 다가왔을 때 최신성 편향, 부정 편향, 후광 효과, 다른 인지적 편견에 쉽게 빠질 수 있다. 좋은 소식은 인재관리의 구성 요소와 마찬가지로 이런 사태를 피하기 위해 따를 만한 모범적인 사례가 있다는 것이다.

마크

거의 모든 조직이 직원 참여와 직원의 중요성에 헌신한다고 자랑한다. 그러나 일부 조직의 경우, 특히 득점판과 핵심성과지표KPI가 수익이나 평균 처리 시간 같은 판매 또는 산출물 지표에만 초점이 맞춰져 있는 경우에는, 자랑이 말뿐인 것처럼 느껴질 수 있다. 많은 조직이 숫자와 KPI만 중시하는 기존의 연간 성과 평가에서 벗어나 보다 전체적인 그림을 보고 있다. 예를 들어, 성과 지표는 충족하지만, 사람들을 위축시키고 한계 영역으로 밀어넣는 리더십 스타일로 직원 유지에 어려움을 겪을 수도 있다. 이런 문제는 종종 해결하지 못한 편견과 관련이 있다. 조직들은 무엇을 달성했는지뿐만 아니라 어떻게 달성했는지에 대해서도 점점 더 관심을 기울이고 있다.

나는 신뢰, 심리적 안전, 소속감이라는 요소를 연간 실적 평가에 포함하는 국제 석유화학 제조 및 공급 회사와 함께 일하고 있다. 요즘 이 회사의 직원들은 KPI 외에도 효과적으로 의사소통하고, 변화에 적응하고, 팀에서 책임감을 가지고 일하고, 피드백과 발전의 문화를 만드는 능력에 대해서도 평가를 받고 있다. 전반적인 의도는 조직이 고성과 영역에 머물도록 하는 것인데, 효과적이다!

조기에 자주 연결 고리를 형성하라

우리는 누군가의 소통 방식이나 동기, 정체성에 대해 편견을 가지고 있을 때 본능적으로 그들과 엮이지 않으려 한다. 연간 성과 평가를 위해 대화를 나눠야 하기 전에는 그들을 무시하고는 한다. 이것은 그들에게 공정하지 않으며, 그들을 실패할 수밖에 없게 한다. 관리자의 자기충족적 예언으로 만들어버리는 것이다.

조기에 자주 의사소통을 하는 것은 의도적으로 연결을 강화하고 업무에 집중하기 위해 편견을 떨쳐버리는 것이다. 피드백을 자주 제공하는 것은 공식에서 비공식에 이르기까지 다양한 형태를 취할 수 있다. 회의 후 부하 직원에게 문제를 잘 설명했다거나 좋은 해결책을 제안했다고 문자를 보내는 등 간단한 형태일 수도 있다. 직원에게 커피를 마시자고 요청한 다음 프로젝트를 보다 효율적이고 조직적으로 수행하는 방법을 브레인스토밍하는 등 비판적인 피드백을 줄 수도 있다. 참여 수준 모델이나 성과 모델을 활용해 대화의 틀을 잡는 것도 도움이 될 수 있다.

직원에게 당신이 이해하고 있는 내용이 맞는지 확인하라. 직원들이 팀이나 새로운 분기별 목표에 대한 자신의 참여 수준을 어떻게 평가하고 있는가? 그들은 다른 부서와 함께 참여하는 프로젝트에서 리더인 당신과 함께 높은 성과를 내고 있다고 느끼고 있는가? 참여 수준 모델이나 성과 모델은 보다 견고한 대화를 위한 기반을 제공한다. 사람마다 직장에서 편안하게 공유할 수 있는 것의 기준이 다르지만, 개인적으로 연결할 기회를 찾으면 피드백을 나누기 위한 대화로 쉽게 전환할 수 있다. 누군가가 신체 단련 목표를 향해 노력하고 있다거나, 특정 취미에 매우 관심이 많다거나, 축구 경기를 보기 위해 주말마다 차를 몰고 다닌다는 사실을 아는 것은 신뢰와 연결을 강화하는 데 도움이 될 뿐만 아니라, 누군가를 평가하고 피드백을 제공할 때 그 사람을 인격체로서 존중할 수 있게 된다.

함께 목표를 설정하라

리더로서 당신은 당신이 달성한 결과로 평가받는다. 그러나 당신 자신이 이런 결과를 직접 내지는 못한다. 당신은 다른 사람들을 통해 결과를 성취한다. 개별 기여자에서 리더로 전환되면서 달라지는 점이 이것이다. 결과로 평가받기 때문에 지시적으로 변하는 함정에 빠지기 쉽다. 승진 단계에서 편견이 어떻게 작용하는지, 유색인종과 여성, 내향적인 사람, 고급 학위가 없는 사람, 군인에서 민간인이 된 사람들에게 얼마나 어려울 수 있는지를 보여주는 모든 데이터를 고려할 때, 함께 목표를 설정하면 편견이 개입되지 않게 할 수 있다. 이를 수행하는 방법에는 여러 가지가 있다. 목표에 대한 몇 가지 매개변수를 설정한 다음 직원에게 해당 목표에 어떻게 영향을 미칠 수 있는지, 또는 해당 목표를 달성하는 가장 좋은 방법이 무엇이라고 생각하는지 평가하도록 요청하면 된다.

앞에서도 이야기했듯이, 대학에서 나와 함께 일했던 영향력 있는 리더 중에 일뿐만 아니라 사생활에서도 분기별 목표를 설정하는 것이 중요하다고 조언한 사람이 있었다. 그때 나는 학생이었고 그녀는 교육자였기 때문에 일반적인 직장과는 상황이 달랐다. 그러나 직원이 현재 하고 있는 역할에서 특정한 목표를 설정하는 것뿐 아니라 미래의 목표까지 설정하도록 돕는 것은 매우 가치 있는 일이다. 내게는 그랬고 지금도 그렇다.

그렇게 하는 데 당신의 지원이 필요할 수 있다. 미래에 리더가 되고자 하지만 학사 학위가 없는 직원이 있는데, 학사 학위는 공식적으로 요구되지는 않지만 조직 내에서 리더가 되는 비공식적인 기준일 수 있다. 이 경우 인증 프로그램이나 대학 과정을 이수하는 목표를 설정하고, 해당 직원이 등록금 지원을 받을 수 있도록 인사팀과 연결해줄 수 있다.

360도 다면평가는 이런 목표를 설정하기 위한 대화를 가능하게 하는 토대이기도 하다. 누군가를 앉혀놓고 "내가 관찰한 바는 이렇습니다"라고 말하는 방법이 있다. 경험해봤겠지만, 이런 대화 방식은 당신은 사고하는 뇌를 사용하고, 피드백을 받을 대비를 하는 팀원은 감정의 뇌나 원시적 뇌를 사용하는 대화로 빠르게 전환될 수 있다. 360도 다면평가를 하면 직원의 업무와 기질이 어떻게 인식되고 있는지 큰 그림을 볼 수 있고 리더로서 직원의 성공을 동업으로 여길 수 있다.

성장의 기회가 될 수 있는 업무를 부여하라

리더로서 성과를 관리하는 비공식적인 방법 중 하나는 임원들을 통해 특정 팀원들에게 성장의 기회가 될 수 있는 업무를 할당하거나, 다른 사람은 얻지 못하는 가시적인 기회를 제공하는 것이다. 보다 의도적으로 비공식적인 성과 관리를 하려면 기회를 균등하게 배분하라. 주목받기 힘든 일이나 행정 업무 등은 매번 같은 집단에만 맡기지 말고 교대로 하게 하라. 주목받는 작업을 계획할 때 핵심 팀원에게 맡길 생각만 하지 말고 새로운 도전에 관심이 있을 만한 사람을 고려하라. 다섯 가지 업무와 다섯 명의 팀원이 있다면 의도적으로 각 팀원에게 하나의 업무를 부여하라.

앤

사실 나는 경력에서 '위로 올라간다'는 개념을 좋아하지 않는다. 왜? 그것이 '기업의 사다리'라는 낡은 개념과 연결되어 있다고 생각하기 때문이다. 이 용어는 우리가 모두 열망해야 하는 일이

단 하나이며, 그것은 사다리 위로 올라가는 것임을 암시한다. 내 경험상 이는 진실과는 거리가 멀다. 생각해보라. 모든 사람이 '위로 올라가고' 싶어 한다면 그중 대부분은 '떨어질' 것이다. 왜냐하면 그 사다리 꼭대기에는 모든 사람을 위한 공간이 없기 때문이다.

나는 경력이 시작도 끝도 없는 눈송이와 같다고 생각했다. 더 중요한 것은 모든 눈송이가 다르다는 점이다. 초점을 앞으로 나아가는 데 맞춰야 한다는 강한 확신이 든다. 그렇다면 경력에서 앞으로 나아간다는 것은 무엇을 의미하며, 여기에서 편견은 어떤 역할을 할까? 내 사례를 직접 공유하고자 한다.

나는 AT&T에서 엔지니어로 경력을 시작해 운영 부서와 제품 관리 부서로 옮겼다. 그때까지 나는 네 가지 역할을 해본 상태였는데, 일부 멘토들은 나에게 언젠가 임원이 되려면 영업을 해야 한다고 말했다. 솔직히 당시 나는 내가 원하는 것이 무엇인지 몰랐지만, 제한을 두고 싶지는 않았다. 그래서 영업직을 추구하기 시작했다(어쨌든 당시 회사의 최고경영진 대부분은 의미 있는 영업 경험을 가지고 있었는데, 나에게 그것은 내가 원했던 적은 없지만 그 경험이 가치 있을 수 있다는 충분한 증거가 되었다). 나는 거듭 거절당했다. 영업 부서에서 경력을 시작하지 않았기 때문에 영업을 성공적으로 해낼 수 없을 거라는 이유였다. 또한 영업 사원으로 전향한 엔지니어의 사례도 없었다. 결국 3~4년이 지나서야 겨우 영업 부서로 갈 수 있었고, 아이러니하게도 지금은 경력의 절반을 영업 및 서비스 분야에서 쌓은 상태다!

무의식적 편견은 강력하다. 역할모델을 찾을 때 '자신과 가장 비슷해 보이는 사람'을 찾는 것은 당연한 일이다. 이는 성 정체성, 민족, 교육, 배경, 출신 지역 등을 의미할 수도 있다. 우리는 우리와 가장 비슷한 사람들에게 도움을 주려는 타고난 성향에 저항해야 한다. 물론 그렇다고 해서 그런 사람들을 돕지 말아야 한다는 의미는 아니지만, 의도적으로 생각과 접근 방식, 행동을 다양화해야 한다.

리더로서 우리는 각 팀원이 탄탄하고 보람 있는 경력을 개발하도록 도울 의무가 있다. 동일한 눈송이는 하나도 없다는 사실을 기억하라. 멘토링, 코칭, 후원에 있어서 '모두에게 들어맞는' 접근 방식은 존재하지 않는다. 누구나 만족스러운 경력을 쌓고 무의식적인 편견에 얽매이지 않을 기회를 부여받을 자격이 있다. 그것은 앞으로 나아가는 것, 즉 발전하고 자신이 성장하고 있음을 알고 느끼는 것임을 기억하라.

어떤 사람들에게는 성장과 열망이 집단의 감독자 또는 팀이나 조직의 리더가 되고자 하는 욕구로 나타난다. 또 어떤 사람들에게는 최신 기술과 관련된 업무 경험 포트폴리오, 전 세계를 여행하고 그곳에서 살아볼 기회, 지역사회나 다른 곳에 기여하는 데 필요한 시간과 에너지를 꾸준히 얻는 것으로 나타날 수도 있다. 당신은 핵심을 파악했을 것이다. 경력에서는 앞으로 나아가는 것이 목표가 되어야 한다. 리더십은 셀 수 없이 다양하다. 매력적인 것은 삶의 만족을 추구하고 성취하는 여정에는 끝이 없다는 점이다.

많은 진전이 있었지만 해야 할 일은 더 많다. 모든 리더는 팀의 구성원이 모두 어제나 오늘뿐만 아니라 미래에도 빛날 기회를 잡을 수 있도록 편견을 밝히고 해결하는 데 중요한 역할을 할 수 있다. 이제 우리 각자가 맡은 역할을 해야 할 때다.

승계 계획

많은 조직이 하위 직군에서만 다양성을 가지고 있다. 예를 들어, 군대는 다양성이 상당히 높다. 하지만 하위 계급에서 가장 높고, 계급이 올라갈수록 떨어진다. 여성이나 유색인종이 아직 올라가본 적 없는 고위직이 군대에는 여전히 존재한다.

많은 조직이 경영진의 다양성 부족으로 어려움을 겪는 이유는 그보다 아래 직급에서 끌어올릴 사람이 없기 때문이다. 일선을 다양화하는 것은 미래의 리더십 파이프라인에 대한 투자임을 기억하라.

후보자 명단을 항상 지니고 다녀라

사람들은 해야 할 일에만 몰두하고 승계 계획은 그다지 고려하지 않는다. 승계 계획을 마련해놓는 것은 실세로 프랭클린코비사의 경영진이 실천하고 있는 모범 관행이다. 프랭클린코비사에서는 각 임원에게 두 사람을 지목하도록 요구하고 있다.

그런 다음 후보자 명단 너머를 보아야 한다. 당신의 시야를 유력한 후보자 밖으로 넓혀라. 네트워크 활동을 참조하라. 당신이 승진시키고 싶은 사람들이 거울에 비친 당신의 모습은 아닌지 자문하라. 그들은 당신과 같은 방식으로 그 자리까지 왔는가? 당신과 같은 학교에 다녔는가? 당신과 같은 정체성을 지니고 있는가? 이런 식별자의 경계 밖에 있을지도 모르는 후보자를 생각해보라.

마크

나는 최근 미국의 한 대형 의료서비스 제공 업체와 승진에 대해 논의하면서 '경계'에 관해 생각했다. 그들은 '조직개발 컨설턴트'와 '인적자원 책임자'를 채용할 예정이었다. 높은 직위의 추진력 있는 리더가 필요했다. 대화 주제는 어느 시점부터 토론에 참석한 그 누구도 수십 년의 경력을 가지고 있지만 현 직위 이상으로 승진할 수 없다는 사실로 바뀌었다. 이사급 이상의 직책을 맡으려면 대학원 학위가 필요했는데, 그 방에 있던 사람 가운데 대학원 학위가 있는 사람은 아무도 없었다.

이 조직에서 승진의 경계 중 하나는 대학원 학위였고, 이는 많은 리더십 역할이 외부 후보자로 채워졌음을 의미했다. 이런 조직은 내부 인사를 통한 승진의 길을 어떻게 강화할지 고려해야 한다. 다른 조직에서는 정반대의 편견이 있을 수 있다. 예를 들어, 내가 함께 일하는 한 대규모 컨설팅 회사는 외부 후보자는 조직의 내부 구조와 분위기를 모르므로 리더는 내부에서 승진시켜야 한다는 매우 강한 확신이 있었다. 이들이 가지고 있는 편견은 산업 지식을 중시하는 것이다. 이런 경우 승진 후보자 명단을 검토하고 조직 내부와 외부의 후보자를 모두 고려하도록 요구할 수 있다.

승진 결정에 영향을 미치는 의식적·무의식적 편견 때문에 과소평가되고 있는 잠재적 인재가 있는가? 당신의 조직에도 인재 풀과 기회를 본의 아니게 좁히는 규칙이 존재하는가?

어디서부터 시작해야 할까?

내가 자주 받는 질문으로 돌아가보자. "어디서부터 시작해야 할까?" 인재관리와 관련해 동일한 상황은 존재하지 않는다. 모든 조직의 크기, 기능, 인구통계, 문화는 전부 다르다.

첫 번째 단계는 조직의 상태를 파악하는 것이다. 고위급 수준에서 채용, 기여와 참여, 승진 등의 인재관리를 계획한다. 거기서부터 아래로 내려간다. 당신의 조직에서 채용은 어떻게 진행되는가? 공식 프로세스는 무엇이며 비공식적인 경험은 무엇인가? 이 작업을 수행하면서 어떤 추측도 하지 않도록 하라. 모르는 것이 있으면, 알아보라. 그렇게 하면 강점, 기회, 아직 수집되지 않은 데이터 등 조직의 실상을 알 수 있다.

기여와 참여를 이끌어내는 데는 협업이 필요하다. 인재관리를 인사 팀에만 맡기는 경우가 많지만, 이상적으로 고성과 영역으로 전환하려면 인사, 법무, 다양성, 형평성, 포용성, 모든 리더의 관점을 포함한 다기능적 관점이 필요하다. 많은 조직이 다양성자문위원회나 기타 형태의 고위 위원회를 구성해 다기능적 접근 방식을 취한다. 인재관리는 한 개인이나 부서의 일이 아니다. 조직의 모든 사람에게 영향을 미치므로 다양한 관점이 필요하다.

승진

개인을 위한 성찰

1. 성과 관리에 관한 당신의 경험을 돌아보라. 편견 때문에 어떤 사람
   이 승진하는 경우를 직접 경험했거나 목격한 적이 있는가? 그렇다
   면 그것이 당신과 다른 사람들에게 어떤 영향을 미쳤는가?

2. 성과의 렌즈를 통해 보는 것이 어떻게 편견을 완화하는가?

3. 편견 때문에 이루어진 승진과 출세가 직원들의 사기, 재량적 노력, 직원 유지에 어떤 악영향을 미칠 수 있는가?

16

승진

리더를 위한 응용문제

팀 구성원이 조직에서 발전하고 승진하는 방법과 관련한 문화와 관행을 생각해보라.

1. 작용할 수 있는 편견을 나열하라.

---

2. 편견이 초래하는 악영향에 대해 공감과 호기심이 어떻게 새로운
   통찰을 제공해줄 수 있을까?

3. 변화를 일으키려면 어느 부분에서 용기를 내야 할까?

다름이 두려움의 이유가 되지 않도록

⌄

투쟁이 없다면 발전도 없다.

_프레더릭 더글러스(노예제 폐지론자이자 작가)

어느 토요일 오후, 남편과 나는 아들과 함께 버지니아주 알렉산드리아에 있는 맥도날드에 갔다가 집으로 돌아가고 있었다. 남편과 나는 둘 다 미국 정부와 일하고 있었기 때문에, 기밀 정보 취급 허가를 받은 상태로 펜타곤에서 불과 몇 킬로미터 떨어진 곳에 살고 있었다.

그런데 경찰차 한 대가 집에서 1킬로미터 정도 떨어진 곳까지 사이렌도 한 번 울리지 않고 점점 가까이 다가왔다. 남편이 차를 주차하고 우리가 안전벨트를 풀자 경찰차는 갑자기 뒤에서 방향을 틀고는 남편이 후진하지 못하도록 막아섰다. 경찰은 권총집에 손을 얹은 채 차에서 뛰어내렸고, 자신이 서 있는 곳 근처인 뒷좌석에서 다섯 살 난 우리 아이가 뛰어내리자 총을 잡으려고 손을 뻗었다. 조수석에서 내리자 총을 든 경찰 앞에 서 있는 아이가 보였다. 나는 경찰 앞으로 뛰어들어 문제가 있는지 물었다. 그는 깜짝 놀라 사과하며 남편이 우리와 비슷한 차에서 목격된 범죄 용의자와 인상착의가 일치했다고 말했다. 그는 우리에게 몇 가지 질문을 하고 돌아갔다. 명백한 실수일지 모르지만, 미국의 흑인 소년과 남성들에게는 두려운 일이다. 이때 나는 나 자신 때문이 아니라 남편과 아들 때문에 두려웠다.

흑인에 대한 편견은 미국에 만연해 있으며, 이것이 모든 지역사회와 법 집행 기관이 씨름하고 있는 문제라는 점은 부인할 수 없다. 개인이든 사회 전반이든, 편견의 대상이 되면 우리는 극적으로 다른 방식으로 사생활과 직장 생활에서 피해 영역을 경험하게 된다. 의식적인 편견이든 무의식적인 편견이든, 편견을 근절하기 위해 행동하는 것의 힘과 중요성은 아무리 강조해도 지나치지 않다.

마크

프랭클린코비사에서 수석 컨설턴트로 근무하는 동안 매일 새로운 고객사를 방문해야 하는 경우가 종종 있다. 한 달 동안 열다섯 곳의 다른 회사에 다양한 솔루션을 제공할 수도 있다. 매일 아침 고객사에 갈 때 (처음으로 해당 고객과 일하는 경우) 그 고객사와 그들의 문화 또는 편견을 항상 알고 있는 것은 아니다. 고객사가 어느 나라에 있는지, 어떤 유형의 회사인지에 따라 고객사가 성소수자나 베이비붐 세대, 텍사스인을 어떻게 받아들일지 혹은 받아들이지 않을지에 대해 나 또한 편견을 가지고 걸어 들어갈 수 있다.

이는 내가 거의 매일 새로운 환경에 들어가 새로운 사람들을 만나기 때문에 편견을 넘어서는 과정을 가속화해야 한다는 것을 의미한다. 내 일은 첫인상에 의해 주도되는데, 이는 앞서 논의한 것처럼 부정확하다. 이 글 전체에서 언급했듯이, 편견은 매우 많은 것에서 비롯될 수 있으며, 내가 살면서 경험한 가장 뿌리 깊은 편견 중 하나는 내 성적 지향에 관한 것이었다. 나는 가끔 청소년기에 느꼈던 불안감에 다시 빠져들거나 내 정체성과 삶을 공유하기를 주저하기도 한다. 그런데 내가 취약성을 적절하게 드러낼수록 나의 아이디어가 더 많은 공감을 얻고, 더 많은 사람이 자신의 편견과 편견에 대한 경험을 드러낼 수 있게 된다는 점을 발견했다. 이것이 우리가 함께 발전하고 성장하는 방법이다.

나는 무의식적 편견에 대한 해결책을 강의할 때 첫 슬라이드로 우리 아이들의 사진을 사용한다. 마이클은 열 살이고 막시모는 네 살이다. 두 아이가 새로 지은 놀이터에서 흔히 볼 수 있는 커다란 원형 그물 그네에 앉아 슈퍼히어로 티셔츠를 입은 채 환하게 웃는, 형제 사이에서 보기 드문 화목한 순간을 포착한 사진이다. 아이들은 지금까지 없었던 방식으로 내게 동기를 부여한다. 직관에 반하는 것처럼 보일 수 있지만, 내가 달성한 가장 큰 직업적 성취 중 일부는 아이들과 관련되어 있다. 아이들은 나를 더 나은 사람으로 만든다!

내 아이들을 위해 나는 의식적인 편견과 무의식적인 편견에 대한 두려움 없이 살 수 있는 세상을 만드는 데 기여할 책임이 있다. 그렇게 하기 위해 나는 매일 몸을 던진다. 하지만 데이터는 내가 무엇을 하든 간에, 우리가 사는 동네, 우리가 소유한 집, 아이들을 보내는 학교, 책꽂이에 있는 책의 양, 부모가 있는 가정, 남편과 내가 제공할 수 있는 교육이나 소득이 어떻든 간에 아이들이 성취할 수 있는 결과가 여전히 아이들의 백인 또래들의 결과에 못 미칠 수 있다는 것을 보여 준다. 이것이 바로 미국에서 두 흑인 소년의 어머니로 사는 것의 현실이다. 이 현실, 나의 현실이 포용과 편견에 대한 대화가 나에게 그토록 중요한 이유다.

앤

편견을 리프레임하고, 연결을 강화하고, 고성과를 달성하는 팀을 만드는 작업은 사람, 팀, 조직 전체, 공동체, 그리고 궁극적으로 전 세계를 고양시키는 일이다.

경력을 어느 정도 쌓을 때까지 나는 이것이 실제로 의미하는 바를 이해하지 못했다. 사실 어린 시절과 성인 초기를 돌이켜보면 나는 다른 사람들이 되어야 한다고 생각하는 사람이 되기 위해 엄청난 시간과 에너지를 소비했다. 어렸을 때 나는 부모님에게 자랑스러운 자식인 동시에 다른 사람들과 잘 어울리고 '인기 많은' 사람이 되기를 간절히 원하면서 두 세계를 넘나들었다. 집에서 나는 부모님과 문화적·세대적·언어적 차이를 경험했고, 학교에서는 내가 변칙적인 존재인 것처럼 느껴졌다.

경력 초기로 재빨리 돌아가보면, 나는 모든 면에서 잘하고 있었지만, 진정한 나 자신이 아니었고 온전한 나 자신을 보여줄 수 없었다. 나는 직장에 적응하기 위해서 특정한 방식으로 행동해야 한다는 압박감을 느꼈다. 내가 더 기여할 수 있다는 사실을 알면서도 교육받은 대로 내 목소리를 억눌러야 한다고 여겼다. 나는 한계 영역에 있었다.

그러나 나는 미국 이민 1세대로서 부모님이 거쳐온 여정과 넘어진 후에도 끊임없이 다시 일어서는 그들의 인내, 회복력, 용기를 보았다. 나는 부모님이 보여주신 것과 똑같은 투지를 품지 않고는 온전한 나 자신이 될 수 없었다. 궁극적으로 다른 사람들과 진정한 관계를 강화하기 위해서는 '적합'해지려는 욕구를 극복해야 한다고 배웠다. 나는 먼저 나 자신과 진정으로 연결될 필요가 있었다. 이는 나의 강점과 열정뿐 아니라 결점과 약점까지 끌어안는 것을 의미했다. 또한 내 편견에 관한 끊임없는 탐구를 의미하기도 했다.

나는 당신도 똑같은 도전을 해보기를 권한다. 당신의 온전한 자아를 포용하고, 당신의 무의식적 편견을 밝히고, 그에 맞서라. 우리에게는 누구나 편견이 있다. 이는 완전히 정상이다. 그러나 우리가 가진 편견을 드러내고 이해하기 전에는 편견을 건설적으로 해결할 수 없다. 우리의 가장 큰 잠재력을 완전히 실현하거나 다른 사람들이 그렇게 하는 것을 도와 함께 긍정적인 영향을 미칠 수 없게 된다.

리더로서 당신은 직장과 지역사회, 그리고 세상에 지대한 영향을 미칠 수 있다. 개인으로서 우리는 각자 고유한 경험과 기술, 이 책에서 설명한 사례를 적용할 수 있는 관점을 가지고 있다. 우리의 강점은 우리의 유사점에도 있고, 차이점에도 있으며, 함께하면 언제나 발전을 이루어낼 수 있다. 사실 나는 근본적으로 체계적이고 지속 가능한 변화를 추진하고, 동기를 부여하고, 영감을 불러일으키기 위해서는 함께해야 한다고 믿는다. 그것이 인간의 아름다움이자 힘이다. 정말로 우리는 함께할 때가 더 좋다.

편견, 형평성, 다양성, 포용성은 직원의 효율성과 참여에 있어 언제나 중요한 문제였다. 인종, 피부색, 종교, 성별, 국적에 따른 차별을 금지하는 미국 민권법 Civil Rights Act은 1964년에 통과되었다. 이 법이 통과된 해에 태어난 사람은 2020년에 56세가 되었다. 그리 오래전 일이 아니다. 1978년에 임신차별금지법 Pregnancy Discrimination Act이 통과되기 전에는 여성은 임신했다는 이유로 해고되어도 법의 보호를 받을 수 없었다. 1990년 장애인법이 통과되면서 노동자 보호가 장애인까지 확대되는 데는 12년이 더 걸렸다. 1960년대 후반과 1970년대에 베트남 참전 용사를 노동력으로 재통합하려는 노력이 있었지만, 2000년대가 되어서야 공공 및 민간 부문에서 이라크 참전 병사와 아프간 참전 병사를 광범위하게 채용했다. 미국에서 2020년 6월 전에는 성적 지향과 성 정체성 때문에 직장에서 차별과 괴롭힘을 당한 피해자는 연방정부의 보호를 받을 수 없었다.

이런 정책 변화와 함께 우리는 노동 인구가 확장되는 것을 보았다. 그리고 노동력의 구성이나 인구통계가 변할 때마다 기존의 노동 인구와 새로운 노동 인구가 서로에 대해 가지고 있는 편견을 해결할 필요도 발생했다. 이런 편견은 조직문화를 장악할 수 있으며, 이는 줄어드는 추세도 아니다. 편견은 우리 사회의 인구통계가 시간이 지나면서 변화함에 따라 계속해서 도전과제가 될 것이다. 베이비붐 세대가 계속 일하면서 그들의 지속적인 기여에 대한 엄청난 편견이 존재한다. Z세대가 노동시장에 진입하면서 그들이 소통하는 방식과 기대치에 대한 편견도 생겨났다.

미국 인구조사국 데이터에 따르면, 2018년 처음으로 비히스패닉계 백인 거주자가 15세 미만 전국 인구의 절반 미만이었다. 인구통계학자들은 2045년이 되면 백인이 미국에서 소수민족이 될 것이라고 예상하고 있다.[66] 우리 사회와 직장이 모든 종류의 장애, 그중에서도 특히 신경다양성을 가진 사람들의 공헌을 보는 방식은, 우리가 이 재능 있는 사람들의 우선순위를 수용하기 위해 일을 재구성해야 한다는 것을 의미한다. 많은 조직이 어떻게 미래의 인구통계 측면에서 관련성을 유지하고 최고의 인재를 활용할 수 있을지 고민하고 있다. 여기에는 두 번째 커리어와 새로운 산업으로 진입하는 경력 많은 전문직 종사자, 잠깐의 휴지기를 가진 뒤 다시 일터로 복귀하는 부모나 노인 부양자, 재향군인 등이 걱정하는 사항을 해결하기 위해 적극적으로 노력하는 것이 포함된다.

이렇게 자세히 말하는 이유는, 당신을 숨 막히게 만들려는 것이 아니라, 편견 문제가 시대를 초월해 계속되는 문제라는 것을 강조하기 위해서다. 구체적인 모습은 진화하겠지만 편견은 인간의 조건과 서로 간의 관계에서 자연스러운 부분으로 남아 있을 것이다. 편견에 대한 사고방식을 리프레임하고, 의미 있는 연결을 강화하고, 용기를 선택하면 반드시 높은 성과를 달성하는 팀을 만들 수 있을 것이다.

리더십은 고귀한 소명이며, 경영이라는 참호 속에서 가장 어려운 순간이 올 때 우리는 이것이 특권이자 중요한 일임을 스스로 상기해야 한다. 작고한 하버드 경영대학원 교수 클레이턴 크리스텐슨은 경영관리가 우리의 직원들과 가족들, 지역사회의 복지에 매일 중요한 영향을 미치기 때문에 "잘 수행하면 가장 고귀한 직업 중 하나"라고 말했다.

우리 중 많은 사람이 자신을 **훌륭한** 리더라고 생각한다. 우리는 공식적인 권한과 비공식적인 권한을 사용하고, 사람들과 신뢰를 강화해 우리가 있는 자리에서 사람들을 이끄는 것의 중요성을 이해하고 있다. 그러나 스스로 **포용적인** 리더로 정의하는 사람은 거의 없다. 포용 없는 리더십은 효과적일 수 없다. 언제나 그래왔고, 앞으로도 그럴 것이다.

저자로서 우리는 직장에서 형평성, 다양성, 포용 측면에서 성공적인지 어떻게 알 수 있느냐는 질문을 자주 받는다. 우리는 모든 조직의 리더가 형평성, 다양성, 포용에 대한 감정을 성과와 연결하고 있다면, 성공적으로 하고 있다고 믿는다. 우리는 지속적으로 고성과 영역으로 전환해 위에서부터 아래까지 조직 전체의 모든 사람이 자신이 가치 있고, 받아들여지며, 존중받고 있다고 느끼도록 해야 한다. 누군가 그렇게 느끼지 못한다면, 여전히 해야 할 일이 있는 것이며, 해당 개인이 우리 조직에 할 수 있는 기여를 놓치고 있는 것이다.

물론 우리 모두에게는 할 일이 많고 때때로 감당할 수 있는 것보다 더 많은 책임이 주어진다. 리더로서 우리는 효율적으로 회의를 진행하고, 설득력 있는 발표를 하며, 수익을 늘리고, 고객을 만족시키며, 혁신하고, 회사를 재편하며, 궁극적으로 성과를 내기 위해 노력하고 있다. 리더가 이 책에서 이야기한 행동을 적용하고, 도구를 통해 작업하며, 자신이 행동하고 상호작용하며 결정할 때 편견의 렌즈를 고려하는 유일한 방법은 다양성, 포용, 그리고 제한적 편견을 정복하는 것이 조직문화에 가져올 가치를 진심으로 믿는 것이다.

가뜩이나 바쁜 직장 생활 속에서 편견에 신경을 쓰기 위해서는 삶의 우선순위로 이를 위한 공간을 마련할 이유가 있어야 한다. 당신의 이유가 나의 이유(내 아이들), 마크의 이유(가치감과 자격), 앤의 이유(두 세계를 넘나든 경험)와 비슷할 필요는 없다. 사실, 그렇게 될 수도 없다.

당신이 이 책에서 번쩍이는 통찰이나 울림을 발견했기를 바란다. 그것들에 대해 깊이 생각해보라. 이 주제가 당신에게 왜 중요한지 이야기를 만들어보라. 그 연결 지점에서부터 행동하고 긍정적인 변화를 일으켜라.

다름이 두려움의 이유가 되지 않도록

개인을 위한 성찰

무의식적인 편견을 해결하는 것은 힘든 작업이다. 잠시 멈춰 진행 상황을 확인하는 것을 잊지 말라. 점진적인 승리든 획기적인 승리든, 승리를 자축하라. 5분 동안 명상하는 습관을 들였는가? 편견에 대한 피드백을 받고 우아하게 처리했는가? 지역사회에서 자원봉사를 했는가? 매주의 승리를 기록하고 진행 상황을 멘토나 친구와 공유하라.

각 장의 마지막에 실려 있는 도구에 대한 당신의 답변과 당신이 한 약속을 다시 확인하라. 그리고 계속하라.

1. 편견을 개선하기 위해 어떤 작은 실천을 하겠는가?

2. 그 작은 실천이 습관이 되었을 때 이를 어떻게 축하할 것인가?

3. 멘토십 프로그램 만들기, 의사결정 회의에서 악마의 옹호자 역할 도입하기, 직원 핸드북에 성 중립적인 언어 사용하기 등 무의식적인 편견에 대해 팀이나 조직이 발전할 수 있는 기회를 찾아라. 리더와 일대일로 당신의 아이디어를 논의하라. 아이디어가 실현되었을 때 어떻게 축하할지 계획하는 것을 잊지 말라.

다름이 두려움의 이유가 되지 않도록

리더를 위한 응용문제

팀과 함께 무의식적 편견 문제를 해결하기 위해 노력해왔다면, 지금까지 이룬 진전을 축하하는 것이 중요하다. 일대일 면접을 대체할 채용 패널을 만들거나 연결 강화를 위한 '이메일 없는 화요일'을 도입하는 등의 큰 목표를 설정한 다음, 이를 달성하면 어떻게 축하할 것인지 결정하라. 작은 성공의 경우 팀의 주간 회의에서 진행 상황을 공유할 수 있는 정기적인 시간을 마련하라.

1. 당신의 팀은 무의식적 편견을 개선하기 위해 어떤 작은 변화를 실행할 수 있는가?

_____

_____

_____

_____

2. 당신의 팀은 무의식적 편견을 개선하기 위해 어떤 큰 목표를 세울 수 있는가?

_____

_____

_____

_____

_____

3. 목표를 성취하면 어떻게 축하할 것인가?

_____

_____

_____

_____

_____

패멀라 풀러

이 책은 세상에서 내 자리를 요구하는 법을 가르쳐준 아버지를 위한 책이고, 언젠가 내가 책을 출판할 것이라고 말해준 선생님을 위한 책이며, 내가 우리의 모든 프로젝트에 관해 쓸 것을 알고 있었던 시슬리 워싱턴을 위한 책이고, 이 작업의 중요성을 믿고 내가 목소리를 낼 수 있을 것이라고 믿는 프랭클린코비사의 많은 동료(줄리엔 스타티스, 프레스턴 루크, 크리스 밀러, 브리트니 포브스, 비비언 프라이스, 캐서린 넬슨, 스콧 밀러, 메그 해킷 등), 그리고 매일 나를 지탱해주는 멋진 남편과 내게 영감을 주는 우리 아이들을 위한 책이다. 모두에게 감사하다!

마크 머피

가족, 부모님과 스콧, 레슬리, 티파니의 변함없는 지원이 없었다면 내 생각을 공유할 수 없었을 것이다. 내가 선택한 가족, 특히 팀, 키스, 호르헤, 아일린은 내 인생의 대부분의 모험을 나와 함께했고 진정한 우정이 무엇인지 끊임없이 보여주었다. 프랭클린코비사 식구들, 지난 29년 동안 만난 리더들과 파트너, 컨설턴트, 고객들이 직장에서 진정한 나로 사는 것의 중요성을 가르쳐주었다!

앤 차우

그동안 함께 일한 수많은 동료에게 우리의 관계와 우리가 함께 한 경험에 감사드린다. 이 프로젝트는 그 은혜를 갚기 위한 것이다. 우리 팀이 더욱 힘차게 전진할 수 있게 중요한 작업에 참여하는 것을 허락해준 프랭클린코비사에 깊은 감사를 드린다. 마지막으로 가족에게 깊은 감사를 표한다. 엄청난 희생을 감내해준 나의 부모님, 밍과 조앤에게 감사드린다. 남편 밥에게는 모든 게 다 고맙다. 우리 딸 앨래나와 캠린도 고맙다. 너희는 내가 받은 선물이야! 우리 자신과 다른 사람들을 위해 밝은 미래를 만들어가자!

주

ᐁ
ᐁ

주

주

주

주

ᐁ
ᐁ

1   Jin Fan, "An Information Theory Account of Cognitive Control," *Frontiers in Human Neuroscience* 8 (September 2, 2014): 680; https://doi.org/10.3389/fnhum.2014.00680.

2   이 책의 원서는 아프리카와 남미 혈통, 흑인, 백인 등 모든 인종과 민족 정체성을 언급할 때 앞 글자를 대문자로 표기했다.

3   Murray R. Barrick, Michael K. Mount, and Timothy A. Judge. (2001). "Personality and Performance at the Beginning of the New Millennium: What Do We Know and Where Do We Go Next?" *International Journal of Selection and Assessment*, 9(1-2), 9-30.

4   FairyGodboss.com. (2017). *The Grim Reality of Being a Female Job Seeker.* PDF File. https://d207ibygpg2z1x.cloudfront.net/raw/uwpload/v1518462741/production/The_Grim_Reality_of_Being_A_Female_Job_Seeker.pdf.

5   Jeffrey Grogger, Andreas Steinmayr, and Joachim Winter, *The Wage Penalty*

of Regional Accents. NBER Working Paper No. 26719, issued in January 2020; https://www.nber.org/papers/w26719.

6   Milagros Phillips, "Race: Inclusion and Colorism. How Understanding the History Can Help Us Transform." Forum on Workplace Inclusion Podcast, February 18, 2019; https://forumworkplaceinclusion.org/articles/p9/.

7   Malcolm Gladwell, *Blink: The Power of Thinking Without Thinking*, Little, Brown, 2005.

8   *Disrupt Bias, Drive Value.* Center for Talent Innovation, 2017; https://www. talentinnovation.org/_private/assets/DisruptBias-DriveValue_Infographic-CTI.pdf.

9   Rudine S. Bishop, "Mirrors, Windows, and Sliding Glass Doors," in *Collected Perspectives: Choosing and Using Books for the Classroom*, ed. Hughes Moir, Melissa Cain, and Leslie Prosak-Beres. Boston: Christopher-Gordon Publishers, 1990.

10   Kwame Anthony Appiah, *The Lies That Bind: Rethinking Identity.* New York: Liveright Publishing, 2018.

11   Chimamanda Ngozi Adichie, "The Danger of a Single Story." TED talks, July 2009; https://www.ted.com/talks/chimamanda_adichie_the_danger_of_a_single_story.

12   Dan M. Kahan, Ellen Peters, Erica Dawson, and Paul Slovic, "Motivated Numeracy and Enlightened Self-Government." *Behavioural Public Policy* 1 (September 8, 2013): 54–86; Yale Law School, Public Law Working Paper No. 307; https://ssrn.com/abstract=2319992 or http://dx.doi.org/10.2139/ssrn.2319992.

13   Laura Delizonna, "High-Performing Teams Need Psychological Safety. Here's How to Create It." *Harvard Business Review*, August 24, 2017; https://hbr.org/2017/08/high-performing-teams-need-psychological-safety-heres-how-to-create-it.

14   Edward H. Chang et al. "Does Diversity Training Work the Way It's Supposed To?" *Harvard Business Review*, July 9, 2019; https://hbr.org/2019/07/does-

diversity-training-work-the-way-its-supposed-to.

15   Sara E. Gorman and Jack Gorman, *Denying to the Grave: Why We Ignore the Facts That Will Save Us*. UK: Oxford University Press, 2016.

16   The Sponsor Dividend, Center for Talent Innovation, 2019; https://www.talentinnovation.org/publication.cfm?publication=1640.

17   Katherine W. Phillips, Katie A. Liljenquist, and Margaret A. Neale, "Is the Pain Worth the Gain? The Advantages and Liabilities of Agreeing with Socially Distinct Newcomers." *Personality and Social Psychology Bulletin* 35, no. 3 (2009); https://doi.org/10.1177/0146167208328062.

18   Anne Lamott, "12 Truths I Learned from Life and Writing." TED talk, April 2017; https://www.ted.com/talks/anne_lamott_12_truths_i_learned_from_life_and_writing.

19   Matthew A. Killingsworth and Daniel T. Gilbert, "A Wandering Mind Is an Unhappy Mind." *Science* 330, no. 6006 (November 12, 2010), 932; doi: 10.1126/science.1192439.

20   Christina Congleton, Britta K. Hölzel, and Sara W. Lazar, "Mindfulness Can Literally Change Your Brain." *Harvard Business Review*, January 8, 2015; https://hbr.org/2015/01/mindfulness-can-literally-change-your-brain.

21   Robert D. Austin and Gary P. Pisano, "Neurodiversity as a Competitive Advantage." *Harvard Business Review*, May–June 2017; https://hbr.org/2017/05/neurodiversity-as-a-competitive-advantage.

22   P. A. van den Hurk et al., "Greater Efficiency in Attentional Processing Related to Mindfulness Meditation," *Quarterly Journal of Experimental Psychology* 63, no. 6 (June 2010): 1168–80; doi: 10.1080/17470210903249365.

23   Heidi Grant Halvorson, *9 Things Successful People Do Differently*. Brighton, MA: Harvard Business Review Press, 2012.

24   David Berri, "What NBA Referees Can Teach Us About Overcoming Prejudices." *Time*, December 16, 2014; https://time.com/3635839/implicit-bias-nba-referees/.

25   Barack Obama, "Remarks of President Barack Obama to the People of Israel,"
      The White House, U.S. Government, March 21, 2013. https://obamawhitehouse.
      archives.gov/the-press-office/2013/03/21/remarks-president-barack-
      obama-people-israel.

26   Ta-Nehisi Coates, *Between the World and Me*, New York: One World, 2015.

27   Hasan Minhaj, writer and creator; Richard A. Preuss, director. "Student Loans,"
      Patriot Act, season 2, episode 3, aired February 24, 2019. Los Gatos, CA:
      Netflix Studios.

28   Martin Dempsey and Ori Brafman. *Radical Inclusion: What the Post-9/11
      World Should Have Taught Us About Leadership*. Missionday, 2018.

29   R. F. Baumeister and M. R. Leary, "The Need to Belong: Desire for Interpersonal
      Attachments as a Fundamental Human Motivation." *Psychological Bulletin*
      117, no. 3 (1995): 497–529. https://www.talentinnovation.org/publication.
      cfm?publication=1640.

30   Marianne Williamson, *A Return to Love: Reflections on the Principles of "A
      Course in Miracles."* San Francisco: HarperOne, 1996.

31   Dnika J. Travis and Jennifer Thorpe-Moscon, *Day-to-Day Experiences
      of Emotional Tax Among Women and Men of Color in the Workplace*.
      Catalyst, February 15, 2018; https://www.catalyst.org/research/day-to-day-
      experiences-of-emotional-tax-among-women-and-men-of-color-in-
      the-workplace/.

32   Julee Wilson, "Janelle Monáe Honored at Essence Dinner Party, Explains
      Signature Black-And-White Style." *Huffington Post*, April 5, 2013; https://
      www.huffpost.com/entry/janelle-monae-essence-dinner-party_n_3021450.

33   About Spread the Word (February 25, 2020). Retrieved from https://www.
      spreadtheword.global/about.

34   Sylvia Ann Hewlett, Ripa Rashid, and Laura Sherbin, *Disrupt Bias, Drive
      Value: A New Path Toward Diverse, Engaged, and Fulfilled Talent*. Los
      Angeles: Rare Bird Books, 2017.

35 Mark Kaplan and Mason Donovan, *The Inclusion Dividend: Why Investing in Diversity and Inclusion Pays Off*, 2nd ed. Salisbury, NH: DG Press, 2019, 89.

36 Junot Díaz, speech presented at Bergen Community College, Paramus, New Jersey, October 19, 2009; https://www.nj.com/ledgerlive/2009/10/junot_diazs_new_jersey.html.

37 Susan T. Fiske et al., "A Model of (Often Mixed) Stereotype Content: Competence and Warmth Respectively Follow from Perceived Status and Competition." *Journal of Personality and Social Psychology* 82, no. 6 (2002): 878–902; https://doi.org/10.1037/0022-3514.82.6.878.

38 Women in Film, Los Angeles. June 13, 2019. *Issa Rae Receives the Emerging Entrepreneur Award at the 2019 Women in Film Annual Gala* [video file]. Retrieved from https://www.youtube.com/watch?v=Db1dPZ5abn4.

39 Alissa Carpenter, "How to Embrace Your Mess as a Leader." Thrive Global, September 9, 2019; https://thriveglobal.com/stories/how-to-embrace-your-mess-as-a-leader/.

40 Martin Dempsey and Ori Brafman, *Radical Inclusion*. Missionday, 2018.

41 Todd Davis, *Get Better: 15 Proven Practices to Build Effective Relationships at Work*. New York: Simon & Schuster, 2017.

42 Chimamanda Ngozi Adichie, *Americanah*. New York: Anchor Books, 2014, 406.

43 Anaïs Nin, *The Early Diary of Anaïs Nin*, Vol. 3 (1923–1927). Boston: Houghton Mifflin Harcourt, 1983.

44 Mary Anne Radmacher, *Courage Doesn't Always Roar*. San Francisco: Conari Press, 2009.

45 Katherine Milkman, "Are You a 'Good-ish' Person? How to Push Past Your Biases." *Knowledge@Wharton*, September 27, 2018; https://knowledge.wharton.upenn.edu/article/reexamining-your-unconscious-biases/.

46 Joan C. Williams and Sky Mihaylo, "How the Best Bosses Interrupt Bias on Their Teams." @Harvard Business Review@, November–December 2019;

https://hbr.org/2019/11/how-the-best-bosses-interrupt-bias-on-their-teams.

47   Mason Donovan and Mark Kaplan. *The Inclusion Dividend: Why Investing in Diversity & Inclusion Pays Off*. Salisbury, NH: DG Press, 2019.

48   Laura Barton, "Arcade Fire: 'People Have Lost the Ability to Even Know What a Joke Is. It's Very Orwellian.'" *The Guardian*, March 30, 2018; https://www.theguardian.com/music/2018/mar/30/arcade-fire-interview.

49   Audre Lorde. *A Burst of Light and Other Essays*, reprinted. New York: Ixia Press, 2017, 130.

50   Makini King, "Ally Is Not a Noun." University of Missouri–Kansas City, May 15, 2018. https://info.umkc.edu/diversity/ally-is-not-a-noun/.

51   Darnell Hunt, "Race in the Writers' Room." *Color of Change*, October 2017; https://hollywood.colorofchange.org/writers-room-report/.

52   Roxane Gay and Dr. Tressie McMillan Cottom, "The Golden Era." Audio podcast. *Hear to Slay*. Luminary, June 4, 2019.

53   Herminia Ibarra, "A Lack of Sponsorship Is Keeping Women from Advancing into Leadership." *Harvard Business Review*, August 19, 2019; https://hbr.org/2019/08/a-lack-of-sponsorship-is-keeping-women-from-advancing-into-leadership.

54   David R. Hekman et al., "Does Diversity-Valuing Behavior Result in Diminished Performance Ratings for Non-White and Female Leaders?" *Academy of Management Journal* 60, no. 2 (March 3, 2016); https://doi.org/10.5465/amj.2014.0538.

55   Yassmin Abdel-Magied, "What Does My Headscarf Mean to You?" TED talk, May 27, 2015; https://www.ted.com/talks/yassmin_abdel_magied_what_does_my_headscarf_mean_to_you.

56   Barbara Booth, "How Troubled Ride-Hailing Giant Uber Put an End to Internal 'Name-Calling and Finger-Pointing.'" CNBC, November 29, 2018; https://www.cnbc.com/2018/11/29/how-uber-put-an-end-to-internal-

name-calling-and-finger-pointing-.html.

57 Kimberlé Crenshaw, "Demarginalizing the Intersection of Race and Sex: A Black Feminist Critique of Antidiscrimination Doctrine, Feminist Theory, and Antiracist Politics." *University of Chicago Legal Forum*, vol. 1989, article 8; https://chicagounbound.uchicago.edu/uclf/vol1989/iss1/8.

58 Love, Lisa. "What is the Big Fat Deal?" Presentation. Forum for Workplace Inclusion, 2018.

59 Josh Bersin and Tomas Chamorro-Premuzic, "Hire Leaders for What They Can Do, Not What They Have Done." *Harvard Business Review*, August 27, 2019; https://hbr.org/2019/08/hire-leaders-for-what-they-can-do-not-what-they-have-done.

60 "Two Thirds of People Consider Diversity Important When Deciding Where to Work, Glassdoor Survey." Glassdoor, November 17, 2014; https://www.glassdoor.com/about-us/twothirds-people-diversity-important-deciding-work-glassdoor-survey-2/.

61 Dolly Chugh, *The Person You Mean to Be: How Good People Fight Bias*. New York: Harper Business, 2018.

62 Christine Blackman, "Lefty or Righty? A New Hold on How We Think." *Stanford News*, August 4, 2009; https://news.stanford.edu/news/2009/august3/lefty-decision-study-080509.html.

63 Kathy Gurchiek, "Study: Women Negotiate Pay When Given the Chance." SHRM, May 20, 2019; https://www.shrm.org/hr-today/news/hr-news/pages/more-professionals-are-negotiating-salaries-than-in-the-past.aspx.

64 Benjamin Artz, Amanda Goodall, and Andrew J. Oswald, "Research: Women Ask for Raises as Often as Men, but Are Less Likely to Get Them." *Harvard Business Review*, June 25, 2018; https://hbr.org/2018/06/research-women-ask-for-raises-as-often-as-men-but-are-less-likely-to-get-them.

65 Sonja Gittens-Ottley, "Inclusion Starts on Day One: 10 Ways to Build an Inclusive Onboarding Experience." Asana Wavelength; https://wavelength.

asana.com/inclusive-onboarding-experience/.

66   William H. Frey, "Less Than Half of US Children Under 15 Are White, Census
      Shows." Brookings, June 24, 2019; www.brookings.edu/research/less-than-
      half-of-us-children-under-15-are-white-census-shows/.

프랑클린코비사 소개

"물고기 한 마리는 하루 양식이 되지만, 물고기 잡는 법은 평생 먹을 양식이 된다. 물고기 잡는 법을 가르치는 교사는 전체 사회를 고양한다."

프랑클린코비사는 개인과 조직의 위대한 성공을 돕는 글로벌 교육 기업입니다. 개인과 조직, 가족들이 의미 있는 원칙과 자연법칙을 적용함으로써 더욱 효과적인 삶을 살도록 하기 위해 노력하고 있으며, 〈포천〉 500대 기업은 물론, 수천 개의 중소기업과 지방, 주, 연방정부 기관이 프랑클린코비사의 프로그램을 선택했습니다.

프랑클린코비사의 사명과 비전은 개인과 조직의 행동 변화를 통하여 성취를 돕는 것입니다. 정규 교육과정을 가르치는 7천 명 이상의 전문가를 보유하고 있으며, 이들은 매년 75만 명 이상을 훈련하고 있습니다. 또 세계적으로 4천만 명이 사용하는 '프랑클린 플래너'를 포함한 실행 보조 자료들과 성과 향상 도구, AAP(All Access Pass) 플랫폼 등을 공급함으로써 고객들이 7가지 습관의 개념과 기술을 습득하고 이를 효과적으로 활용할 수 있도록 하고 있습니다.

 FranklinCovey

프랑클린코비센터 FranklinCovey Company
2200 West Parkway Blvd, Salt Lake City, UT 84119
www.franklincovey.com

한국리더십센터그룹 소개

한국리더십센터그룹은 전 세계에 자기 개혁과 조직 혁신의 새로운 돌풍을 일으키고 있는 미국 프랭클린코비사의 한국 독점적 파트너입니다. 1994년 10월 1일부터 '성공하는 사람들의 7가지 습관'의 효과적인 습득과 실생활 적용을 위한 프랭클린코비사의 독특한 자기계발 프로그램과 기업교육 노하우를 전파하고 있습니다. 아울러 우리 실정에 맞는 프로그램을 연구개발, 21세기 한국 기업과 한국인의 '삶의 질 향상'에 효과적인 도움을 주려고 노력하고 있습니다.

교육을 통해 누구나 성숙한 인간으로 성장하고 발전할 수 있다는 인본주의적 관점에서 출발하는 프랭클린코비사의 프로그램은 기존의 교육들이 끝나고 나면 잊히고 마는 일회성 교육이었던 것에 비해 체계적이고 논리적인 훈련과 교육, 그리고 교육 내용을 구체적으로 실천할 수 있게 돕는 다양한 도구를 갖추었기 때문에 교육이 변혁의 시대에 가장 필요한 투자임을 확신시켜줍니다. 한국리더십센터그룹의 교육과정을 통해 원칙을 중심으로, 품성에 바탕을 두고, 내면에서부터 변화하여 외부로 향하는 새로운 차원의 패러다임 전환을 경험해 보십시오.

KLG Korea Leadership Center Group 한국리더십센터그룹

한국리더십센터그룹 Korea Leadership Center Group
서울시 금천구 가산디지털1로 225 에이스 가산 포휴 1511호
대표전화 (02) 2106-4000 | 팩스 (02) 2106-4001 | www.eklc.co.kr

무의식적
편견

◆